智能网联汽车专业“岗课赛证”融通活页式创新教材

ROS原理与技术应用

组编　行云新能科技（深圳）有限公司
主编　陈纪钦（河源职业技术学院）
谢　焕（重庆三峡职业学院）
蒋　诚（常州交通技师学院）
参编　吴立新（行云新能科技（深圳）有限公司）
周旭华（河源职业技术学院）
蔡　彧（重庆三峡职业学院）
吴　哲（江苏省盐城技师学院）
周兆禹（江苏省盐城技师学院）
宋柱梅（深圳信息职业技术学院）
袁骥轩（深圳信息职业技术学院）
刘　英（行云新能科技（深圳）有限公司）
张文娟（行云新能科技（深圳）有限公司）

机械工业出版社

本书分为"掌握车身硬件的搭建方法""掌握操作系统的安装与使用方法""掌握自动驾驶系统的安装与使用方法""掌握线控底盘的调试方法""掌握激光雷达地图构建与导航的方法""掌握视觉传感器的应用方法"6个能力模块，并下设21个任务。全书以"做中学"为主导，以程序性知识为主体，配以必要的陈述性知识和策略性知识，重点强化"如何做"，将必要知识点穿插于各个"做"的步骤中，使学生边学习、边实践，同时将"课程思政"融入课程的培养目标，在实训教学中渗透理论的讲解，使所学到的知识能够融会贯通，让学生具有独立思考、将理论运用于实践的动手能力，成为从事智能网联汽车相关工作的高素质技能型专业人才。

本书内容通俗易懂，可作为职业院校新能源汽车技术、智能网联汽车技术、智能网联汽车工程技术等专业教材，也可供从事本专业工作的工程技术人员参考。

图书在版编目（CIP）数据

ROS原理与技术应用 / 行云新能科技（深圳）有限公司组编；陈纪钦，谢焕，蒋诚主编. —北京：机械工业出版社，2023.7

智能网联汽车专业"岗课赛证"融通活页式创新教材

ISBN 978-7-111-73508-3

Ⅰ. ①R… Ⅱ. ①行… ②陈… ③谢… ④蒋… Ⅲ. ①汽车–智能通信网–教材 Ⅳ. ①U463.67

中国国家版本馆CIP数据核字（2023）第130228号

机械工业出版社（北京市百万庄大街22号 邮政编码100037）

策划编辑：谢 元　　责任编辑：谢 元 王 婕

责任校对：韩佳欣 张 征　　封面设计：马精明

责任印制：单爱军

北京虎彩文化传播有限公司印刷

2023年11月第1版第1次印刷

184mm × 260mm · 15.5印张 · 343千字

标准书号：ISBN 978-7-111-73508-3

定价：59.90元

电话服务	网络服务
客服电话：010-88361066	机 工 官 网：www. cmpbook. com
010-88379833	机 工 官 博：weibo. com/cmp1952
010-68326294	金 书 网：www. golden-book. com
封底无防伪标均为盗版	机工教育服务网：www. cmpedu. com

智能网联汽车专业“岗课赛证”融通活页式创新教材

丛书编审委员会

资源说明页

本书附赠 21 个富媒体资源，内含 13 个微课视频，总时长 73 分钟。

获取方式：

1. 微信扫码（封底“刮刮卡”处），关注“天工讲堂”公众号。
2. 选择“我的”—“使用”，跳出“兑换码”输入页面。
3. 刮开封底处的“刮刮卡”获得“兑换码”。
4. 输入“兑换码”和“验证码”，点击“使用”。

通过以上步骤，您的微信账号即可免费观看全套课程！

首次兑换后，微信扫描本页的“课程空间码”即可直接跳转到课程空间，或者直接扫描内文“资源码”即可直接观看相应富媒体资源。

序

当前，全球汽车产业进入百年未有之大变革时期，汽车电动化、网联化和智能化水平不断提升，智能网联汽车已成为世界公认的汽车产业未来发展的方向和焦点。党的二十大报告提出：“建设现代化产业体系。坚持把发展经济的着力点放在实体经济上，推进新型工业化，加快建设制造强国、质量强国、航天强国、交通强国、网络强国、数字中国。”这为推动智能网联汽车发展、助力实体经济指明了方向。

智能网联汽车是跨学科、跨领域融合创新的新产业，要求企业员工兼具车辆、机械、信息与通信、计算机、电气、软件等多维专业背景。从行业现状来看，大量从业人员以单一学科专业背景为主，主要依靠在企业内“边干边学”完善知识结构，逐步向跨专业复合型经验人才转型。这类人才的培养周期长且培养成本高，具备成熟经验的人才尤为稀缺，现有存量市场无法匹配智能网联汽车行业对复合型人才的需求。

为了响应高速发展的智能网联汽车产业对素质高、专业技术全面、技能熟练的大国工匠、高技能人才的迫切需求，为了响应《国家职业教育改革实施方案》提出的“建设一大批校企‘双元’合作开发的国家规划教材，倡导使用新型活页式、工作手册式教材并配套开发信息化资源”的倡议，行云新能科技（深圳）有限公司联合中高职院校的一线教学老师与华为、英特尔、百度等行业内头部企业共同开发了智能网联汽车专业“岗课赛证”融通活页式创新教材。

行云新能在华为 MDC 智能驾驶技术的基础上，紧跟华为智能汽车的智能座舱——智能网联——智能车云全链条根技术和产品，构建以华为智能汽车根技术为核心的智能网联汽车人才培养培训生态体系，建设中国智能汽车人才培养标准。在此基础上，我们组织多名具有丰富教学和实践经验的汽车专业教师和智能网联汽车企业技术人员一起合作，历时两年，共同完成了“智能网联汽车专业‘岗课赛证’融通活页式创新教材”的编写工作。

本套教材包括《智能网联汽车概论》《Arduino 编程控制与应用》《Python 人工智能技术与应用》《ROS 原理与技术应用》《智能网联汽车传感器技术与应用》《智能驾驶计算平台应用技术》《汽车线控底盘与智能控制》《车联网技术与应用》《汽车智能座舱系统与应用》《车辆自动驾驶系统应用》《智能网联汽车仿真与测试》共十一本。

多年的教材开发经验、教学实践经验、产业端工作经验使我们深切地感受到，教材建设是专业建设的基石。为此，本系列教材力求突出以下特点：

1）以学生为中心。活页式教材具备“工作活页”和“教材”的双重属性，这种双重属性直接赋予了活页式教材在装订形式与内容更新上的灵活性。这种灵活性使得教材可以依据产业发展及时调整相关教学内容与案例，以培养学生的综合职业能力为总目标，其中每一个能力模块都是完整的行动任务。按照“以学生为中心”的思路进行教材开发设计，将“教学资料”的特征和“学习资料”的功能完美结合，使学生具备职业特定技能、行业通用技能以及伴随终身的可持续发展的核心能力。

2）以职业能力为本位。在教材编写之前，我们全面分析了智能网联汽车技术领域的特征，根据智能网联汽车企业对智能传感设备标定工程师、高精度地图数据采集处理工程师、智能网联汽车测试评价工程师、智能网联汽车系统装调工程师、智能网联汽车技术支持工程师等岗位的能力要求，对职业岗位进行能力分解，提炼出完成各项任务应具备的知识和能力。以此为基础进行教材内容的选择和结构设计，人才培养与社会需求的无缝衔接，最终实现学以致用的根本目标。同时，在内容设置方面，还尽可能与国家及行业相关技术岗位职业资格标准衔接，力求符合职业技能鉴定的要求，为学生获得相关的职业认证提供帮助。

3）以学习成果为导向。智能网联汽车横跨诸多领域，这使得相关专业的学生在学习过程中往往会感到无从下手，我们利用活页式教材的特点来解决此问题，活页式教材是一种以模块化为特征的教材形式，它将一本书分成多个独立的模块，以某种顺序组合在一起，从而形成相应的教学逻辑。教材的每个模块都可以单独制作和更新，便于保持内容的时效性和精准性。通过发挥活页式教材的特点，我们将实际工作所需的理论知识与技能相结合，以工作过程为主线，便于学生在实际的操作过程中掌握工作所需的技能和加深对理论知识的认知。

总体而言，本活页式教材以学生为中心，以职业能力为本位，以学习成果为导向，让学生在教师指导下经历完整的工作过程，创设沉浸式教学环境，并在交互体验的过程中构建专业知识，训练专业技能，从而促进学生自主学习能力的提升。每一个任务均以学习目标、知识索引、情境导入、获取信息、任务分组、工作计划、进行决策、任务实施、评价反馈这九个环节为主线，帮助学生在动手操作和了解行业发展的过程中领会团结合作的重要性，培养执着专注、精益求精、一丝不苟、追求卓越的工匠精神。在每个能力模块中引入了拓展阅读，将爱党、爱国、爱业、爱史与爱岗教育融入课程中。为满足“人人皆学、处处能学、时时可学”的需要，本活页式教材同时搭配微课等数字化资源辅助学习。

虽然本系列教材的编写者在智能网联汽车应用型人才培养的教学改革方面进行了一些有益的探索和尝试，但由于水平有限，教材中难免存在错误或疏漏之处，恳请广大读者给予批评指正。

丛书编委会

前 言

党的二十大报告指出："统筹职业教育、高等教育、继续教育协同创新，推进职普融通、产教融合、科教融汇，优化职业教育类型定位。"产教融合是培养智能网联汽车产业端所需的素质高、专业技术全面、技能熟练的大国工匠、高技能人才的重要方式，也是我们教材体系建设的重要依据。

2022年11月上旬，工业和信息化部与公安部联合发布《关于开展智能网联汽车准入和上路通行试点工作的通知（征求意见稿）》。在电动化、智能化、网联化、共享化已成为汽车产业发展趋势的当下，政策的利好更进一步地推动了产业的健康发展。工业和信息化部数据显示，2022年上半年，我国具备组合驾驶辅助功能的乘用车销量达288万辆，渗透率提高至32.4%，同比增长46.2%。国家智能网联汽车创新中心数据显示，到2025年，我国智能网联汽车产业仅汽车部分新增产值将超过1万亿元；到2030年，汽车部分新增的产值将达到2.8万亿元。智能网联汽车行业的快速发展推进了产业端对人才的需求，根据教育部等三部门联合印发的《制造业人才发展规划指南》，未来节能与新能源汽车人才缺口为103万人，智能网联汽车人才缺口为3.7万人，汽车行业技术人才、数字化人才非常稀缺。而智能网联汽车产业作为汽车、电子、信息、交通、定位导航、网络通信、互联网应用等行业领域深度融合的新兴产业，院校在专业建设时往往会遇到行业就业岗位模糊、专业建设核心不清等情况。在政策大力支持、产业蓬勃发展的大背景下，为满足行业对智能网联汽车技术专业人才的需要，促进中高职院校汽车专业建设，特编写本教材。

本教材围绕智能网联相关专业"岗课赛证"综合育人的教育理念与教学要求，基于"学生为核心、能力为导向、任务为引领"的理念编写。在对智能网联技术技能人才岗位特点、1+X职业技能等级证书和"校—省—国家"三级大赛体系进行调研的基础上，分析出岗位典型工作任务，进而创设真实的工作情景，引入企业岗位真实的生产项目，强化产教融合深度，从而构建整套系统化的课程体系。

本书共分为6个能力模块，能力模块一为掌握车身硬件的搭建方法，讲解了"智慧猫"桌面小车的车身组件、车身结构的拼装、车身电路的连接和线控底盘串口的调试；能力模块二为掌握操作系统的安装与使用方法，讲解了Ubuntu系统的安装与基本操作；能力模块三为掌握自动驾驶系统的安装与使用方法，讲解了ROS的安装与ROS文件系统和ROS通信系统的构建；能力模块四为掌握线控底盘的调试方法，讲解了自动驾驶系统的远程登录、线控底盘通信功能包的调试、线控底盘行驶速度的校准和线控底盘的远程控制；能力模块五为掌握激光雷达地图构建与导航的方法，讲解了激光雷达地图的构建与激光雷达自主导航的实现；能力模块六为掌握视觉传感器的应用方法，讲解了深度视觉跟随功能和车道线识别与巡线功能的实现。

能力模块	理论学时	实践学时	权重
能力模块一　掌握车身硬件的搭建方法	4	4	12%
能力模块二　掌握操作系统的安装与使用方法	3	4	11%
能力模块三　掌握自动驾驶系统的安装与使用方法	6	11	27%
能力模块四　掌握线控底盘的调试方法	4	8	19%
能力模块五　掌握激光雷达地图构建与导航的方法	4	7	17%
能力模块六　掌握视觉传感器的应用方法	3	6	14%
总计	24	40	100%

由于编者水平有限，本书内容的深度和广度尚存在欠缺，欢迎广大读者予以批评指正。

编　者

活页式教材使用注意事项

根据需要，从教材中选择需要夹入活页夹的页面。

02

小心地沿页面根部的虚线将页面撕下。为了保证沿虚线撕开，可以先沿虚线折叠一下。注意：一次不要同时撕太多页。

03

选购孔距为80mm的双孔活页文件夹，文件夹要求选择竖版，不小于B5幅面即可。将撕下的活页式教材装订到活页夹中。

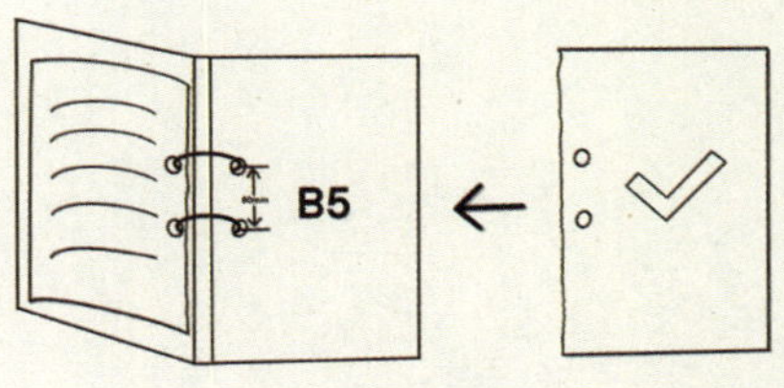

04

也可将课堂笔记和随堂测验等学习资料，经过标准的孔距为80mm的双孔打孔器打孔后，和教材装订在同一个文件夹中，以方便学习。

温馨提示：在第一次取出教材正文页面之前，可以先尝试撕下本页，作为练习

目 录

能力模块一 掌握车身硬件的搭建方法

任务一　认知车身组件

学习目标

- 了解自动驾驶的发展历史。
- 认识 ROS 智能车组成及各部分的名称。
- 熟悉自动驾驶技术的软件和硬件框架。
- 能够绘制 ROS 智能车的软硬件框架图。
- 能够识别智慧猫 ROS 智能车的传感器。
- 能够识别智慧猫 ROS 智能车的内部框架结构。
- 具有利用信息手段查阅相关资料的能力。
- 具有分析问题、解决问题和再学习的能力。
- 具有良好的团队精神和较强的表达沟通、协调组织能力。
- 具有认真负责的职业态度和良好的职业道德。

知识索引

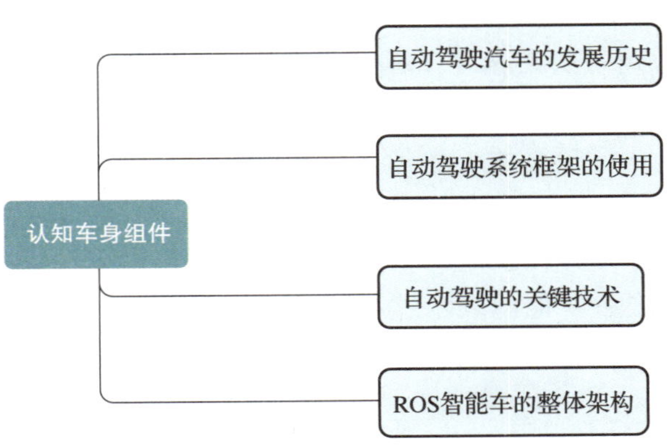

情境导入

某公司计划研发一款 ROS 智能车。你作为一名测试工程师加入了该项目，主管要求你对新入职的员工进行培训，你要如何给新员工讲解 ROS 智能车的软硬件框架呢？

获取信息

引导问题 1

查阅相关资料，请简述自动驾驶汽车的发展历程，以及国内的自动驾驶技术的发展情况。

____

____

____

自动驾驶汽车的发展历史

自动驾驶汽车并非一个全新的概念。早在 1886 年，汽车诞生后不久，自动驾驶的梦想就出现在科幻小说中，在一些科幻电影里自动驾驶更是司空见惯，从虚构的小说场景到实验室研究再到工业开发，以及首先实现量产的部分自动驾驶功能，自动驾驶如今已经为很多人所熟知了。

1925 年 8 月，美国的街上首次出现了一辆名为“美国奇迹”的汽车（图 1-1-1），该车由一位名叫 Francis P. Houdina 的美国陆军电子工程师发明，可通过无线电遥控的方式，来实现车辆转向盘、离合器、制动器等部件的远程操控。这种操控方式虽然与真正意义上的“自动驾驶”相距甚远，但这是人类历史上第一辆有证可查的自动驾驶汽车。

1939 年，美国通用公司在一场名为“建设明天的世界”的博览会中，表达了他们对 20 世纪 60 年代的“未来汽车”的幻想，并预言“未来的美国人乘坐的车将是一种全靠按钮操作，而不需要人驾驶的新式汽车”。

1956 年，通用公司正式展出了 Firebird II 概念车（图 1-1-2），这是世界上第一辆配备了汽车安全及自动导航系统的，神似火箭的概念车。1971 年，英国道路研究实验室展示了一段视频，视频里的工程师正在测试一辆自动驾驶汽车，车子里仅有的一个人坐在后排，转向盘一直在自动“抖动”来调整方向。在车子的前保险杠位置上有一个特制的接收单元。计算机控制的电子脉冲信号通过这个单元传递给车子，以此来控制转向，此次试验之后，他们表示这种驾驶功能将为公路和铁路带来更安全的驾驶条件。随后，《新科学家和科学之旅》杂志里指出这种系统要比人类驾驶汽车的安全性高出 100 倍。

图 1-1-1　“美国奇迹”

图 1-1-2　Firebird II 概念车

1977 年，日本的筑波工程研究实验室开发出了第一个基于摄像头感知环境的自动驾驶汽车（图 1-1-3）。这辆车配备了两个摄像头，并用模拟计算机技术进行信号处理。时速能达到 30km，但需要高架轨道的辅助。

在 20 世纪七八十年代，德国慕尼黑联邦国防军大学的航空航天教授 Ernst Dickmanns 开创了“动态视觉计算”的研究项目，并成功开发出了多辆自动驾驶原型汽车。Ernst Dickmanns 团队在 1993~1994 年之间，成功改装了一辆奔驰 S500 轿车（图 1-1-4），而且为了实时监测道路周围的环境和反应，他们还为这辆车配备了摄像头和多种传感器。当时，这辆奔驰 S500 成功地在普通交通环境下自动驾驶了超过 1000km。

图 1-1-3　第一个基于摄像头感知环境的自动驾驶汽车

图 1-1-4　Ernst Dickmanns 团队改装的奔驰 S500 轿车

1998 年，依托 ARGO 项目（意大利帕尔马大学视觉实验室 VisLab 在 EUREKA 资助下完成的项目）改装的汽车（图 1-1-5）利用立体视觉系统和计算机制定的导航路线进行了 2000km 的长距离实验，其中 94% 路程使用自主驾驶，平均时速为 90km，最高时速 123km。

2004 年，DARPA（美国国防先进研究项目局）对自动驾驶汽车组织了有史以来最重要的挑战赛。2005 年，来自斯坦福大学的一辆改装的大众途锐（图 1-1-6）完美完成了挑战。这辆车不仅携带了摄像头，同时还配备了激光测距仪、雷达远程视距、GPS 传感器以及英特尔奔腾 M 处理器。

2009 年，谷歌的一辆改装的丰田普锐斯（图 1-1-7）在太平洋沿岸自动行驶了 22500km，历时一年多。这台普锐斯使用了摄像头、毫米波雷达和激光雷达作为传感装置。

2010 年，VisLab 团队（就是当年的 ARGO 项目团队）开启了自动驾驶汽车的洲际行驶挑战。四辆自动驾驶汽车从意大利帕尔马出发，穿越 9 个国家，最后成功到达了中国上海（图 1-1-8）。

图 1-1-5　依托 ARGO 项目改装的汽车

图 1-1-6　斯坦福大学改装的大众途锐

图 1-1-7　谷歌改装的丰田普锐斯

图 1-1-8　VisLab 团队设计的参加洲际行驶的自动驾驶汽车

2014 年 12 月中下旬，谷歌对外发布了完全自主设计的自动驾驶原型车成品，该车可全功能运行。2015 年 5 月，谷歌该款自动驾驶原型车在加利福尼亚州山景城的公路正式上路测试，如图 1-1-9 所示。

近年来，国内外许多传统汽车厂商也开始进行自动驾驶汽车的研发，比如奔驰在 2021 年 12 月，在新一代 S 级以及 EQS 纯电动车上推出的 Drive Pilot（图 1-1-10）功能正式被批准在德国高速公路上以低于 60km/h 的速度激活使用。这是全球首个真正意义上获得政府许可，并大规模上市的 L3 自动驾驶汽车。

图 1-1-9　谷歌自动驾驶原型车

图 1-1-10　奔驰装备 Drive Pilot 的车型

在国内，背靠长城汽车发展自动驾驶技术的毫末智行科技有限公司旗下业务发展迅速，并在 2022 年初获得数亿元的 A+ 轮融资。截至 2021 年底，毫末智行已推出的产品如图 1-1-11 所示。

此外，国内不少互联网企业也宣布进入自动驾驶领域。如百度于 2021 年 8 月 18 日，在百度世界大会上发布了全新升级的自动驾驶出行服务平台——萝卜快跑。2021 年 11

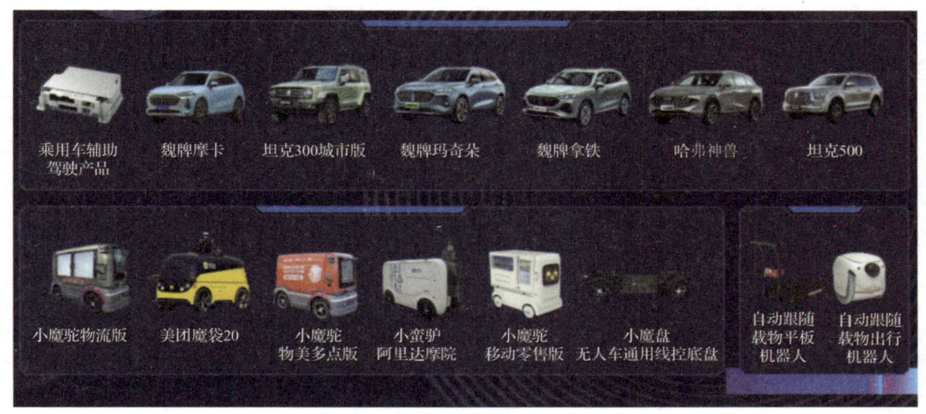

图 1-1-11 毫末智行产品

月 25 日，在取得服务许可之后，当天便接到了第一单生意，随后陆续在长沙、沧州、北京、广州、重庆和上海面向大众全面开放了无人驾驶服务。到 2021 年第三季度，萝卜快跑已向市场提供了 11.5 万次乘车服务，百度也成为全球最大的自动驾驶出行服务提供商。图 1-1-12 是目前市面上正在运行的基于萝卜快跑平台的自动驾驶汽车。

图 1-1-12 基于萝卜快跑平台的自动驾驶汽车

作为一种前沿技术，自动驾驶的存在形式多种多样。如今，国内外无数的科学家们都在不断地探索自动驾驶的技术潜力，自动驾驶能够提高公路安全性、缓解交通拥堵、减少空气污染，掌握自动驾驶的技术优势就能引领未来的潮流。

引导问题 2

查阅相关资料，举例说明自动驾驶系统由哪些部分组成。

____

____

____

自动驾驶系统框架的使用

自动驾驶是非常复杂的系统，由传感、感知、决策、车辆控制等部分组成，每个部分又包含了若干个模块，它们之间有着大量数据需要实时传输和处理。如何把这么多功能各异、非常复杂的模块集成到一起，组成一个完整的自动驾驶系统来完成自动驾驶的任务，是一个非常大的挑战。因此，现阶段自动驾驶技术的应用，需要使用一个合适的自动驾驶系统框架来实现。自动驾驶系统框架需要满足以下需求。

一、提供高效的开发支持

自动驾驶技术处于快速迭代和快速发展过程中，无论感知算法、决策算法还是整体技术开发，无论以 2D 为主的视觉方案还是以 3D 为主的方案，对快速地构建系统和功能验证有非常高的要求。通过使用框架开发，算法工程师能够将更多精力放在算法功能的研发上，而诸如配置管理、部署运行、底层通信等功能由框架来统一提供，这样可以快速地构建系统原型，验证算法和功能。

二、灵活配置自动驾驶系统

传感、感知、决策等系统本身包含了若干个功能相对独立的自动驾驶算法模块（图 1-1-13），模块之间只有数据依赖关系。对于框架来说，需要能够在开发阶段减少各个模块之间的耦合，而在车上运行阶段能够将各个模块组合串联起来，按模块需求灵活配置自动驾驶系统。

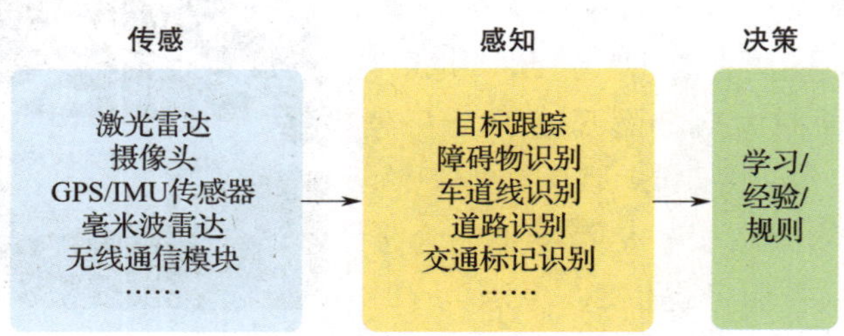

图 1-1-13　自动驾驶的算法模块

三、支持可视化工具的应用

由于自动驾驶系统涉及大量图像识别、定位算法，因此调试过程对各种可视化工具有非常强烈的需求，比如障碍物检测算法，需要看图像识别障碍物框得准不准，规划路径是否合理，定位算法也需要看调试时车是不是在正确位置上。

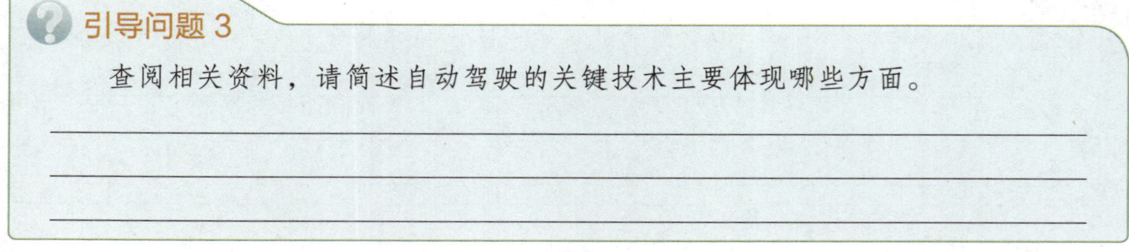

引导问题 3

查阅相关资料，请简述自动驾驶的关键技术主要体现哪些方面。

____

____

____

自动驾驶的关键技术

自动驾驶的关键技术主要体现在自动驾驶系统的感知、决策和控制三个环节。

感知，即通过摄像头、激光雷达、毫米波雷达、超声波传感器、陀螺仪、加速度计等多种传感器获取信息，并进行综合处理，让自动驾驶系统感知周围的环境和车辆状态信息。感知环节主要工作包括定位、物体识别和追踪（图 1-1-14）。

其中环境信息包括道路的形状、方向、曲率、坡度、车道、交通标志、信号灯，其他车辆或行人的位置、大小、前进方向和速度等；车辆状态信息包括车辆的前进速度、

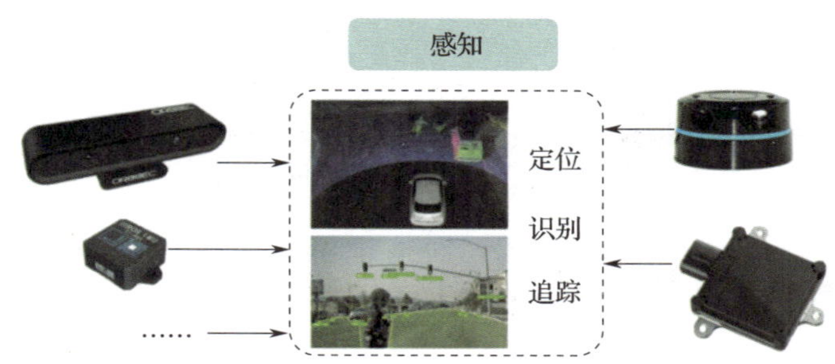

图 1-1-14　感知环节的主要工作

加速度、转向角度、车身位置及姿态等。

无论定位、物体识别还是追踪工作，都依赖于多传感器信息融合技术。它能将多种传感器获得的环境信息进行比对，并根据算法输出融合结果。比如摄像头和激光雷达感知到的同一车辆的大小、位置、前进方向和速度信息进行融合，保证同一车辆上不同传感器中的时间和空间的一致性。多传感器信息融合技术是感知环节的关键技术之一。

决策，在整个自动驾驶系统中扮演着“驾驶员大脑”的角色，主要完成行为预测、路径规划和安全避障工作（图 1-1-15）。它具体包括：选取哪条车道、是否换道、是否跟车行驶、是否绕行、是否停车等。这个环节需要用到强化学习等关键技术。

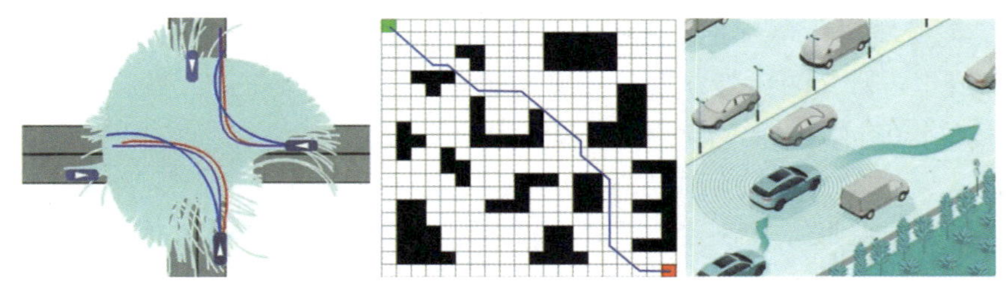

a）自动驾驶行为预测　　b）自动驾驶路径规划　　c）自动驾驶安全避障

图 1-1-15　决策环节的主要工作

控制，主要通过对转向、驱动、制动系统的控制，实现决策单元下发的目标线速度和角速度。这个环节的关键是 PID 反馈控制等技术，PID 反馈控制技术算法原理如图 1-1-16 所示。

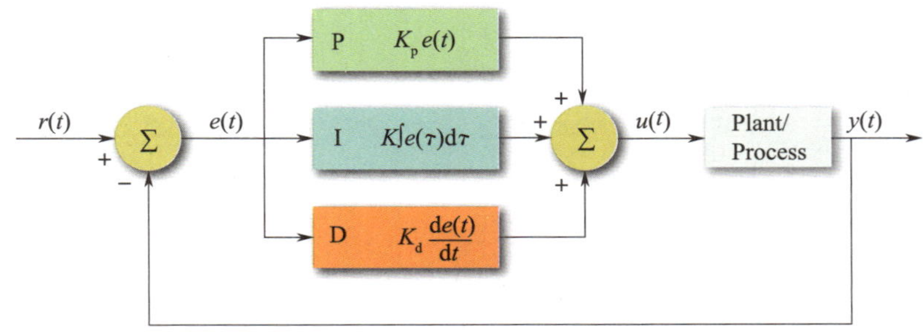

图 1-1-16　PID 反馈控制技术算法原理示意

引导问题 4

查阅相关资料，请简述什么是 ROS，并描述 ROS 的主要应用领域。

____

____

____

ROS 智能车的整体架构

机器人操作系统（Robot Operating System，ROS）最早是一个用于编写机器人软件的灵活框架，它集成了大量的工具、库、协议，提供了类似操作系统所提供的功能，包括硬件抽象描述、底层驱动程序管理、共用功能的执行、程序间的消息传递以及程序发行包管理，可以极大简化机器人平台下的繁杂多样的复杂任务创建与稳定行为控制工作。ROS 后来被各知名学术研究机构和多家自动驾驶技术公司采用，已经成为自动驾驶研究领域重要的系统框架。通过对 ROS 的学习和应用，可以更好理解自动驾驶技术。

本教材选用了行云桥智慧猫 ROS 智能车作为学习载体，它使用了机器人操作系统作为自动驾驶框架。智慧猫线控底盘的电机编码器信号可以转换为里程计信息，并利用深度摄像头获取深度信息，完成环境感知。激光雷达的深度信息经过 SLAM 算法的处理，可以实现当前环境地图的构建。在导航的时候，自主定位功能包（amcl）通过里程计信息或里程计 +IMU 等方式，实现当前车的定位（感知）。当给定小车一个目标位置后，导航路径规划功能包（move_base）则调用构建后的地图，以及当前小车的位姿，并结合摄像头获取的障碍物信息来实现小车导航过程中最优路径规划（决策）。并将运动控制信息发送给底盘控制器（底盘控制单元），完成控制环节的任务（图 1-1-17）。

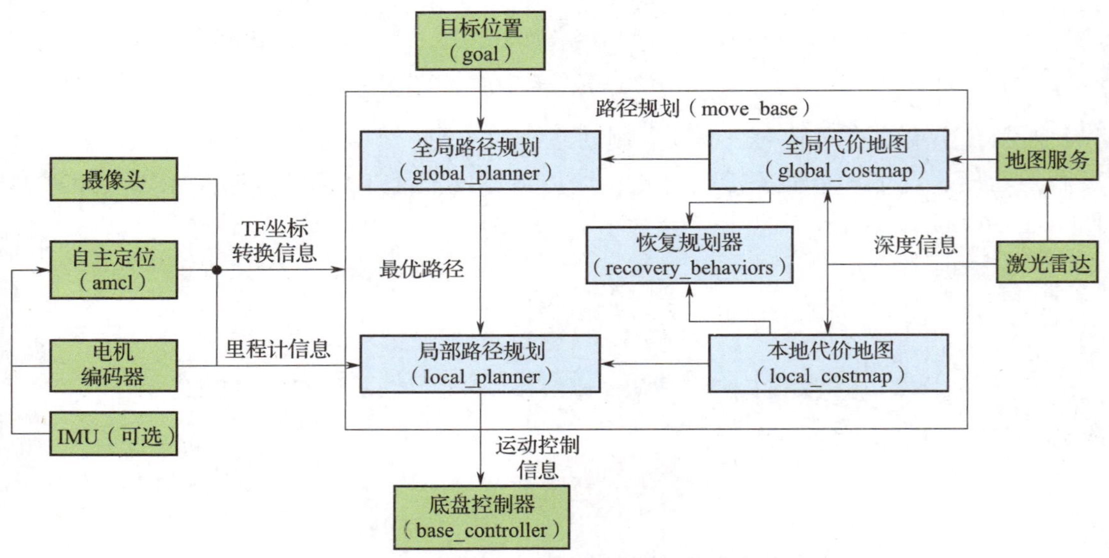

图 1-1-17　智慧猫 ROS 智能车工作原理示意

一、智慧猫整体结构认知

图 1–1–18　智慧猫 ROS 智能车外观

智慧猫 ROS 智能车（图 1–1–18）的硬件使用了当前自动驾驶技术中常用的深度摄像头、单目摄像头、单点激光雷达、单线激光雷达、IMU 等多种传感器。这些传感器可以借助相应功能包完成环境感知。智慧猫线控底盘则使用了控制精度较高的驱动电机，可以根据决策单元下发的信号，准确执行自动驾驶任务。

ROS 智能车由线控底盘、感知单元、决策单元以及功能模块组成。其中线控底盘包括底盘控制单元（也称下位机）、电机驱动模块、驱动电机、车轮和外壳等部件；感知单元包括单线激光雷达、单点激光雷达、单目摄像头、深度摄像头和 IMU 等部件；决策单元也称上位机，安装在线控底盘内部。ROS 智能车整体结构如图 1–1–19 所示，其线控底盘内部结构如图 1–1–20 所示。

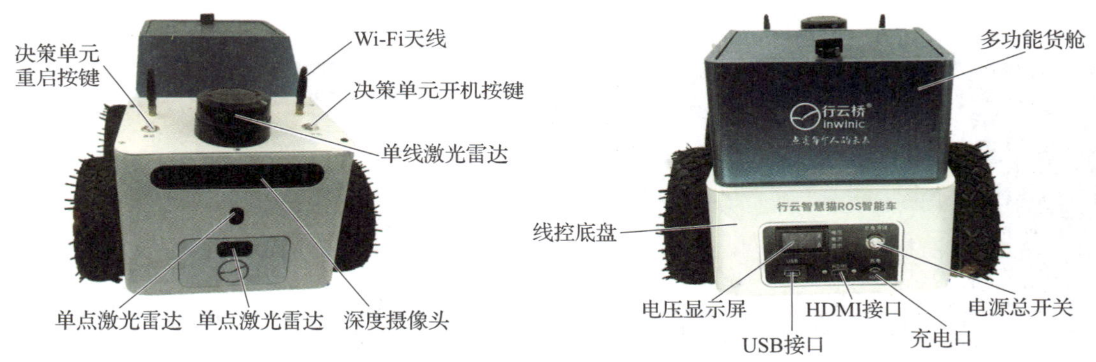

图 1–1–19　ROS 智能车整体结构

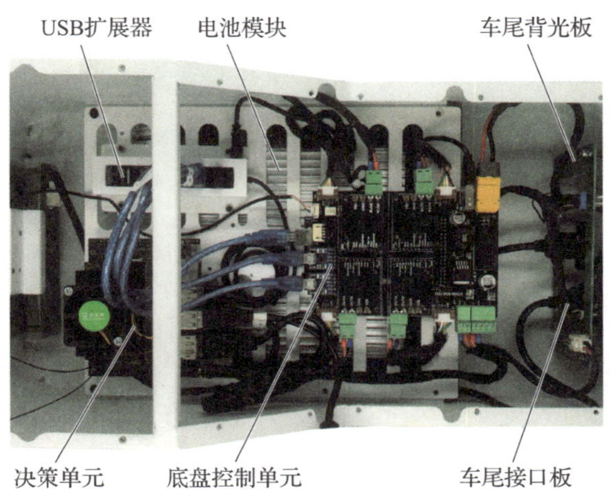

图 1–1–20　ROS 智能车线控底盘内部结构

二、智慧猫整体控制框架认知

智慧猫 ROS 智能车依靠感知单元完成环境感知，并将获取的信息传输到决策单元。

决策单元预装了自动驾驶操作系统，通过该系统调用对应的功能包，形成控制指令（控制线控底盘运动的线速度和角速度）。底盘控制单元接收到控制指令后，通过电机驱动模块控制驱动电机旋转。同时，底盘控制单元还将采集四个驱动电机的转速信号，并上传反馈给决策单元。整体控制框架如图 1-1-21 所示。

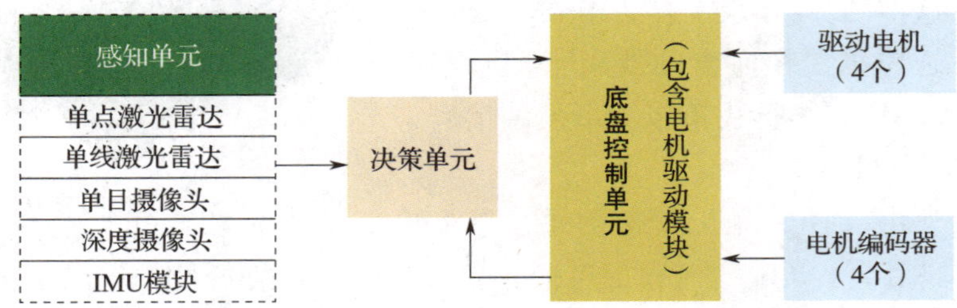

图 1-1-21　智慧猫 ROS 智能车整体控制框架

任务分组

学生任务分配表

<table>
<tr><td>班级</td><td colspan="2"></td><td>组号</td><td></td><td>指导老师</td><td></td></tr>
<tr><td>组长</td><td colspan="2"></td><td>学号</td><td colspan="3"></td></tr>
<tr><td rowspan="4">组员</td><td>姓名：________</td><td>学号：________</td><td colspan="2">姓名：________</td><td colspan="2">学号：________</td></tr>
<tr><td>姓名：________</td><td>学号：________</td><td colspan="2">姓名：________</td><td colspan="2">学号：________</td></tr>
<tr><td>姓名：________</td><td>学号：________</td><td colspan="2">姓名：________</td><td colspan="2">学号：________</td></tr>
<tr><td>姓名：________</td><td>学号：________</td><td colspan="2">姓名：________</td><td colspan="2">学号：________</td></tr>
<tr><td colspan="7">任务分工</td></tr>
<tr><td colspan="7"></td></tr>
</table>

工作计划

按照前面所了解的知识内容和小组内部讨论的结果，制定工作方案，落实各项工作负责人，如任务实施前的准备工作、实施中主要操作及协助支持工作、实施过程中相关要点及数据的记录工作等。

工作计划表

步骤	作业内容	负责人
1		
2		
3		
4		
5		
6		
7		
8		

进行决策

1. 各组派代表阐述资料查询结果。
2. 各组就各自的查询结果进行交流，并分享技巧。
3. 教师结合各组完成的情况进行点评，选出最佳方案。

任务实施

认知车身组件	
记录	完成情况
1. 简述智慧猫 ROS 智能车的整体结构组成 __________ __________ __________ 2. 简述智慧猫整体控制框架的组成 __________ __________ __________	已完成□　未完成□

6S 现场管理			
序号	操作步骤	完成情况	备注
1	建立安全操作环境	已完成□　未完成□	
2	清理及整理工具量具	已完成□　未完成□	
3	清理及复原设备正常状况	已完成□　未完成□	
4	清理场地	已完成□　未完成□	
5	物品回收和环保	已完成□　未完成□	
6	完善和检查工单	已完成□　未完成□	

评价反馈

1. 各组代表展示汇报 PPT，介绍任务的完成过程。

2. 以小组为单位，请对各组的操作过程与操作结果进行自评和互评，并将结果填入综合评价表中的小组评价部分。

3. 教师对学生工作过程与工作结果进行评价，并将评价结果填入综合评价表中的教师评价部分。

综合评价表

<table>
<tr><td>姓名</td><td></td><td>学号</td><td></td><td>班级</td><td></td><td>组别</td><td></td></tr>
<tr><td colspan="2">实训任务</td><td colspan="6"></td></tr>
<tr><td colspan="2">评价项目</td><td colspan="4">评价标准</td><td>分值</td><td>得分</td></tr>
<tr><td rowspan="8">小组评价</td><td>计划决策</td><td colspan="4">制定工作方案的合理可行，小组成员分工明确</td><td>10</td><td></td></tr>
<tr><td rowspan="2">任务实施</td><td colspan="4">智慧猫整体结构认知</td><td>25</td><td></td></tr>
<tr><td colspan="4">智慧猫整体控制框架认知</td><td>25</td><td></td></tr>
<tr><td>任务达成</td><td colspan="4">能按照工作方案操作，按计划完成工作任务</td><td>10</td><td></td></tr>
<tr><td>工作态度</td><td colspan="4">认真严谨、积极主动、安全生产、文明施工</td><td>10</td><td></td></tr>
<tr><td>团队合作</td><td colspan="4">与小组成员、同学之间能合作交流、协调工作</td><td>10</td><td></td></tr>
<tr><td>6S 管理</td><td colspan="4">完成竣工检验、现场恢复</td><td>10</td><td></td></tr>
<tr><td colspan="5">小计</td><td>100</td><td></td></tr>
<tr><td rowspan="7">教师评价</td><td>实训纪律</td><td colspan="4">不出现无故迟到、早退、旷课现象，不违反课堂纪律</td><td>10</td><td></td></tr>
<tr><td>方案实施</td><td colspan="4">严格按照工作方案完成任务实施</td><td>20</td><td></td></tr>
<tr><td>团队协作</td><td colspan="4">任务实施过程互相配合，协作度高</td><td>20</td><td></td></tr>
<tr><td>工作质量</td><td colspan="4">能按照工作方案操作，按计划完成工作任务</td><td>10</td><td></td></tr>
<tr><td>工作规范</td><td colspan="4">操作规范，三不落地，无意外事故发生</td><td>20</td><td></td></tr>
<tr><td>汇报展示</td><td colspan="4">能准确表达、总结到位、改进措施可行</td><td>20</td><td></td></tr>
<tr><td colspan="5">小计</td><td>100</td><td></td></tr>
<tr><td>综合评分</td><td colspan="6">小组评分 ×50%+ 教师评分 ×50%</td><td></td></tr>
<tr><td colspan="8">总结与反思</td></tr>
</table>

（如：学习过程中遇到什么问题→如何解决的 / 解决不了的原因→心得体会）

任务二　完成车身结构的拼装

学习目标

- 了解智慧猫 ROS 智能车的主要部件及作用。
- 了解智慧猫 ROS 智能车的整车结构。
- 能够准确分辨智慧猫 ROS 智能车的主要部件。
- 能够对智慧猫 ROS 智能车的整车进行拆装。
- 具有利用信息手段查阅相关资料的能力。
- 具有分析问题、解决问题和再学习的能力。
- 具有良好的团队精神和较强的表达沟通、协调组织能力。
- 具有认真负责的职业态度和良好的职业道德。

知识索引

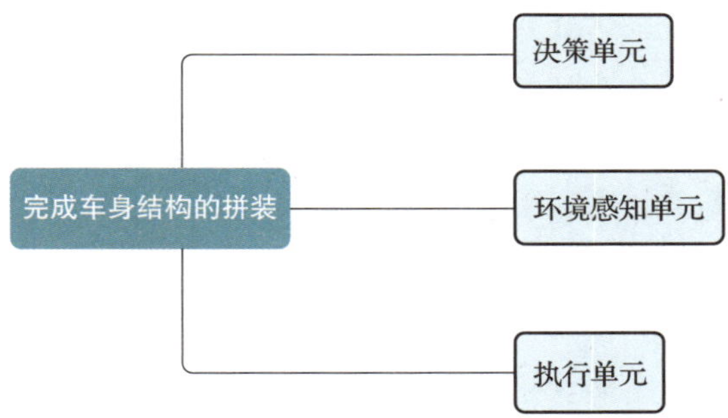

情境导入

某公司计划研发一款 ROS 智能车，开发工程师选用了单线激光雷达、单点激光雷达、深度摄像头、单目摄像头、IMU 模块作为 ROS 智能车的环境感知单元。作为一名测试工程师，你了解这些传感器各自的侧重点吗？你要如何进行整车拆装测试呢？

获取信息

引导问题 1

查阅相关资料，简述智慧猫中的决策单元在自动驾驶中承担的主要工作？

____

____

____

决策单元

决策单元（又称上位机）选用了英伟达的 Jetson Nano，如图 1-2-1 所示。Jetson Nano 外形尺寸小巧（约为 100mm × 80mm × 30mm），功能却很强大，可以运行多个神经网络、对象检测、分割和语音处理等应用程序。Jetson Nano 搭载了四核 ARM A57 处理器，128 核 MAXWELL GPU 及 4GB LPD-DR 内存，拥有足够的计算能力实现智慧猫的自动驾驶功能。决策单元被安装在智慧猫的线控底盘内部。

图 1-2-1　决策单元（英伟达的 Jetson Nano）

引导问题 2

查阅相关资料，简述环境感知单元有哪些主要元器件，以及对应的功能。

____

____

____

环境感知单元

智慧猫 ROS 智能车使用的环境感知单元主要包括激光雷达、视觉传感器以及惯性导航单元等。

一、单线激光雷达

单线激光雷达选用了二维扫描测距产品，如图 1-2-2 所示。该系列激光雷达可以在探测范围内进行 360° 旋转，完成二维平面的扫描，从而产生空间的平面点云地图信息。它使用了三角测量原理，性价比高；最大可承受的环境光强为 20000lux；体积小、功耗低、寿命长、使用安全。单线激光雷达被广泛应用于室内建图与导航，比如自动清扫机器人等。单线激光雷达被安装在智慧猫的线控底盘车头上方。

图 1-2-2　单线激光雷达

二、单点激光雷达

单点激光雷达具有低成本、小体积和低功耗的三大优势，提高了输出帧率、缩小了测距盲区、提高了数据稳定性及准度进一步提升了产品整体性能。与此同时，单点激光雷达拓宽了应用领域和场景，被应用于自动驾驶车辆短距离测距，可以弥补毫米波雷达测距的缺点。单点激光雷达被安装在智慧猫的线控底盘车头前方，如图 1-2-3 所示。

图 1-2-3　单点激光雷达

三、深度摄像头

深度摄像头是一种能够感知场景深度信息的相机，可以获取像素点到摄像头的距离，生成 3D 点云。如图 1-2-4 所示。深度摄像头拥有人脸识别、手势识别、人体骨架识别、三维测量、环境感知、三维地图重建等多项功能，让硬件设备拥有一双感知环境的“智慧之眼”，被广泛运用于人机交互识别（如家庭游戏机、手机、服务机器人等）、汽车自动驾驶辅助等领域。深度摄像头被安装在智慧猫的线控底盘车头前方。

图 1-2-4　深度摄像头

四、单目摄像头

单目摄像头是可以通过 USB 连接的工业高清摄像头，如图 1-2-5 所示。这款单目摄像头采用了 CMOS 感光元件，视角为 135°，且广角无畸变，具有 210 万像素，最大分辨率为 1920×1080，工作电压 5V，工作电流在 120~220mA 之间。它使用场景广，能在室内外部署，可以满足智慧猫普通图像采集的任务。单目摄像头也被安装在智慧猫的线控底盘车头前方。

图 1-2-5　单目摄像头

五、IMU

智慧猫所采用的 IMU（惯性导航单元，图 1-2-6）能够与 ROS 进行通信。这款 IMU 内部集成了高精度传感器（包括 3 轴陀螺仪、3 轴加速度计以及 3 轴磁力计）。它集成的姿态解算器配合动态卡尔曼滤波算法，能够在动态环境下准确输出模块的当前姿态，稳定性极高，并且为物体在 3 维空间中确定方位提供了精确的计算数据，可以包括欧拉角、四元数和常用的翻滚 / 俯仰 / 偏航的方向数据。该 IMU 采用数字滤波技术，能够降低测量噪声，提高测量精度。IMU 被安装在智慧猫的线控底盘内部。

图 1-2-6　IMU 模块

引导问题 3

查阅相关资料，请简述智慧猫 ROS 智能车的底盘控制单元主要作用是什么。

____

____

____

执行单元

智慧猫 ROS 智能车的执行单元主要由底盘控制单元及驱动电机等部件组成。

一、底盘控制单元

底盘控制单元（图 1–2–7）是行云新能公司自主研发的产品，它采用了容易上手编程学习的 Arduino Mega 2560 作为核心板。Arduino Mega 2560 是基于 Atmega 2560 芯片的微控制板，有 54 路数字输入 / 输出端口（其中 15 个可以作为 PWM 输出）、16 路模拟输入端口、4 路 UART 串口、16MHz 的处理器、USB 连接口、电池接口、ICSP 头和复位按钮。

底盘控制单元包含的 4 路微型直流有刷电机驱动模块，能够根据核心板发出的指令，精准地控制 4 个车轮驱动电机的速度和旋转方向。底盘控制单元包含的降压模块可以将电池送过来的 12V 电源降成 5V 后输出给决策单元。底盘控制单元包含的 TTL 转 USB 模块，能将单线激光雷达和单点激光雷达串行接口信号转成符合 USB 通信协议的信号，并传送给决策单元。

二、驱动电机

驱动电机（图 1–2–8）选用了线控性能较好的微型直流有刷电机，自带编码器和减速机构。编码器有 A、B 双相输出，可以辨识电机旋转方向。大减速比的减速机构则将电机转速降低并增大转矩，实现电机与车轮的刚性连接，保证控制精准度。驱动电机被安装在智慧猫的线控底盘内部，输出轴则伸出底盘外部通过联轴器直接连接车轮。

图 1–2–7　底盘控制单元

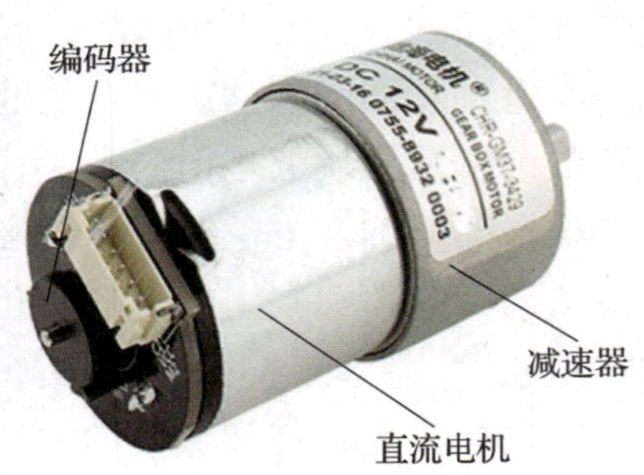

图 1–2–8　驱动电机

职业认证

智能网联汽车测试装调职业技能等级证书（初级）中的检测、试验、装配、调试、质量控制等任务要求考生对车辆自身硬件和相关组件非常熟悉。通过智能网联汽车测试装调职业技能等级证书（初级）考核可获得教育部 1+X 证书中的《智能网联汽车测试装调职业技能等级证书（初级）》。

任务分组

学生任务分配表

班级		组号		指导老师	
组长		学号			
组员	姓名：________ 学号：________ 姓名：________ 学号：________ 姓名：________ 学号：________ 姓名：________ 学号：________		姓名：________ 学号：________ 姓名：________ 学号：________ 姓名：________ 学号：________ 姓名：________ 学号：________		
任务分工					

工作计划

完成车身结构的拼装

扫描二维码了解智慧猫小车拆装步骤，结合前面所了解的知识内容和小组内部讨论的结果，制定工作方案，落实各项工作负责人，如任务实施前的准备工作、实施中主要操作及协助支持工作、实施过程中相关要点及数据的记录工作等。

工作计划表

步骤	作业内容	负责人
1		
2		
3		
4		
5		
6		
7		
8		

进行决策

1. 各组派代表阐述资料查询结果。
2. 各组就各自的查询结果进行交流，并分享技巧。
3. 教师结合各组完成的情况进行点评，选出最佳方案。

任务实施

安装与拆卸智慧猫 ROS 智能车	
记录	完成情况
1. 能正确拆除智慧猫外壳及其附件	已完成□　未完成□
2. 能正确拆解与认知智慧猫内部组件	已完成□　未完成□
3. 能正确安装智慧猫组件	已完成□　未完成□

6S 现场管理			
序号	操作步骤	完成情况	备注
1	建立安全操作环境	已完成□　未完成□	
2	清理及整理工具量具	已完成□　未完成□	
3	清理及复原设备正常状况	已完成□　未完成□	
4	清理场地	已完成□　未完成□	
5	物品回收和环保	已完成□　未完成□	
6	完善和检查工单	已完成□　未完成□	

评价反馈

1. 各组代表展示汇报 PPT，介绍任务的完成过程。

2. 以小组为单位，请对各组的操作过程与操作结果进行自评和互评，并将结果填入综合评价表中的小组评价部分。

3. 教师对学生工作过程与工作结果进行评价，并将评价结果填入综合评价表中的教师评价部分。

综合评价表

<table>
<tr><th>姓名</th><th></th><th>学号</th><th></th><th>班级</th><th></th><th>组别</th><th></th></tr>
<tr><td colspan="2">实训任务</td><td colspan="6"></td></tr>
<tr><td colspan="2">评价项目</td><td colspan="4">评价标准</td><td>分值</td><td>得分</td></tr>
<tr><td rowspan="8">小组评价</td><td>计划决策</td><td colspan="4">制定工作方案的合理可行，小组成员分工明确</td><td>10</td><td></td></tr>
<tr><td rowspan="2">任务实施</td><td colspan="4">能够正确认知智慧猫 ROS 智能车的结构</td><td>25</td><td></td></tr>
<tr><td colspan="4">能够正确安装与拆卸智慧猫 ROS 智能车</td><td>25</td><td></td></tr>
<tr><td>任务达成</td><td colspan="4">能按照工作方案操作，按计划完成工作任务</td><td>10</td><td></td></tr>
<tr><td>工作态度</td><td colspan="4">认真严谨、积极主动、安全生产、文明施工</td><td>10</td><td></td></tr>
<tr><td>团队合作</td><td colspan="4">与小组成员、同学之间能合作交流、协调工作</td><td>10</td><td></td></tr>
<tr><td>6S 管理</td><td colspan="4">完成竣工检验、现场恢复</td><td>10</td><td></td></tr>
<tr><td colspan="5">小计</td><td>100</td><td></td></tr>
<tr><td rowspan="7">教师评价</td><td>实训纪律</td><td colspan="4">不出现无故迟到、早退、旷课现象，不违反课堂纪律</td><td>10</td><td></td></tr>
<tr><td>方案实施</td><td colspan="4">严格按照工作方案完成任务实施</td><td>20</td><td></td></tr>
<tr><td>团队协作</td><td colspan="4">任务实施过程互相配合，协作度高</td><td>20</td><td></td></tr>
<tr><td>工作质量</td><td colspan="4">能按照工作方案操作，按计划完成工作任务</td><td>20</td><td></td></tr>
<tr><td>工作规范</td><td colspan="4">操作规范，三不落地，无意外事故发生</td><td>10</td><td></td></tr>
<tr><td>汇报展示</td><td colspan="4">能准确表达、总结到位、改进措施可行</td><td>20</td><td></td></tr>
<tr><td colspan="5">小计</td><td>100</td><td></td></tr>
<tr><td>综合评分</td><td colspan="6">小组评分 ×50%+ 教师评分 ×50%</td><td></td></tr>
<tr><td colspan="8">总结与反思</td></tr>
</table>

（如：学习过程中遇到什么问题→如何解决的 / 解决不了的原因→心得体会）

任务三　完成车身电路的连接

学习目标

- 熟悉智慧猫 ROS 智能车的电气线路连接。
- 熟悉智慧猫 ROS 智能车的信号线路连接。
- 能够对智慧猫 ROS 智能车的电气线路进行拆接。
- 能够对智慧猫 ROS 智能车的信号连接线路进行拆接。
- 具有利用信息手段查阅相关资料的能力。
- 具有分析问题、解决问题和再学习的能力。
- 具有良好的团队精神和较强的表达沟通、协调组织能力。
- 具有认真负责的职业态度和良好的职业道德。

知识索引

完成车身电路的连接
- 智慧猫ROS智能车供电连接电路
- 智慧猫ROS智能车信号连接线路

情境导入

在对 ROS 智能小车进行拆装测试之后，你决定对小车的电气线路与信号连接线路进行测试，主管安排了一位助理工程师来协助你，你要如何向他讲解 ROS 智能车的车身电路结构呢？

获取信息

引导问题 1

查阅相关资料，简述智慧猫 ROS 智能车提供的主要供电单元。

____

____

____

智慧猫 ROS 智能车供电连接电路

智慧猫 ROS 智能车整车的供电连接电路如图 1-3-1 所示。

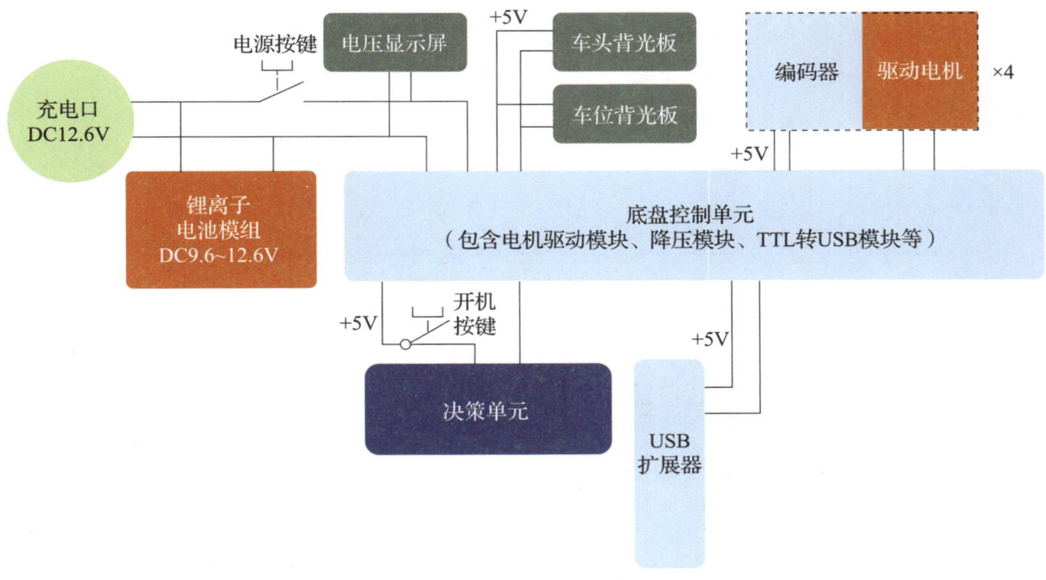

图 1-3-1　智慧猫整车供电连接电路

智慧猫 ROS 智能车采用锂离子电池模组作为电源。这个电池模组被一个铝合金外壳盒封装后固定在线控底盘的底部，它由与电动汽车同款的动力型三元聚合物锂离子电芯制作，支持大电流放电。因为锂离子电芯最高电压为4.2V，最低电压（受保护板限制）为3.2V，而智慧猫电池采用了 3 节电芯串联（3S）设计，所以电池包工作电压约在 9.6~12.6V 之间（通常简称为 12V 直流电源）。在日常使用过程中，为了能有更好的使用体验，建议当车尾的电压显示屏（图 1-3-2）显示电压值低于 11.1V 时，就要尽快为其充电。

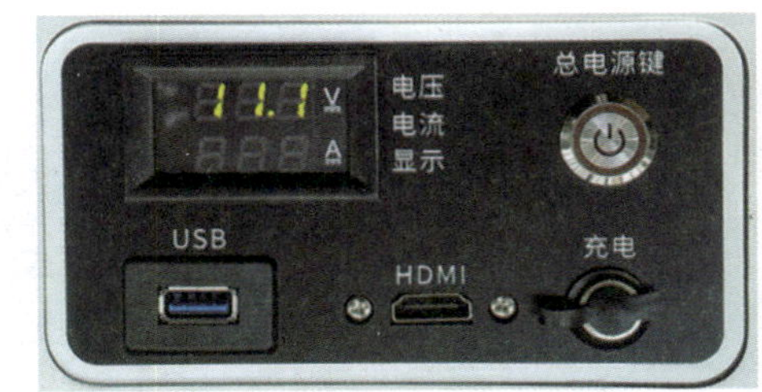

图 1-3-2　电压显示屏

智慧猫有专门的充电口，位于车尾的电压显示屏附近。使用专用的充电器（能够输出电流不小于 2A，电压为 12.6V 的直流电）插接入智慧猫的充电口后，就能够为锂离子电池模组充电。为了确保智慧猫使用安全，充电过程中建议先关闭总电源键，断开智能车全车用电设备。

整车电源供电电压分为 12V 和 5V。其中使用 12V 供电的是底盘控制单元和电压显示模块。这种连接方式使得电压显示模块可以实时显示锂离子电池模组的电压。底盘控制单元获得 12V 直流电输入后，一部分直接连接到其内部的电机驱动模块，将电流按照控制策略提供给驱动电机。另外一部分则通过其内部的降压模块转换为 5V 直流电，提供给智能车的其他多个用电设备。

底盘控制单元的降压模块输出的 5V 直流电为自身的 TTL 转 USB 模块、决策单元、

USB 扩展器、驱动电机的编码器、车头背光板以及车尾背光板供电。此外，深度摄像头、单目摄像头、键盘鼠标接收器以及 IMU 是通过 USB 线缆，从 USB 扩展器或决策单元处获取 5V 直流电的；单线激光雷达和单点激光雷达则是通过专门线缆从底盘控制单元的 TTL 转 USB 模块处获取 5V 直流电的（图 1-3-3）。

引导问题 2

查阅相关资料，请简述智慧猫 ROS 智能车信号连接线路的决策单元主要连通了哪些模块。

____

____

____

智慧猫 ROS 智能车信号连接线路

智慧猫 ROS 智能车信号连接线路如图 1-3-3 所示。

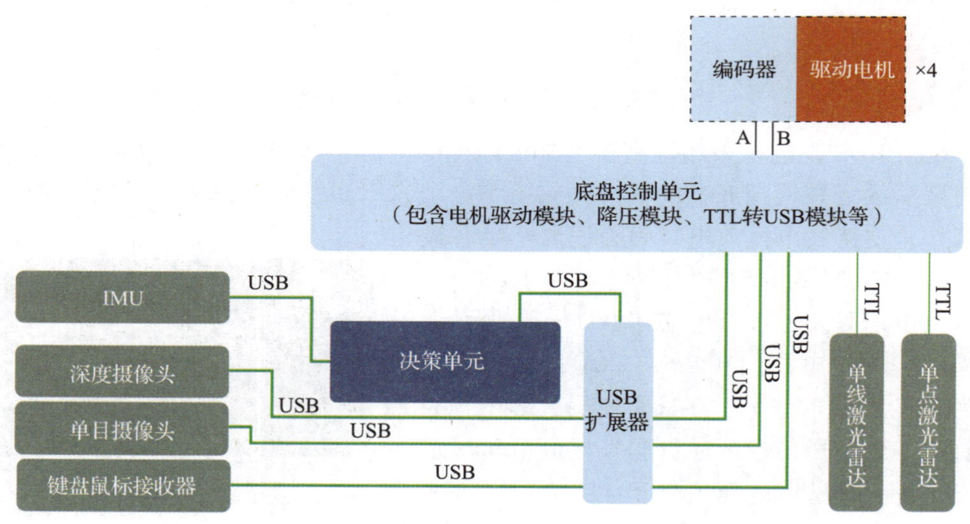

图 1-3-3 智慧猫信号连接线路

决策单元是自动驾驶的“大脑”，各传感器（雷达、摄像头等）或执行器（底盘控制单元）都通过 USB 线缆与之进行信号交流。但因为决策单元选用的 Jetson Nano 的 USB 连接端口仅有 4 个，所以智慧猫使用了一个 6 口的 USB 扩展器。其中单点激光雷达（通过线控底盘控制单元内的 TTL 转 USB 模块）、单线激光雷达（通过线控底盘控制单元内的 TTL 转 USB 模块）、线控底盘控制单元的核心板、深度摄像头、单目摄像头，以及键盘鼠标接收器都是直接将 USB 线缆插接到这个 6 口的 USB 扩展器中。而这个 6 口的 USB 扩展器与 IMU 则直接连接到决策单元的 USB 端口中。

此外，每个驱动电机后端的编码器信号线（分别为 A、B 两相），则是通过线束（与编码器电源线共同拼组的线束）连接到线控底盘控制单元的。

竞赛指南

在2019年中国技能大赛——机动车检测工（新能源汽车智能化技术）赛项中，其中一个任务为智能网联汽车智能化装备装调，旨在考察、培养新能源智能汽车领域复合型高层次技能人才，其中最基础也是最重要的技能要求为智能网联汽车安装调试及安全规范的掌握。要求参赛者掌握智能网联汽车安装调试安全操作规范、诊断设备与检测仪器的使用规范和维护方法、安全防护用具的使用规范、维修资料使用方法等。操作安全规范是重中之重，为技能型竞赛考察最重要的一环。

任务分组

学生任务分配表

<table>
<tr><td>班级</td><td></td><td>组号</td><td></td><td>指导老师</td><td></td></tr>
<tr><td>组长</td><td></td><td>学号</td><td colspan="3"></td></tr>
<tr><td>组员</td><td colspan="2">姓名：________ 学号：________
姓名：________ 学号：________
姓名：________ 学号：________
姓名：________ 学号：________</td><td colspan="3">姓名：________ 学号：________
姓名：________ 学号：________
姓名：________ 学号：________
姓名：________ 学号：________</td></tr>
<tr><td colspan="6">任务分工</td></tr>
<tr><td colspan="6"></td></tr>
</table>

工作计划

扫描二维码了解智慧猫小车电路连接步骤，结合前面所了解的知识内容和小组内部讨论的结果，制定工作方案，落实各项工作负责人，如任务实施前的准备工作、实施中主要操作及协助支持工作、实施过程中相关要点及数据的记录工作等。

完成车身电路的连接

工作计划表

步骤	作业内容	负责人
1		
2		
3		
4		
5		
6		
7		
8		

进行决策

1. 各组派代表阐述资料查询结果。
2. 各组就各自的查询结果进行交流，并分享技巧。
3. 教师结合各组完成的情况进行点评，选出最佳方案。

任务实施

拆除与安装智慧猫底盘控制模块	
记录	完成情况
1. 认识底盘控制模块的各个接口，并正确拔除连接线束	已完成□　未完成□
2. 认识决策单元及 USB 扩展器的各个接口，并正确拔除连接线束	已完成□　未完成□
3. 能正确将所有线束连接	已完成□　未完成□

6S 现场管理			
序号	操作步骤	完成情况	备注
1	建立安全操作环境	已完成□　未完成□	
2	清理及整理工具量具	已完成□　未完成□	
3	清理及复原设备正常状况	已完成□　未完成□	
4	清理场地	已完成□　未完成□	
5	物品回收和环保	已完成□　未完成□	
6	完善和检查工单	已完成□　未完成□	

评价反馈

1. 各组代表展示汇报 PPT，介绍任务的完成过程。

2. 以小组为单位，请对各组的操作过程与操作结果进行自评和互评，并将结果填入综合评价表中的小组评价部分。

3. 教师对学生工作过程与工作结果进行评价，并将评价结果填入综合评价表中的教师评价部分。

综合评价表

<table>
<tr><td>姓名</td><td></td><td>学号</td><td></td><td>班级</td><td></td><td>组别</td><td></td></tr>
<tr><td colspan="2">实训任务</td><td colspan="6"></td></tr>
<tr><td colspan="2">评价项目</td><td colspan="4">评价标准</td><td>分值</td><td>得分</td></tr>
<tr><td rowspan="9">小组评价</td><td>计划决策</td><td colspan="4">制定工作方案的合理可行，小组成员分工明确</td><td>10</td><td></td></tr>
<tr><td rowspan="3">任务实施</td><td colspan="4">认识底盘控制模块的各个接口，并正确拔除连接线束</td><td>10</td><td></td></tr>
<tr><td colspan="4">认识决策单元及 USB 扩展器的各个接口，并正确拔除连接线束</td><td>20</td><td></td></tr>
<tr><td colspan="4">能正确将所有线束连接</td><td>20</td><td></td></tr>
<tr><td>任务达成</td><td colspan="4">能按照工作方案操作，按计划完成工作任务</td><td>10</td><td></td></tr>
<tr><td>工作态度</td><td colspan="4">认真严谨、积极主动、安全生产、文明施工</td><td>10</td><td></td></tr>
<tr><td>团队合作</td><td colspan="4">与小组成员、同学之间能合作交流、协调工作</td><td>10</td><td></td></tr>
<tr><td>6S 管理</td><td colspan="4">完成竣工检验、现场恢复</td><td>10</td><td></td></tr>
<tr><td colspan="5">小计</td><td>100</td><td></td></tr>
<tr><td rowspan="7">教师评价</td><td>实训纪律</td><td colspan="4">不出现无故迟到、早退、旷课现象，不违反课堂纪律</td><td>10</td><td></td></tr>
<tr><td>方案实施</td><td colspan="4">严格按照工作方案完成任务实施</td><td>20</td><td></td></tr>
<tr><td>团队协作</td><td colspan="4">任务实施过程互相配合，协作度高</td><td>20</td><td></td></tr>
<tr><td>工作质量</td><td colspan="4">能按照工作方案操作，按计划完成工作任务</td><td>20</td><td></td></tr>
<tr><td>工作规范</td><td colspan="4">操作规范，三不落地，无意外事故发生</td><td>10</td><td></td></tr>
<tr><td>汇报展示</td><td colspan="4">能准确表达、总结到位、改进措施可行</td><td>20</td><td></td></tr>
<tr><td colspan="5">小计</td><td>100</td><td></td></tr>
<tr><td>综合评分</td><td colspan="6">小组评分 ×50%+ 教师评分 ×50%</td><td></td></tr>
<tr><td colspan="8">总结与反思</td></tr>
</table>

（如：学习过程中遇到什么问题→如何解决的 / 解决不了的原因→心得体会）

任务四　完成基础线控底盘串口调试

学习目标

- 认识 Arduino Mega 2560，了解其基本性能和外设。
- 了解串行通信和并行通信的定义。
- 熟悉串口监视器。
- 能够分辨 Arduino Mega 2560 的管脚编号及其对应作用。
- 能够描述串行通信和并行通信的异同。
- 能够使用串口监视器查看串口通信。
- 具有利用信息手段查阅相关资料的能力。
- 具有分析问题、解决问题和再学习的能力。
- 具有良好的团队精神和较强的表达沟通、协调组织能力。
- 具有认真负责的职业态度和良好的职业道德。

知识索引

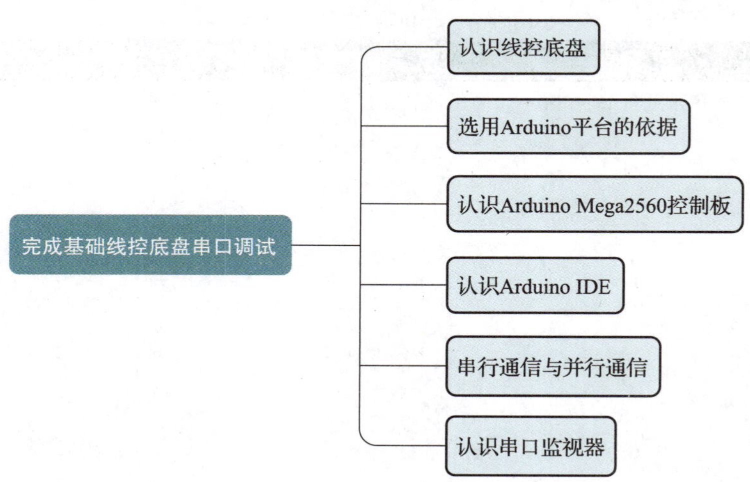

情境导入

线控底盘是自动驾驶车辆的重要组成部分。通过线控底盘开放的接口，依照约定协议对其进行运动调试是顺利执行车辆自动驾驶的重要保障。作为一名测试工程师，你要如何使用串口通信完成对 ROS 小车线控底盘的调试呢?

获取信息

引导问题 1

查阅相关资料，简述线控技术的作用及组成系统。

____

____

____

认识线控底盘

线控底盘（图 1-4-1）是指采用了线控技术的汽车底盘。而线控技术指的是将传统的底盘机械操纵系统，变成通过高速容错通信总线（比如车载常见的 CAN），与高性能计算处理单元（比如智慧猫装备的 Jetson Nano）相连的电气系统。线控底盘的使用能让汽车机械结构更简单、质量更小、制造更方便，并且运转更高效。

图 1-4-1　线控底盘

目前的线控技术主要包括线控动力系统、线控制动系统和线控转向系统等。对于智慧猫而言，因为实训项目的重点是自动驾驶系统的安装和参数调校，所以它的线控底盘进行了简化。智慧猫线控底盘的动力系统、制动系统和转向系统，都是通过对驱动电机发布不同控制策略来实现的。

引导问题 2

查阅相关资料，简述智慧猫使用 Arduino 开发的优势。

____

____

____

选用 Arduino 平台的依据

2005 年，Massimo Banzi，David Cuartielles 以及 David Mellis 等人，为了解决当时市场上难以找到便宜好用的单片机模块这一难题而设计了电路板，并为该电路板设计了编程语言，这就是 Arduino。

Arduino 平台包含了 Arduino 系列开发板（硬件）和 Arduino IDE（Arduino 集成开发环境，是 Arduino 程序编写及烧录时使用的软件）。

为了保持开放理念，Arduino 官方团队决定采用 Creative Commons（CC）许可。在 CC 许可下，任何人都被允许生产和销售 Arduino 开发板的复制品，而不需要向 Arduino 官方支付版税，甚至不用取得 Arduino 官方的许可，只需要说明 Arduino 团队的贡献以及保留 Arduino 这个名字。因此在网上有两种开发板，一种是 Arduino 官方出品的官方板（板子上印刷有“Arduino”字样），另一种则是其他厂商使用 Arduino 团队的设计所制作和销售的克隆板（板子上没有印刷“Arduino”字样），如图 1-4-2 所示。

图 1-4-2　官方板（左）与克隆板（右）

Arduino 平台作为智慧猫线控底盘控制单元具有以下几方面的优势。

1. 方便与 ROS 连接通信

Arduino 控制板自带 USB 接口，可以通过 USB 线束直接连接到智慧猫的决策单元（Jetson Nano）。智慧猫底盘控制单元已经烧录好可稳定运行的控制程序，能够根据 ROS 下发指令控制电机驱动模块执行相应动作。

2. 适合跨平台开发

Arduino IDE 可以在 Windows、Mac OS 和 Linux 三大主流操作系统上运行。本教材主要教学内容 ROS 运行在 Linux 平台上，所以在对线控底盘进行调整测试时，可以直接在 Linux 平台上运行 Arduino IDE，不需要像其他单片机控制芯片那样必须切换回 Windows 平台。

3. 程序语言清晰明了

Arduino 语言是基于 Wiring 语言开发的，是对 AVR-GCC 库的二次封装。因为很多功能模块已经预先进行了封装，使用时直接赋参调用即可（图 1-4-3），并不需要太多的单片机硬件基础和编程基础，所以学习者可以快速实现自己设计的控制逻辑，或理解已有程序的控制逻辑，非常适合青少年学生入门编程学习使用。

sketch_303

```
int ledPin = 11;
int delayTime = 1000;

void setup() {
  pinMode(ledPin,OUTPUT);
}

void loop() {
  digitalWrite(ledPin,HIGH);
  delay(delayTime);
  digitalWrite(ledPin,LOW);
  delay(delayTime);
}
```

图 1-4-3　Arduino IDE 可以直接赋参调用很多 Arduino 的功能模块

4. 拥有大量开源代码和扩展硬件

Arduino 是全球最流行的开源电子平台之一，其开源属性吸引了众多开发者和用户的参与。因此，可以很方便地通过各类网站找到丰富的开源代码以及成熟的扩展硬件，保证了初学者能更快速、更简单地完成 Arduino 各种控制任务。图 1-4-4 是一些可以直接插接到 Arduino 控制板上的扩展板，非常方便进行任务拓展。

图 1-4-4　支持堆叠插接的 Arduino 扩展板

引导问题 3

查阅相关资料，简述 Arduino Mega2560 控制板的结构。

____

____

____

认识 Arduino Mega2560 控制板

线控底盘控制单元通常称为下位机，本书提到的智慧猫 ROS 智能车下位机的核心控制板是 Arduino Mega2560（图 1-4-5），它的芯片型号是 Atmega 2560，同时具有 54 路数字输入 / 输出管脚。这些输入 / 输出口中，2~13 号以及 44~46 号共 15 个管脚具备 PWM 输出能力。

Arduino Mega 2560 控制板包含了 4 路串行通信接口，分别是：0 号串口，包含 0 号管脚（RX）和 1 号管脚（TX）；1 号串口，包含 19 号管脚（RX）和 18 号管脚（TX）；2 号串口，包含 17 号管脚（RX）和 16 号管脚（TX）；3 号串口，包含 15 号管脚（RX）和 14 号管脚（TX）。其中 0 号串口同时也可以通过 USB 转串口芯片与方形 USB 接口（图 1-4-6）连接，所以智慧猫使用了 0 号串口与决策单元进行数据传输。

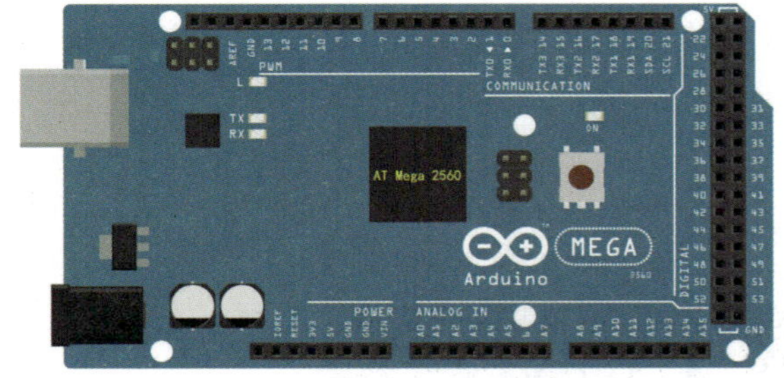

图 1-4-5　Arduino Mega2560 控制板

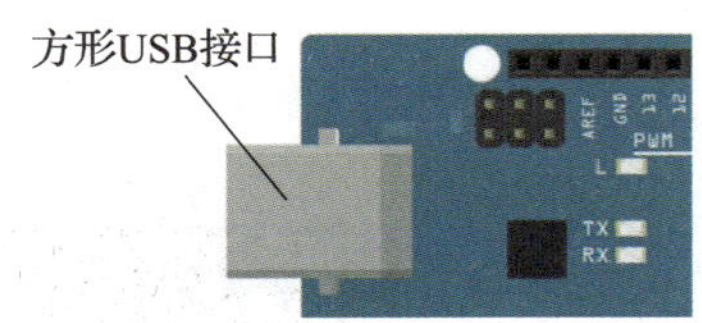

图 1-4-6　支持堆叠插接的 Arduino 扩展板

Arduino Mega 2560 控制板还包含了 16 路模拟输入管脚，分别是 A0~A15 管脚。每个管脚输入精度为 10 位（即有 1024 个不同值的输入），默认输入信号范围是 0~5V，但可以通过 AREF 调整输入值的上限。

Arduino Mega 2560 控制板的外部中断一共有 6 路，分别对应 0 号中断（2 号管脚）、1 号中断（3 号管脚）、2 号中断（21 号管脚）、3 号中断（20 号管脚）、4 号中断（19 号管脚）、5 号中断（18 号管脚）。这些外部中断的触发模式均有 3 种，分别是上升沿触发（RISING）、下降沿触发（FALLING）和电平变化触发（CHANGE），如图 1-4-7 所示。

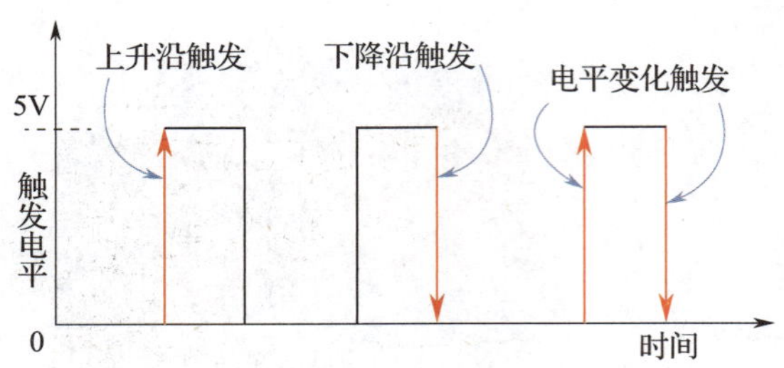

图 1-4-7　外部中断的 3 种触发模式

引导问题 4

查阅相关资料，简述 Arduino IDE 主要操作有哪些。

____

____

____

认识 Arduino IDE

Arduino IDE 是一款官方版 Arduino 集成开发环境，用于完成文本代码的编写和程序烧录工作。Arduino IDE 操作界面包含了菜单栏、工具栏、代码编辑区、状态栏、调试信息区等内容，如图 1-4-8 所示。

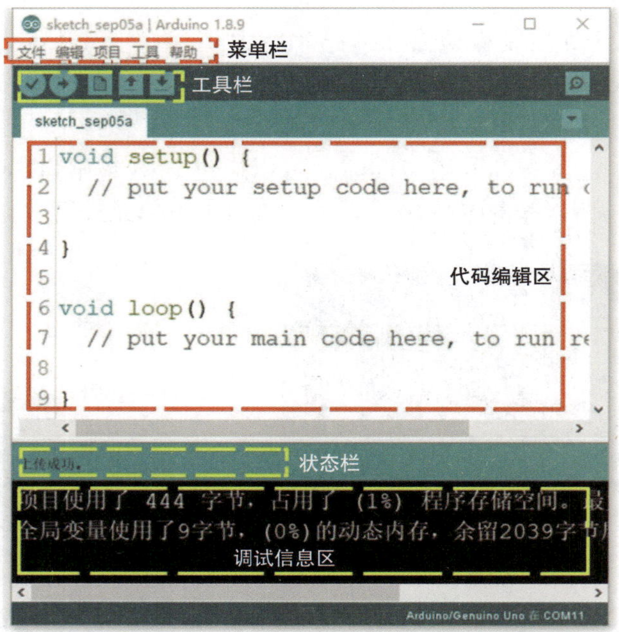

图 1-4-8　Arduino IDE 操作界面

相比 Keil 等其他专业级的开发环境，Arduino IDE 编辑界面非常简单明了，通过这种方式省去了很多不常用到的功能，使得初学者上手更容易。下面简单介绍一下这个集成开发环境常用的一些功能，包括首选项设置和工具栏一些常用功能。

1. 首选项的设置

新版本的 Arduino IDE 默认使用操作系统预设语言作为编辑器语言。如果是老版本的 IDE 则可以通过以下方法手动修改编辑器语言：菜单栏单击“File”→选择“Preferences”，在弹出的 Preferences 窗口中（图 1-4-9），找到“Editor language”，并在下拉框中选定编辑器语言，选择 Chinese Simplified（简体中文）。然后单击窗口下方的【OK】按钮，并重启 Arduino IDE，才能生效。

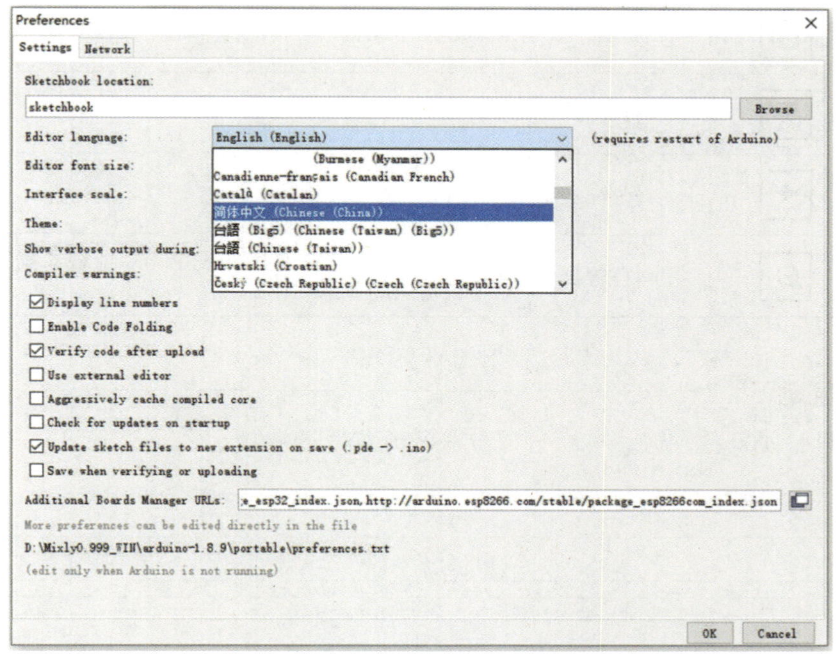

图 1-4-9　首选项设置窗口

在“首选项”设置窗口还可以完成多种设定，常用的设定功能包括：

1）项目文件夹位置：单击右侧“浏览”按钮可以修改程序默认保存位置（保存路径最好不要有中文字符）。

2）编辑器语言：更改编辑器界面的语言。

3）编辑器字体大小：可以根据个人喜好修改代码编辑区显示字符的大小。

4）界面缩放：可以根据个人喜好调整操作窗口的大小。

5）显示行号：在其左侧方框中打钩后，每行代码左侧都将显示行号。

6）启用代码折叠：在其左侧方框中打钩后，可以在代码编辑区左侧单击“+”号或“–”号完成代码展开或折叠。

7）启动时检查更新：将其左侧方框中的勾单击去掉后，每次启动 IDE 可以省略检查更新版本的时间。

首选项设置窗口还有一些其他设置，读者可自行探索尝试。

2. 工具栏一些常用功能

工具栏显示了开发过程常用功能的快捷按键，如表 1-4-1 所示。

表 1-4-1　工具栏快捷按键对应功能列表

序号	图标	按键名称	功能
1		验证	验证程序编写是否符合语法，并对程序进行编译
2		上传	将程序上传到 Arduino 控制板上
3		新建	新建一个项目
4		打开	打开一个项目
5		保存	保存当前项目
6		串口监视器	打开 Arduino IDE 自带的一个串口监视器程序，用于查看串口传送的数据

引导问题 5

查阅相关资料，简述串行通信与并行通信的区别。

____

____

____

串行通信与并行通信

串行通信作为计算机通信方式之一，主要起到主机与外设之间或主机之间数据传输的作用。串行通信时数据按位依次传输，每位数据占据固定时长，使用少数几条通信线路就可以完成系统间交换信息。串行通信具有传输线少、成本低的特点，主要适用于近距离的人—机交换、实时监控等系统通信工作当中，借助于现有的电话网也能实现远距离传输，因此串行通信接口是计算机系统当中的常用接口。

并行通信多用于计算机或 PLC 等各种控制器的内部总线进行数据传送。并行通信在信息传送过程允许多比特数据同时通过并行线进行传送，这样数据传送速度大大提高。不过并行通信线路的长度会受到限制，因为长度增加，干扰就会增加，数据也就容易出错。

综上所述，并行通信可以让数据通过多条通道同步传输，通信速度更快（比如显卡与主板之间的连接）；串行通信则是数据排队在单条通道内逐个传输，传输速度稍慢（比如鼠标与电脑之间的连接），如图 1-4-10 所示。

智慧猫使用的是串行通信，通过 USB 转串口芯片，将底盘控制单元核心板 Arduino

Mega2560 控制板与决策单元 Jetson Nano 相连。

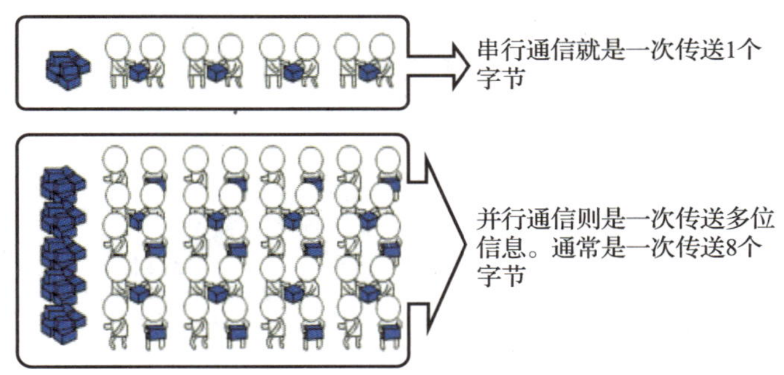

图 1-4-10　并行通信与串行通信

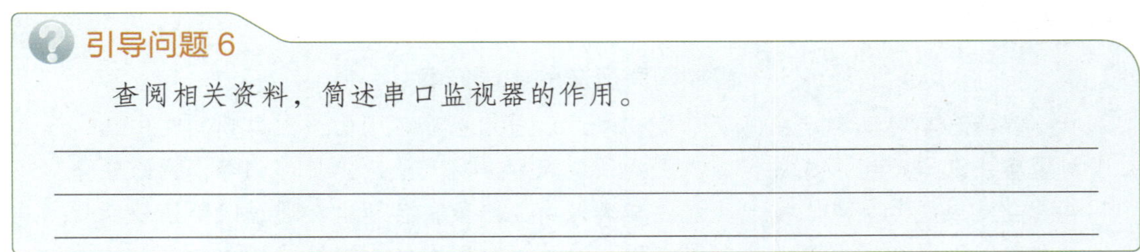

引导问题 6

查阅相关资料，简述串口监视器的作用。

____

____

____

认识串口监视器

在 Arduino 系列控制板上（包括 Arduino Mega 2560），串行通信是通过 0 号和 1 号两个管脚实现的。这两个管脚同时也跟 USB 转串口芯片（通常为 ATmega16u2 或 CH340）相连，该芯片的另一端通过 USB 线束与电脑相连，从而让 Arduino 控制板与电脑之间实现通信，如图 1-4-11 所示。

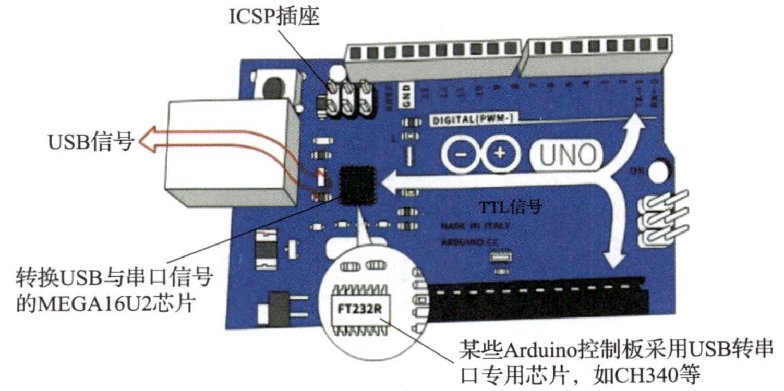

图 1-4-11　串行通信的连接

串口监视器就是采用了串行通信的一个人机交互窗口，它通过串行通信把指令发送给 Arduino 控制板或把控制板反馈的信息显示到计算机端的监视器窗口，传输过程示例如图 1-4-12 所示。在教学中通常直接采用 Arduino IDE 自带的串口监视器，但使用过程一定注意，串口监视器的传输速率（波特率）一定要设置成与控制程序中设定值

相同，否则将导致通信失败。

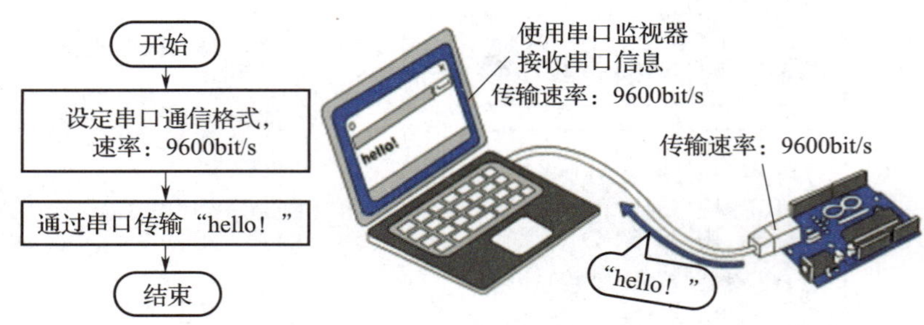

图 1-4-12 串口监视器信息传输过程

拓展阅读

智能网联汽车的中国方案

智能汽车是汽车产业的变革性技术，已引起世界各国的激烈角逐。在中国，发展智能汽车已经形成共识。我国的顶层规划以及产业政策日趋完善，网络安全与融合发展成为焦点。技术研发逐渐进入商业阶段，各地也在通过政策法规创新推动智能网联汽车的商业化部署应用。此外，我国在技术路线的探索与产业体系建设上也取得了巨大进步，率先提出了网联化的理念和分级，网联化与智能化深度耦合，正在形成明确的 C-V2X 的路径和领先的 C-V2X 的产业体系。

我国发展自动驾驶难以采用国际上“单车智能”的发展路径，我们需要充分融合智能化和网联化的技术路线，考虑到智能网联汽车的技术特征及社会属性，积极探索中国方案。智能网联汽车是单车自动驾驶与网联汽车融为一体的新产品、新模式、新生态。智能网联汽车是典型的信息物理融合的复杂大系统，其建设、管理、运营涉及汽车、交通、运输、通信、公共安全等多行业、多领域，需要在更广泛的、协同的体系下来解决智能网联汽车相关的发展问题。

智能网联汽车中国方案的内涵可以用三个方面来表达：第一，要符合中国基础设施的标准，包括道路基础设施和信息基础设施；第二，要符合中国联网运营的标准，包括智能网联汽车准入、联网运营监管、信息安全等相关标准；第三，要符合中国新体系架构汽车产品标准，包括智能终端、通信系统、云平台、网关、驾驶辅助系统、自动驾驶系统等。通过建立中国方案的智能网联汽车信息物理系统架构，充分融合智能化与网联化发展特征，以五大基础平台为载体，实现“人－车－路－云”一体化的智能网联汽车。

支撑中国方案智能网联汽车探索实践的核心平台有：云控基础平台、高精度动态地图基础平台、车载终端基础平台、计算基础平台以及信息安全基础平台。其中，最核心的是计算基础平台，或称之为“驾驶脑”。计算基础平台会诞生一种新的产业链，我们称之为 1.5 级供应商，可以看到现有的传统汽车电子产业链一级供应商、二级供应商、主机厂组成了一个生态体系，未来智能网联时代将出现一些新兴的跨界技术，包括处理器的异构基础技术、基础软件框架、AI 应用加速、数据共享和信息安全和高精度地图的基础支撑。这些关键技术集合总成将诞生一个 1.5 级计算基础供应商。

国家智能网联汽车创新中心联合全行业已经形成中国共识和标准。我们率先提出了计算基础平台的创新思想和先进架构，它将是智能网联汽车最核心的新增零部件，是“软、硬”一体的高科技平台产品，并通过行业白皮书、蓝皮书和技术路线图的编制，持续建立计算基础平台行业共识，牵引形成《车用操作系统标准体系》核心标准。基于计算基础平台共识的参考架构，我们已经组建市场化的主体，推进计算基础平台的自主研发以及产业化工作，包括“OS+ 硬件 / 车辆”和“OS+ 边缘云”两大平台、“ICVOS1.0”、异构硬件和车云协同基础软件三大产品。我们联合全行业共同打造智能网联汽车计算基础平台生态圈，包括长安、上汽、长城、比亚迪等主机厂，华为、国机智控等，推动汽车计算基础平台生态圈的建立。

源自：2022 年 12 月全球智能汽车产业峰会李克强演讲内容

任务分组

学生任务分配表

班级		组号		指导老师	
组长		学号			
组员	姓名：______ 学号：______ 姓名：______ 学号：______ 姓名：______ 学号：______ 姓名：______ 学号：______		姓名：______ 学号：______ 姓名：______ 学号：______ 姓名：______ 学号：______ 姓名：______ 学号：______		
任务分工					

工作计划

扫描二维码了解基础线控底盘串口调试步骤，结合前面所了解的知识内容和小组内部讨论的结果，制定工作方案，落实各项工作负责人，如任务实施前的准备工作、实施中主要操作及协助支持工作、实施过程中相关要点及数据的记录工作等。

完成基础线控底盘串口调试

工作计划表

步骤	作业内容	负责人
1		
2		
3		
4		
5		
6		
7		
8		

进行决策

1. 各组派代表阐述资料查询结果。
2. 各组就各自的查询结果进行交流，并分享技巧。
3. 教师结合各组完成的情况进行点评，选出最佳方案。

任务实施

调试线控底盘串行通信功能			
记录		完成情况	
1. 设备相连，选择正确的端口		已完成□　未完成□	
2. 完成编码器数值的读取		已完成□　未完成□	
3. 完成电机旋转指令的发送与验证		已完成□　未完成□	
6S 现场管理			
序号	操作步骤	完成情况	备注
1	建立安全操作环境	已完成□　未完成□	
2	清理及整理工具量具	已完成□　未完成□	
3	清理及复原设备正常状况	已完成□　未完成□	
4	清理场地	已完成□　未完成□	
5	物品回收和环保	已完成□　未完成□	
6	完善和检查工单	已完成□　未完成□	

评价反馈

1. 各组代表展示汇报 PPT，介绍任务的完成过程。

2. 以小组为单位，请对各组的操作过程与操作结果进行自评和互评，并将结果填入综合评价表中的小组评价部分。

3. 教师对学生工作过程与工作结果进行评价，并将评价结果填入综合评价表中的教师评价部分。

综合评价表

姓名		学号		班级		组别	
实训任务							
评价项目		评价标准				分值	得分
小组评价	计划决策	制定工作方案的合理可行，小组成员分工明确				10	
	任务实施	设备相连，选择正确的端口				10	
		完成编码器数值的读取				20	
		完成电机旋转指令的发送与验证				20	
	任务达成	能按照工作方案操作，按计划完成工作任务				10	
	工作态度	认真严谨、积极主动、安全生产、文明施工				10	
	团队合作	与小组成员、同学之间能合作交流、协调工作				10	
	6S 管理	完成竣工检验、现场恢复				10	
	小计					100	
教师评价	实训纪律	不出现无故迟到、早退、旷课现象，不违反课堂纪律				10	
	方案实施	严格按照工作方案完成任务实施				20	
	团队协作	任务实施过程互相配合，协作度高				20	
	工作质量	能按照工作方案操作，按计划完成工作任务				20	
	工作规范	操作规范，三不落地，无意外事故发生				10	
	汇报展示	能准确表达、总结到位、改进措施可行				20	
	小计					100	
综合评分	小组评分 ×50%+ 教师评分 ×50%						
总结与反思							

（如：学习过程中遇到什么问题→如何解决的 / 解决不了的原因→心得体会）

能力模块二 掌握操作系统的安装与使用方法

任务一　认知 Ubuntu 系统

学习目标

- 了解 Ubuntu 系统的特点。
- 了解 Ubuntu 系统有哪些类别。
- 了解 Ubuntu 系统的文件系统。
- 能够根据个人硬件选择合适的 Ubuntu 系统。
- 能够指出 Ubuntu 系统常用的文件操作目录。
- 具有利用信息手段查阅相关资料的能力。
- 具有良好的团队精神和较强的表达沟通、协调组织能力。

知识索引

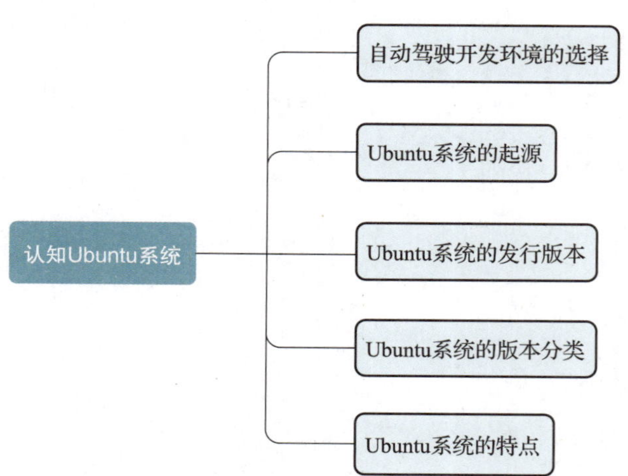

情境导入

自动售货机、人脸识别闸机和服务机器人等设备很多都是通过 Ubuntu 系统来实现其功能的，ROS 智能车也离不开 Ubuntu 系统的支持。在对 ROS 进行测试之前，你需要向助理工程师讲解 Ubuntu 系统的特点，及其与 Windows 系统的主要区别。

获取信息

引导问题 1

查阅相关资料，简述 Linux 主流的发行版本有哪些，哪一种版本比较适合自动驾驶开发环境。

____

____

____

自动驾驶开发环境的选择

操作系统（Operating System，OS）是计算机最基本、最重要的系统软件，用于管理系统资源、控制程序执行、改善人机界面、提供各种服务，并合理组织计算机工作流程，为用户使用计算机提供良好运行环境。自动驾驶汽车（Autonomous vehicles; Self-piloting automobile）也称无人驾驶汽车、电脑驾驶汽车或轮式移动机器人，是一种通过车载电脑系统实现无人驾驶的智能汽车系统。自动驾驶系统虽然能够实现自动驾驶车辆的传感器数据采集和预处理、坐标转换、信息融合，以及决策规划等功能，但这些功能的实现离不开对自动驾驶决策单元内 CPU、GPU、内存等组件的操作与控制，因此自动驾驶系统必须依赖一个功能强大、运行稳定的计算机操作系统。

在能力模块一中已经提到目前自动驾驶系统使用最广泛的是 ROS，而 ROS 必须依托计算机操作系统存在，而 Linux 则是对 ROS 最友好的计算机操作系统。

Linux 是一种起源于 UNIX，以可移植操作系统接口（Portable Operating System Interface，POSIX）标准为框架而发展起来的开放源代码的操作系统。而 POSIX 是 UNIX 类型操作系统接口集合的国际标准。Linux 继承了 UNIX 系统卓越的稳定性表现，不仅功能强大，而且可以自由、免费使用，在桌面应用、服务器平台、嵌入式应用等领域形成了自身的产业环境，市场份额不断增加。

Linux 主流发行版本又包含了 CentOS、Clear Linux、Fedora、openSUSE 和 Ubuntu 等，各版本各有特色。其中，以桌面应用为主的 Ubuntu 作为一个新兴的 Linux 发行版本，旨在为广大用户提供一个主要由自由、开源软件构建，且相当稳定的系统平台，并提供了良好的用户体验，方便用户在 PC 上便捷地使用 Linux。当前，自动驾驶领域大多都是直接使用机器人操作系统（ROS）或在其基础上优化的操作系统，来实现自动驾驶相关功能。对 ROS 支持最完美的计算机操作系统当属 Ubuntu，它能为 ROS 的稳定运行提供良好的环境。

截至 2021 年 11 月，著名的 DistroWatch（https://distrowatch.com/）网站已收录了全世界范围内的 275 种 Linux 发行版。在其最近一年统计的全球 Linux 使用者最为关注的 10 个 Linux 发行版本中，Ubuntu 位列第六，如图 2-1-1 所示。

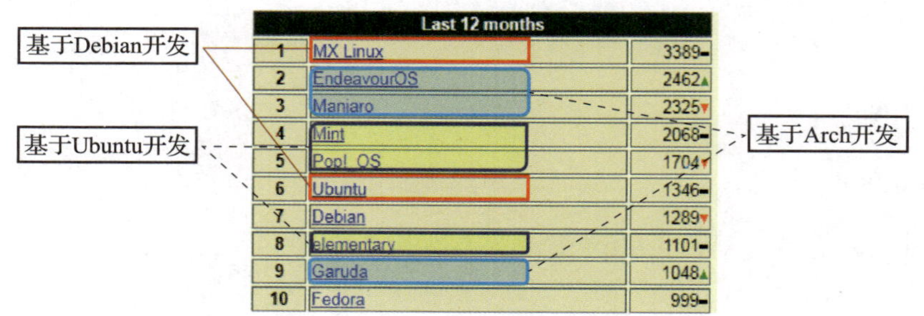

Last 12 months		
1	MX Linux	3389
2	EndeavourOS	2462
3	Manjaro	2325
4	Mint	2068
5	Pop!_OS	1704
6	Ubuntu	1346
7	Debian	1289
8	elementary	1101
9	Garuda	1048
10	Fedora	999

图 2-1-1　DistroWatch 统计的近一年全球最为关注的 Linux 发行版本前十名（截至 2021 年 11 月）

据 DistroWatch 统计，除了 Debian 与 Arch 外，全球最受关注的 Linux 版本中，Ubuntu 及基于 Ubuntu 开发的衍生版本在前十名中占据四席。

综上所述，Ubuntu 不仅是目前最热门的 Linux 发行版本之一，也是目前最适合自动驾驶系统（比如使用范围最广的 ROS）安装的发行版本之一。

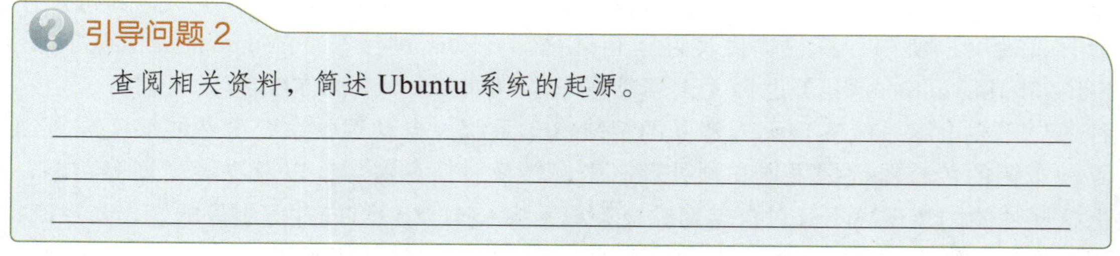

引导问题 2

查阅相关资料，简述 Ubuntu 系统的起源。

Ubuntu 系统的起源

“Ubuntu”一词源于非洲祖鲁语和科萨语，发音为 oo-boon-too，国际音标写作 [uːˈbuːntuː]，该词的核心理念是“人道待人”，代表了南非的一种传统价值观，类似我国的“仁爱”思想。Ubuntu 适用于便携式 PC、桌面 PC 和服务器，包含了常用的文字处理、电子邮件、软件开发工具和 Web 服务等功能。Ubuntu 用户可以免费下载、使用、分享 Ubuntu 系统，并获得相应的技术支持与服务。

Ubuntu 由南非企业家马克·沙特尔沃思（Mark Shuttleworth）创立，以 Debian GNU/Linux 不稳定分支为开发基础，其首个版本于 2004 年 10 月 20 日发布。Ubuntu 的出现得益于 GPL，它继承了 Debian 的所有优点，并且使用了 Debian 大量的资源，不仅其开发人员作为贡献者参与了 Debian 社区开发，还有许多热心人士也参与 Ubuntu 的开发。可以说，Ubuntu 对 GNU/Linux 的普及尤其是在桌面 PC 中的普及做出了巨大贡献，使更多人能够共享开源成果。

2005 年 7 月 8 日，为了确保将来 Ubuntu 得以持续开发与获得支持，Mark Shuttleworth 与 Canonical 有限公司宣布成立了 Ubuntu 基金会。

引导问题 3

查阅相关资料，简述 Ubuntu 更新系统频率。

____

____

____

Ubuntu 系统的发行版本

Ubuntu 与 Debian 的差别并不是很大，主要区别在于版本的更新周期，Ubuntu 更新频率为每半年一次，发布时间一般为每年的 4 月和 10 月，截至 2021 年 12 月，已成功发布了 35 个正式版本，见表 2-1-1。

表 2-1-1　Ubuntu 发行版本概况

版本	开发代号	中译名	发布日期	支持结束时间	
				桌面版	服务器版
4.10	Warty Warthog	多疣的疣猪	2004/10/20	2006/4/30	
5.04	Hoary Hedgehog	白发的刺猬	2005/4/8	2006/10/31	
5.10	Breezy Badger	活泼的獾	2005/10/13	2007/4/13	
6.06 LTS	Dapper Drake	整洁的公鸭	2006/6/1	2009/7/14	2011/6/1
6.10	Edgy Eft	尖利的小蜥蜴	2006/10/26	2008/4/25	
7.04	Feisty Fawn	烦躁不安的鹿	2007/4/19	2008/10/19	
7.10	Gutsy Gibbon	胆大的长臂猿	2007/10/18	2009/4/18	
8.04 LTS	Hardy Heron	坚强的鹭	2008/4/24	2011/5/12	2013/5/9
8.10	Intrepid Ibex	无畏的猼羊	2008/10/30	2010/4/30	
9.04	Jaunty Jackalope	活泼的鹿角兔	2009/4/23	2010/10/23	
9.10	Karmic Koala	幸运的树袋熊	2009/10/29	2011/4/30	
10.04 LTS	Lucid Lynx	清醒的山猫	2010/4/29	2013/5/9	2015/4/30
10.10	Maverick Meerkat	标新立异的狐獴	2010/10/10	2012/4/10	
11.04	Natty Narwhal	敏捷的独角鲸	2011/4/28	2012/10/28	
11.10	Oneiric Ocelot	有梦的虎猫	2011/10/13	2013/5/9	
12.04 LTS	Precise Pangolin	精准的穿山甲	2012/4/26	2017/4/28	
12.10	Quantal Quetzal	量子的格查尔鸟	2012/10/18	2014/5/16	
13.04	Raring Ringtail	铆足了劲的环尾猫熊	2013/4/25	2014/1/27	
13.10	Saucy Salamander	活泼的蝾螈	2013/10/17	2014/7/17	
14.04 LTS	Trusty Tahr	可靠的塔尔羊	2014/4/17	2019/4/25	

（续）

版本	开发代号	中译名	发布日期	支持结束时间	
				桌面版	服务器版
14.10	Utopic Unicorn	乌托邦的独角兽	2014/10/23	2015/7/23	
15.04	Vivid Vervet	活泼的长尾黑颚猴	2015/4/23	2016/2/4	
15.10	Wily Werewolf	老谋深算的狼人	2015/10/22	2016/7/28	
16.04 LTS	Xenial Xerus	好客的非洲地松鼠	2016/4/21	2021/4/30	
16.10	Yakkety Yak	喋喋不休的牦牛	2016/10/13	2017/7/20	
17.04	Zesty Zapus	热情的美洲林跳鼠	2017/4/13	2018/1/13	
17.10	Artful Aardvark	巧妙的土豚	2017/10/19	2018/7/19	
18.04 LTS	Bionic Beaver	仿生的海狸	2018/4/26	2023/4	
18.10	Cosmic Cuttlefish	宇宙的墨鱼	2018/10/18	2019/7/18	
19.04	Disco Dingo	迪斯可的澳洲野犬	2019/4/18	2020/1/23	
19.10	Eoan Ermine	黎明的白鼬	2019/10/17	2020/7/17	
20.04 LTS	Focal Fossa	焦点的马岛长尾狸猫	2020/4/23	2025/4	
20.10	Groovy Gorilla	时髦的大猩猩	2020/10/22	2021/7/22	
21.04	Hirsute Hippo	多毛的河马	2021/4/22	2022/1	
21.10	Impish Indri	顽皮的大狐猴	2021/10/14	2022/7	
22.04 LTS	Jammy Jellyfish	适意的水母	计划 2022/4/21	2027/4	

注：截至 2021 年 12 月。

通过表 2-1-1 可以发现，Ubuntu 的版本号由发布年月组成，例如第一个版本，4.10 代表是在 2004 年 10 月发行的。Ubuntu 会发行长期支持版本（Long Term Support，LTS），更新维护的时间比较长，大约两年会推出一个正式的大改版版本。有别于一般版本的 6 个月支持期限，LTS 面向的是企业用户，Canonical 公司曾计划对桌面系列版本提供 3 年的更新及付费技术支持服务，对服务器版则提供 5 年的支持，但自 Ubuntu 12.04 LTS 开始，桌面版和服务器版已经都可以获得为期 5 年的技术支持。

Ubuntu 的每个发行版本都提供相应的代号，代号的命名由两个单词组成的，而且两个单词的第一个字母都是相同的，第一个单词为形容词，第二个单词为表示动物的名词，例如，Ubuntu 9.10 的代号为“Karmic Koala”（幸运的无尾熊）。

在 Ubuntu 12.04 的发布页面上，Ubuntu 使用了“友帮拓”一词作为其官方的中文译名。之前曾有一些中文用户使用“优班图”“乌班图”“乌斑兔”“乌帮图”“笨兔”等作为非官方译名。

曾经从 Ubuntu 11.04 版起，Ubuntu 发行版放弃了 GNOME 桌面环境，改为 Unity，如图 2-1-2 所示。不过在之后的几年中，经过了一系列验证，Unity 界面可能并没有想象中那么受开发人员的欢迎，于是从 Ubuntu 18.04 LTS 起，Ubuntu 发行版又全面回归 GNOME 3 桌面环境，如图 2-1-3 所示。

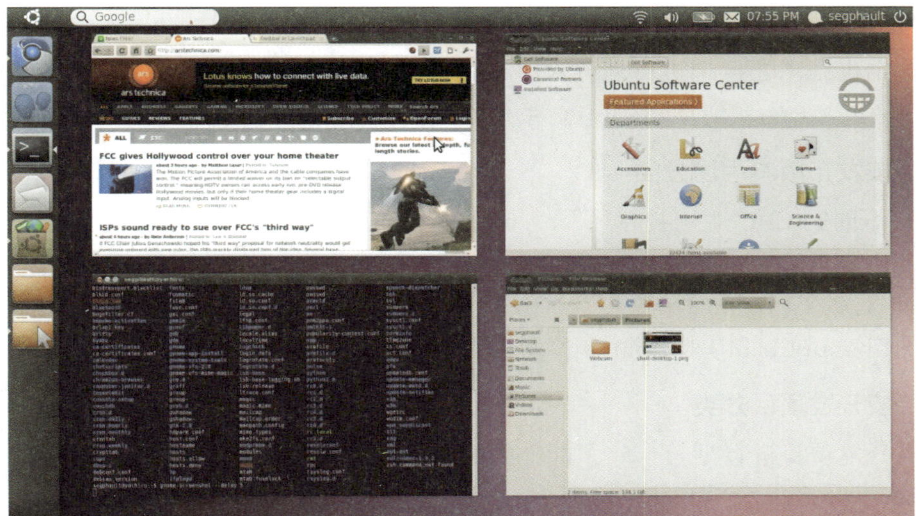

图 2-1-2　Ubuntu 的 Unity 界面

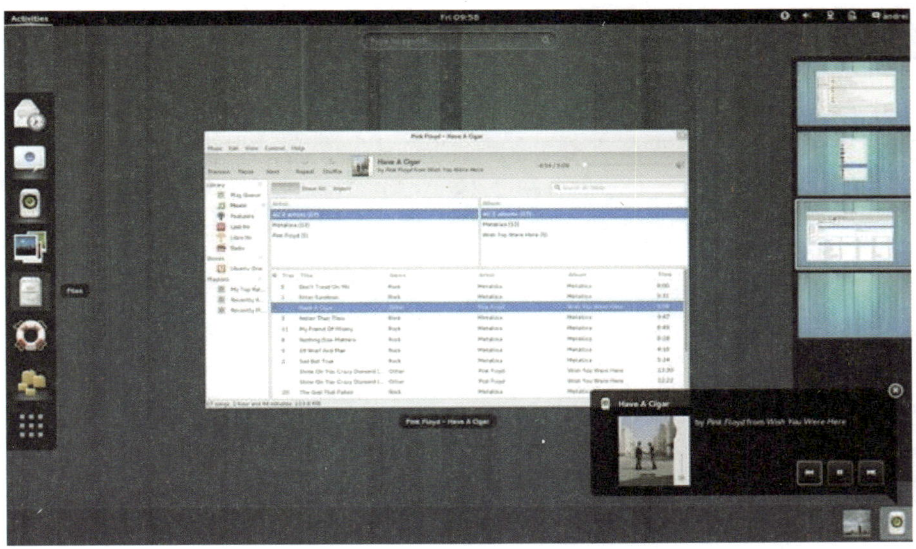

图 2-1-3　Ubuntu 的 GNOME 3 界面

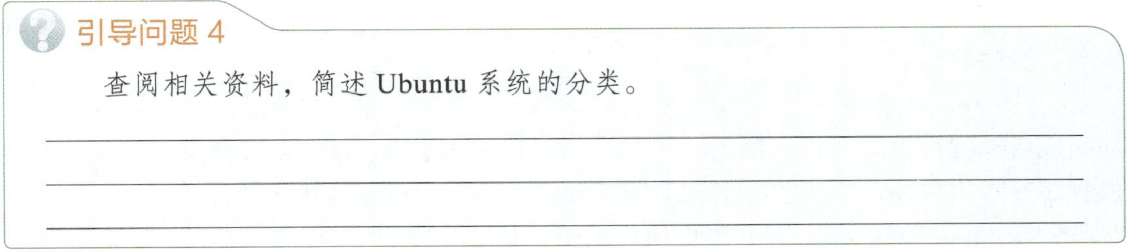

引导问题 4

查阅相关资料，简述 Ubuntu 系统的分类。

Ubuntu 系统的版本分类

Ubuntu 官网提供了丰富的 Ubuntu 版本及衍生版本，覆盖了常见的 IT 产品。

一、按中央处理器架构分类

根据中央处理器架构进行划分，Ubuntu 系统可分为 Intel i386 32 位系列、AMD 64 位 X86 系列、ARM 系列及 Power PC 系列处理器等各种不同的版本。

二、按发布版本用途分类

由于不同的 CPU 适用技术不同，体系架构各异，因此，Ubuntu 会编译出支持不同中央处理器类型的发行版本。而根据发行版本的用途进行划分，Ubuntu 系统可分为 Ubuntu 桌面版（Ubuntu Desktop）、Ubuntu 服务器版（Ubuntu Server）、Ubuntu 云操作系统（Ubuntu Cloud）、Ubuntu 容器和 Ubuntu IoT。

三、按开发项目分类

根据开发项目进行划分，除了标准的 Ubuntu 版本，Ubuntu 官方的几个主要分支分别是 Ubuntu Budgie、Kubuntu、Lubuntu、Mythbuntu、Ubuntu studio、Xubuntu 和优麒麟（Ubuntu Kylin）。

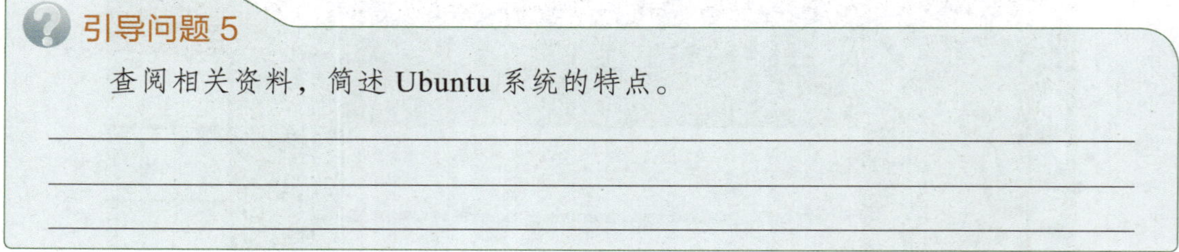
引导问题 5
查阅相关资料，简述 Ubuntu 系统的特点。

Ubuntu 系统的特点

Ubuntu 在桌面计算机、服务器方面有着不俗的表现，总能够将最新的应用特性囊括其中。它主要有以下特点：

1）Ubuntu 推出的主要目的是使 PC 变得简单易用，同时也提供了针对企业应用的服务器版本。

2）与其他基于 Debian 的 Linux 发行版（如 MEPIS、Xandros 等）相比，Ubuntu 更接近 Debian 的开发理念，它主要使用自由、开源的软件，而其他发行版往往会附带很多非开源的软件。

3）Ubuntu 具有优秀的软件管理软件 Synaptic（新立得软件包管理器），方便更新、安装、删除软件。

4）Ubuntu 注重系统的易用性，与 Windows 不同，标准安装完成后（或 Live CD 启动完成后）就可以立即投入使用，用户无须再安装浏览器、Office 套装程序、多媒体播放程序等常用软件，一般情况下也无须下载安装网卡、声卡等硬件设备的驱动。

5）Ubuntu 使用 sudo 指令防止用户的错误操作，这种方式比传统的，以系统管理员账号进行管理工作的方式更为安全，此为 Linux、Unix 系统的基本思维之一。

6）Ubuntu 强调易用性和国际化，在发布 5.04 版时，Ubuntu 就已经把万国码（UTF-8 Unicode）作为系统默认编码，用以应对各国各地区不同的语言文字，给用户提供一个“无乱码”的交流平台。

任务分组

学生任务分配表

<table>
<tr><td>班级</td><td></td><td>组号</td><td></td><td>指导老师</td><td></td></tr>
<tr><td>组长</td><td></td><td>学号</td><td colspan="3"></td></tr>
<tr><td rowspan="4">组员</td><td colspan="2">姓名：________ 学号：________</td><td colspan="3">姓名：________ 学号：________</td></tr>
<tr><td colspan="2">姓名：________ 学号：________</td><td colspan="3">姓名：________ 学号：________</td></tr>
<tr><td colspan="2">姓名：________ 学号：________</td><td colspan="3">姓名：________ 学号：________</td></tr>
<tr><td colspan="2">姓名：________ 学号：________</td><td colspan="3">姓名：________ 学号：________</td></tr>
<tr><td colspan="6">任务分工</td></tr>
<tr><td colspan="6"></td></tr>
</table>

工作计划

按照前面所了解的知识内容和小组内部讨论的结果，制定工作方案，落实各项工作负责人，如任务实施前的准备工作、实施中主要操作及协助支持工作、实施过程中相关要点及数据的记录工作等。

工作计划表

步骤	作业内容	负责人
1		
2		
3		
4		
5		
6		

进行决策

1. 各组派代表阐述资料查询结果。
2. 各组就各自的查询结果进行交流，并分享技巧。
3. 教师结合各组完成的情况进行点评，选出最佳方案。

任务实施

初识 Ubuntu	
记录	完成情况
1. 从互联网搜索并了解常用的 Linux 系统发行版本，它们的特点及主要应用领域是什么？将结果记录到任务实施工单 __________ __________ __________ 2. 浅析 Ubuntu 系统与 Windows 系统的不同之处 __________ __________ __________	已完成□　未完成□

6S 现场管理			
序号	操作步骤	完成情况	备注
1	建立安全操作环境	已完成□　未完成□	
2	清理及整理工具量具	已完成□　未完成□	
3	清理及复原设备正常状况	已完成□　未完成□	
4	清理场地	已完成□　未完成□	
5	物品回收和环保	已完成□　未完成□	
6	完善和检查工单	已完成□　未完成□	

评价反馈

1. 各组代表展示汇报 PPT，介绍任务的完成过程。

2. 以小组为单位，请对各组的操作过程与操作结果进行自评和互评，并将结果填入综合评价表中的小组评价部分。

3. 教师对学生工作过程与工作结果进行评价，并将评价结果填入综合评价表中的教师评价部分。

综合评价表

姓名		学号	班级		组别	
实训任务						
评价项目		评价标准			分值	得分
小组评价	计划决策	制定工作方案的合理可行，小组成员分工明确			10	
	任务实施	了解不同 Linux 系统的特点及主要应用领域			25	
		浅析 Ubuntu 系统与 Windows 系统的不同之处			25	
	任务达成	能按照工作方案操作，按计划完成工作任务			10	
	工作态度	认真严谨、积极主动、安全生产、文明施工			10	
	团队合作	与小组成员、同学之间能合作交流、协调工作			10	
	6S 管理	完成竣工检验、现场恢复			10	
	小计				100	

（续）

评价项目		评价标准	分值	得分
教师评价	实训纪律	不出现无故迟到、早退、旷课现象，不违反课堂纪律	10	
	方案实施	严格按照工作方案完成任务实施	20	
	团队协作	任务实施过程互相配合，协作度高	20	
	工作质量	能按照工作方案操作，按计划完成工作任务	20	
	工作规范	操作规范，三不落地，无意外事故发生	10	
	汇报展示	能准确表达、总结到位、改进措施可行	20	
	小计		100	
综合评分	小组评分 ×50%+ 教师评分 ×50%			
总结与反思				

（如：学习过程中遇到什么问题→如何解决的 / 解决不了的原因→心得体会）

任务二　安装 Ubuntu 系统

学习目标

- 了解可以在哪些硬件上安装 Ubuntu 系统。
- 熟悉 Ubuntu 系统在不同硬件上的安装方法。
- 能够在 VMware 虚拟机上安装 Ubuntu。
- 能够在 Jetson Nano 安装 Ubuntu。
- 能够在 Windows 主机上安装 Ubuntu 系统（双系统）。
- 具有利用信息手段查阅相关资料的能力。
- 具有分析问题、解决问题和再学习的能力。
- 具有良好的团队精神和较强的表达沟通、协调组织能力。
- 具有认真负责的职业态度和良好的职业道德。

知识索引

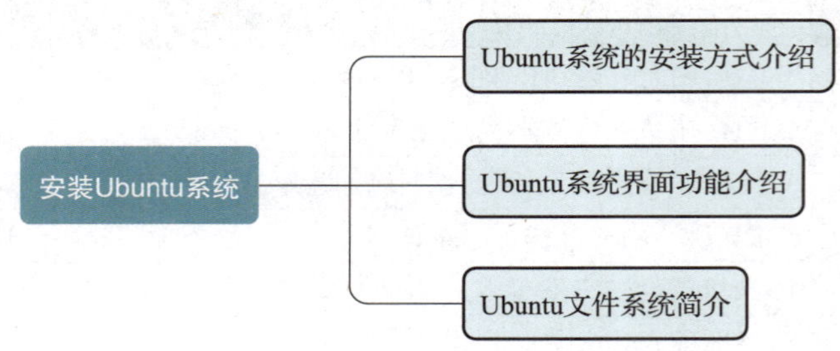

情境导入

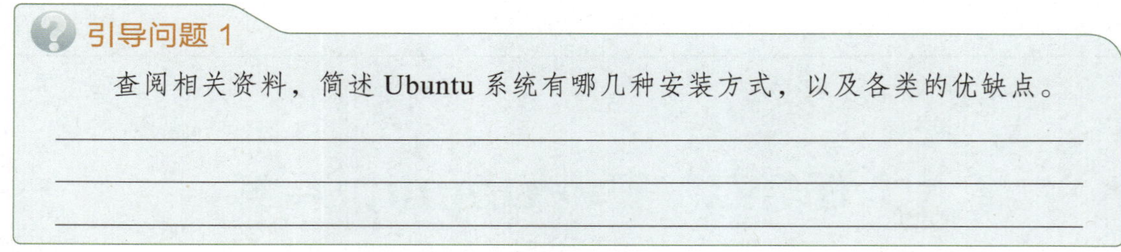

在测试 ROS 之前，你需要在智能小车的控制主机上安装 Ubuntu 操作系统，同时为了方便远程控制智能小车，你需要在远程控制主机（Jetson Nano）上安装 Ubuntu 系统。

获取信息

引导问题 1

查阅相关资料，简述 Ubuntu 系统有哪几种安装方式，以及各类的优缺点。

____

____

____

Ubuntu 系统的安装方式介绍

Ubuntu 可以在虚拟机模式安装、双操作系统模式安装，或直接在智慧猫自动驾驶决策单元 Jetson Nano 上安装。三种安装方式各有适用场合，根据实际情况选择。

一、虚拟机模式安装

虚拟机（Virtual Machine）指通过软件模拟的、具有完整硬件系统功能的、运行在一个完全隔离环境中的完整计算机系统。在实体计算机中能够完成的工作在虚拟机中都能够实现。在计算机中创建虚拟机时，需要将实体机的部分硬盘和内存容量作为虚拟机的硬盘和内存容量。每个虚拟机都有独立的 CMOS、硬盘和操作系统，可以像使用实体机一样对虚拟机进行操作。

在 Windows 操作系统内的虚拟机中安装 Ubuntu 操作系统，这种安装方式的优点是不会影响计算机平台原先安装的 Windows 操作系统，且安装使用较简便，缺点是对计算机平台硬件资源利用率较低，特别是仿真模块运行会比较吃力。

二、双操作系统模式安装

双操作系统是指在安装系统时，两个系统分别安装在不同的分区内，后安装的系统不会覆盖掉之前已经安装的系统，同时每个单独的系统都有独立的分区格式，不会造成冲突。双操作系统包括两种情况：一是同时安装 Windows 系统的两个版本，二是分别安装一种 Linux 系统和 Windows 系统。双操作系统模式安装可以保证 Ubuntu 操作系统能够更好地使用计算机平台的硬件资源，同时又能够满足日常工作学习中对 Windows 操作系统的需求。这种安装方式的优点是该模式安装成功后，可以直接在主板的开机引导界面，直接选择进入 Ubuntu 操作系统或 Windows 操作系统，缺点是双操作系统安装过程比较烦琐，容易出错，导致安装失败。

三、在 Jetson Nano 上安装

Jetson Nano 是英伟达（NVIDIA）公司推出的 GPU 运算平台，它最大的特色就是包含了一块 128 核 Maxwell 架构的 GPU。它虽然已经是几代前的架构，但从功耗、体积、价格等方面综合考虑，它用于嵌入式设备仍然具有比较高的性价比。此外，它还包含了四核 ARM Cortex-A57 MPCore 处理器，自带 HDMI 输出口和多个 USB 接口，如图 2-2-1 所示。此系统性能优越，且使用领域极广。它的安装方法简单来说只有三步，先下载必要的软件及镜像，再格式化 SD 卡并写入镜像，最后连接电源并启动即可。这种安装方式的优点是可以实现多个 SD 卡更换，可满足一个 Jetson Nano 要用于多个项目中的情况，缺点是烧写镜像时容易因操作不当导致失败。

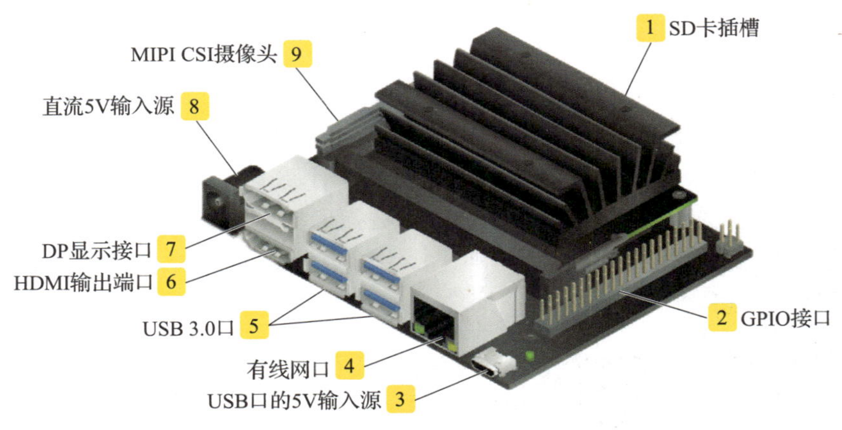

图 2-2-1　Jetson Nano 接口示意图

引导问题 2

查阅相关资料，总结一下 Ubuntu 系统页面功能分别有哪些。

Ubuntu 系统界面功能介绍

本书后续内容均以 Ubuntu 18.04 LTS 系统作为默认的开发环境，如图 2-2-2 所示。该版本于 2018 年 4 月底发布，其代号为 Bionic Beaver（仿生的海狸），在云计算领域效率极高，特别适用于机器学习这样的存储密集型和计算密集型任务。

图 2-2-2　Ubuntu 18.04 LTS 系统界面

Ubuntu 18.04 LTS 系统采用的是较新的稳定版本 GNOME 3.28 桌面环境，使用起来和经典的 GNOME 2.x 及 Unity 桌面环境有非常大的差别。登录 GNOME 3 桌面环境后，首先看到的是由顶栏、快速启动栏和工作区等构成的极简桌面环境。下面以该版本为例，进行 Ubuntu 系统界面功能介绍。

一、顶栏

顶栏就是 GNOME 桌面顶部的那个透明的小条，如图 2-2-3 所示。顶栏左侧依次为“Activities”（活动）菜单和当前运行应用程序名称（如未运行任何程序则不显示），单击应用程序名称可显示相关菜单；顶栏中间显示日期（图 2-2-3 中所示日期为“Wed 01:17”即星期三的凌晨 1 点 17 分），单击后会弹出更为详细的日期及动态信息；顶栏右侧的系统托盘区可以显示网络连接、输入法选择、蓝牙连接、音量控制，以及关机和重启等状态。

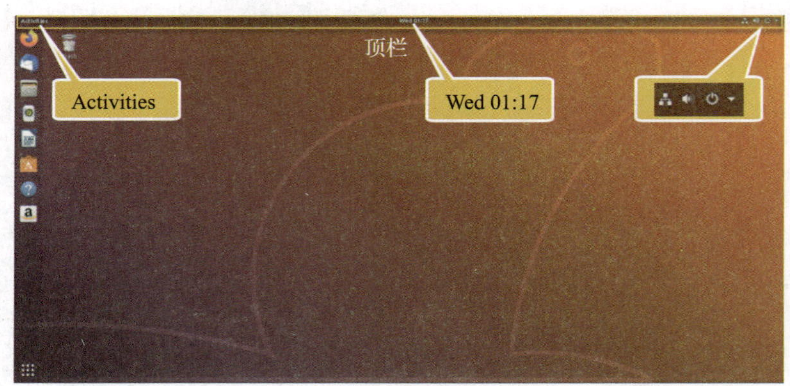

图 2-2-3　顶栏

值得一提的是，在 Ubuntu 18.04 LTS 中无论登录与否都可以通过顶栏使用系统托盘区的按钮。不过需要注意的是，系统按钮所对应的系统菜单选项以及功能，会随用户状态的变化而变化。例如，未登录用户只能进行关机和重启操作，登录用户除了可关机和重启外，还可实现锁屏以及切换账号。

二、GNOME 桌面工作区

与其他桌面环境以及之前版本的桌面工作区会预设 8 个虚拟桌面不同，GNOME 桌面工作区具有自动管理、动态增删的特点，不会预设虚拟桌面。自动管理指的是可根据用户需要自动增加桌面数量或减少桌面数量。例如，当用户在桌面运行一个应用时，桌面管理器会自动增加一个桌面供用户使用，若用户在此基础之上再运行一个应用，并直接将第二个应用拖入第二个桌面，由于此时两个桌面中各有一个应用，桌面管理器就会自动再增加一个桌面作为备用。GNOME 桌面工作区如图 2-2-4 所示。

图 2-2-4 GNOME 桌面工作区

三、桌面搜索文本框

单击桌面左上角的“活动”按钮，桌面上方中部就会出现搜索文本框，在该文本框中输入关键字就可以直接搜索文件、应用等，非常方便。搜索文本框几乎可以当成是桌面环境的入口，使用频率很高，绝大多数操作都会用到此功能，如图 2-2-5 所示。

图 2-2-5 桌面搜索文本框

四、快速启动栏（Dash）

单击“活动”按钮，桌面最左侧部分是一条纵向的快速启动栏，快速启动保存着最为常用的应用图标和当下所运行的程序图标，如图 2-2-6 所示。

Ubuntu 定制了 GNOME 3 的 Dash to Dock 插件，以便于 Dash 变身为 Dock，能提供给用户类似 Mac OS 的体验，可将 Dock 摆放到桌面的左侧，Ubuntu Dock 包含若干功能图标或应用图标，图标晶莹剔透，视觉效果极好。右键单击功能图标或应用图标，便会弹出，与此应用操作相关的快捷菜单，最常用的就是将这个应用程序的图标固定到 Dock，用户可以直接在 Ubuntu Dock 中右键单击应用，将其添加到 Dock 中。这里要注意的是，Ubuntu Dock 默认几乎是透明的，只有当窗口最大化或有窗口与之重叠时才会变为黑色以示区别。

图 2-2-6 快速启动栏

五、“应用程序”按钮

“应用程序”按钮默认位于 Ubuntu Dock 的底部，单击此按钮会显示 GNOME 桌面环境的应用，分为“常用”和“全部”两种显示模式，前者只显示最为常用的应用，后者则显示全部应用。当应用太多时，桌面会分页显示。此时，单击应用图标底部的常用和全部按钮，可切换显示模式，如图 2-2-7 所示。

图 2-2-7 应用程序按钮及应用

六、桌面管理浮动窗口

用户单击左上角的“活动”按钮，桌面最右侧会出现桌面管理浮动窗口，当鼠标光标移动至其附近时，该窗口将自动弹出，默认只有一个桌面。当单击“活动”按钮后，可以将应用拖至该区域，桌面管理浮动窗口就会自动弹出一个新桌面备用，可以直接将新应用拖到新桌面，只需要使用鼠标在桌面管理浮动窗口中单击相应虚拟桌面，即可实现桌面的切换，如图 2-2-8 所示。

图 2-2-8　切换桌面工作区

七、系统设置

前面提到，在顶栏最右侧是系统托盘区，当用户登录到 GNOME 桌面后，顶栏最右侧会出现一个电源按钮，该按钮右侧有一个倒置三角按钮，单击此按钮则会出现系统菜单，该菜单可以管理计算机的音量、网络、用户状态，以及注销、重启和关机等选项，类似于 Windows 中的控制面板，可以进行各种配置（图 2-2-9）。

图 2-2-9　系统设置

八、通知区域

GNOME 的通知区域隐藏在顶栏中部的时间菜单中，在使用 GNOME 的过程中，会有大量的系统和应用程序的状态信息被保存到通知区域，并以动态提示框的形式显示，提醒大家注意或给出相应的操作，如移动设备、电子邮件、即时通信工具等提示信息，显示几秒后自动消失，如果错过了这些信息也没关系，直接单击顶栏中间的时间，在弹出的菜单中查找相应选项即可（图 2-2-10）。

图 2-2-10　通知区域

引导问题 3

查阅相关资料，总结一下 Windows、Linux 及 Ubuntu 文件系统的不同特点。

____

____

____

Ubuntu 文件系统简介

一、Windows、Linux 及 Ubuntu 文件系统对比

在 Windows 系统环境中，用户点击“计算机”图标，看到的是一个个的驱动器盘符，如图 2-2-11 所示。

图 2-2-11　Windows 系统下的驱动器盘符

在 Windows 系统环境中，每个驱动器都有自己的根目录结构，这样形成了多个树并列的情形，如图 2-2-12 所示。

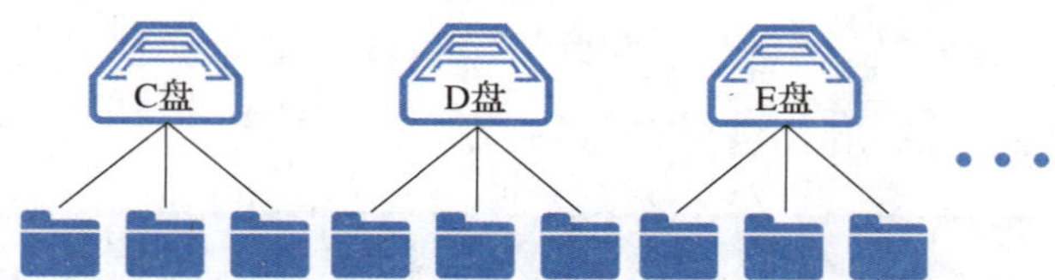

图 2-2-12　Windows 系统下的根目录结构

而 Linux 系统的设计初衷就是多用户操作系统，也就是一台计算机在同一时间可以由多个用户使用，多个用户共同享用系统的全部硬件和软件资源。因此在 Linux 系统环境中，用户看不到这些驱动器盘符，只能看到目录（即文件夹），如图 2-2-13 所示。

图 2-2-13　Linux 系统下的根目录结构

二、Ubuntu 文件系统特点

作为 Linux 系统的主要发行版本，Ubuntu 系统同样也没有盘符这个概念，只有一个根目录，所有文件都在它下面。Ubuntu 文件系统就是采用一种逻辑的方法组织、存储、访问、操作和管理信息，把文件组织在一个层次目录结构的文件系统中，每个目录包

含一组相关文件的组合，每个文件一般都提供打开（Open）、创建（Create）、读（Read）和写（Write）等基本操作。

最终，Ubuntu 通过其文件系统，实现了对软硬件的统一管理和控制，提供了一种通用的文件处理模式，简化了对物理设备的访问，按文件方式处理物理设备，并允许用户以同样的命令处理普通文件和物理设备。例如，磁盘存储设备被视为一个块设备文件，而键盘、鼠标和显示器则被视为字符设备文件。Windows 的文件系统功能比较单一，只具有数据存储概念，用于存储各种文件并以分区为单位创建。

Ubuntu 系统中包含了多个目录，每个目录下分别包含了不同作用的一些文件，如图 2-2-14 所示。

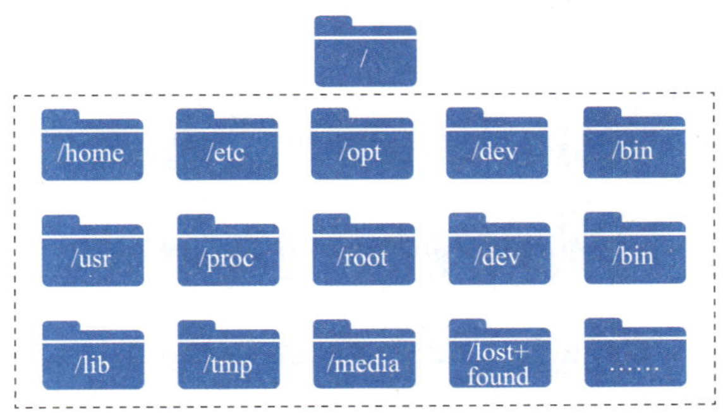

图 2-2-14　Ubuntu 系统包含的目录

这些目录的功能和作用见表 2-2-1。

表 2-2-1　Ubuntu 系统目录的功能和作用

序号	目录名称	功能和作用
1	/	根目录，相当于最顶层的文件夹，其他所有目录的起点，其他目录都包含在该目录下
2	/home	存放所有用户文件的根目录，是用户主目录的基点，比如用户 user 的主目录就是 /home/user，可以用 ~ 表示
3	/etc	存放系统管理和配置文件
4	/opt	额外安装的可选应用程序包所放置的位置
5	/dev	存放设备相关的文件，其包含的 tty 子目录提供虚拟控制台支持
6	/bin	存放二进制可执行文件 (ls、cat、mkdir 等)，常用命令一般都在这里
7	/usr	用于存放系统应用程序，比较重要的目录 /usr/local 为本地系统管理员软件安装目录（安装系统级的应用）。这是最庞大的目录，要用到的应用程序和文件几乎都在这个目录
8	/proc	虚拟文件系统目录，是系统内存的映射。可直接访问这个目录来获取系统信息
9	/root	超级用户（系统管理员）的主目录
10	/mnt	系统管理员安装临时文件系统的安装点，系统提供这个目录是让用户临时挂载其他的文件系统
11	/sbin	存放二进制可执行文件，只有 root 才能访问。这里存放的是系统管理员使用的系统级别的管理命令和程序，如 ifconfig 等

（续）

序号	目录名称	功能和作用
12	/lib	存放根文件系统中的程序运行所需要的共享库及内核模块。共享库又叫动态链接共享库，作用类似 Windows 里的 .dll 文件，存放了根文件系统程序运行所需的共享文件
13	/tmp	用于存放各种临时文件，是公用的临时文件存储点
14	/media	Linux 系统会自动识别一些设备，例如 U 盘、光驱等等，当识别后，Linux 会把识别的设备挂载到这个目录下
15	/lost+found	这个目录平时是空的，系统非正常关机而留下的文件

其中“etc”目录内包含了 passwd、group 等多个子目录或文件，其功能和作用见表 2-2-2。

表 2-2-2　etc 的子目录或文件的功能和作用

序号	目录或文件名称	功能和作用
1	/etc/passwd	用户数据库，其中的域给出了用户名、真实姓名、用户起始目录、加密口令等
2	/etc/group	包含组的各种数据
3	/etc/issue	包含用户在登录提示符前的输出信息
4	/etc/login.defs	login 命令的配置文件
5	/etc/hostname	配置主机名字的文件
6	/etc/network/interfaces	配置修改网络接口的 ip 地址、子网掩码、网关的文件
7	/etc/resolv.conf	配置文件指定 DNS 服务器的文件等
8	/etc/apt/sources.list	软件源配置文件

“usr”目录内则包含了 x11r6、bin 等多个子目录或文件，其功能和作用见表 2-2-3。

表 2-2-3　usr 的子目录或文件的功能和作用

序号	目录或文件名称	功能和作用
1	/usr/x11r6	存放 x window 的目录
2	/usr/bin	众多的应用程序
3	/usr/sbin	超级用户的一些管理程序
4	/usr/doc	Linux 文档
5	/usr/include	Linux 下开发和编译应用程序所需要的头文件
6	/usr/lib	常用的动态链接库和软件包的配置文件
7	/usr/man	帮助文档
8	/usr/src	源代码，Linux 内核的源代码就放在 /usr/src/Linux 里
9	/usr/local/bin	本地增加的命令
10	/usr/local/lib	本地增加的库

竞赛指南

在2022全国职业院校技能大赛高职组“汽车技术”赛项中，“智能网联汽车技术”作为四个竞赛模块之一，采用了理论考核融入实操考核的形式，权重占比15%，作业要求参赛选手在规定时间内，对车辆控制系统进行装调，对智能网联汽车系统进行故障检测与排除，对驾驶辅助系统进行装调、标定与测试，对线控底盘CAN通信数据进行读取与调测，完成高精建图和地图标注，调取传感器装调参数进行单模块和组合模块的虚拟仿真测试，在仿真平台上完成功能验证，完成实车道路运行测试，完整准确填写《智能网联汽车技术选手报告单》。在作业过程中要熟练地查阅技术资料、规范使用工量具和仪器设备、准确测量技术参数和判断故障点，做到安全文明作业。其中，在故障诊断与排除部分，涉及了软件类故障设置与诊断，与Ubuntu系统使用密切相关，同学们应当熟悉各类传感器节点驱动与故障排除。

任务分组

学生任务分配表

班级		组号		指导老师	
组长		学号			
组员	姓名：________ 学号：________ 姓名：________ 学号：________ 姓名：________ 学号：________ 姓名：________ 学号：________		姓名：________ 学号：________ 姓名：________ 学号：________ 姓名：________ 学号：________ 姓名：________ 学号：________		
任务分工					

工作计划

扫描二维码了解Ubuntu系统的三种安装方法及步骤，结合前面所了解的知识内容和小组内部讨论的结果，制定工作方案，落实各项工作负责人，如任务实施前的准备工作、实施中主要操作及协助支持工作、实施过程中相关要点及数据的记录工作等。

安装Ubuntu系统

工作计划表

步骤	作业内容	负责人
1		
2		
3		
4		
5		
6		

进行决策

1. 各组派代表阐述资料查询结果。
2. 各组就各自的查询结果进行交流，并分享技巧。
3. 教师结合各组完成的情况进行点评，选出最佳方案。

任务实施

安装 Ubuntu 系统（三选一）	
记录	完成情况
1. 在虚拟机模式安装 Ubuntu	已完成□　未完成□
2. 采用双操作系统模式安装 Ubuntu	已完成□　未完成□
3. 在 Jetson Nano 上安装 Ubuntu	已完成□　未完成□

6S 现场管理			
序号	操作步骤	完成情况	备注
1	建立安全操作环境	已完成□　未完成□	
2	清理及整理工具量具	已完成□　未完成□	
3	清理及复原设备正常状况	已完成□　未完成□	
4	清理场地	已完成□　未完成□	
5	物品回收和环保	已完成□　未完成□	
6	完善和检查工单	已完成□　未完成□	

评价反馈

1. 各组代表展示汇报 PPT，介绍任务的完成过程。

2. 以小组为单位，请对各组的操作过程与操作结果进行自评和互评，并将结果填入综合评价表中的小组评价部分。

3. 教师对学生工作过程与工作结果进行评价，并将评价结果填入综合评价表中的教师评价部分。

综合评价表

姓名		学号		班级		组别	
实训任务							
评价项目		评价标准				分值	得分
小组评价	计划决策	制定工作方案的合理可行，小组成员分工明确				10	
	任务实施	用虚拟机模式安装 Ubuntu				25	
		用 Jetson Nano 模式安装 Ubuntu				25	
	任务达成	能按照工作方案操作，按计划完成工作任务				10	
	工作态度	认真严谨、积极主动、安全生产、文明施工				10	
	团队合作	与小组成员、同学之间能合作交流、协调工作				10	
	6S 管理	完成竣工检验、现场恢复				10	
	小计					100	
教师评价	实训纪律	不出现无故迟到、早退、旷课现象，不违反课堂纪律				10	
	方案实施	严格按照工作方案完成任务实施				20	
	团队协作	任务实施过程互相配合，协作度高				20	
	工作质量	能按照工作方案操作，按计划完成工作任务				20	
	工作规范	操作规范，三不落地，无意外事故发生				10	
	汇报展示	能准确表达、总结到位、改进措施可行				20	
	小计					100	
综合评分	小组评分 ×50%+ 教师评分 ×50%						
总结与反思							

（如：学习过程中遇到什么问题→如何解决的 / 解决不了的原因→心得体会）

任务三　掌握 Ubuntu 系统的基本操作

学习目标

- 了解并熟悉 Ubuntu 系统常见的命令及其功能。
- 熟悉 Ubuntu 系统常见命令的使用方法。
- 了解 Ubuntu 系统网络连接的方法。
- 能够利用命令实现目录的跳转、文件的编辑。
- 能够利用命令实现文件及目录等的权限管理。
- 能够利用命令实现文件的归档和压缩。
- 能够利用命令实现软件包的安装。
- 能够实现 Ubuntu 系统的网络连接。
- 具有利用信息手段查阅相关资料的能力。
- 具有分析问题、解决问题和再学习的能力。
- 具有良好的团队精神和较强的表达沟通、协调组织能力。
- 具有认真负责的职业态度和良好的职业道德。

知识索引

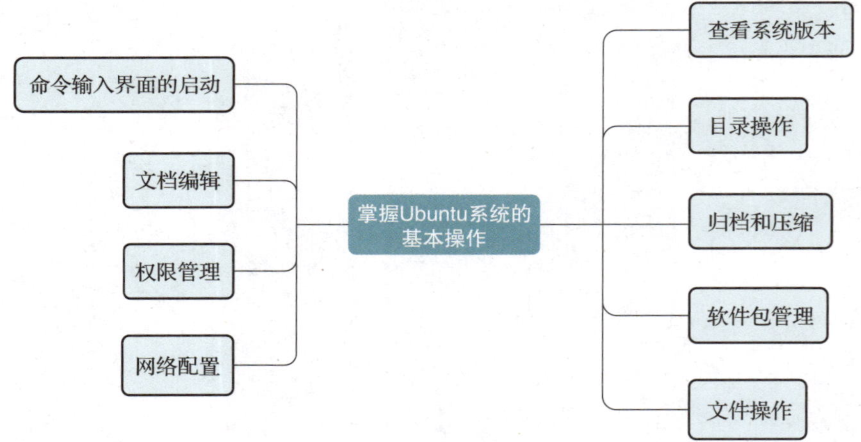

情境导入

完成了 Ubuntu 系统的安装之后，你准备向新来的助理工程师讲述 Ubuntu 系统的基本操作。Ubuntu 系统的命令很多，着重要让新人掌握的命令有哪些呢？

获取信息

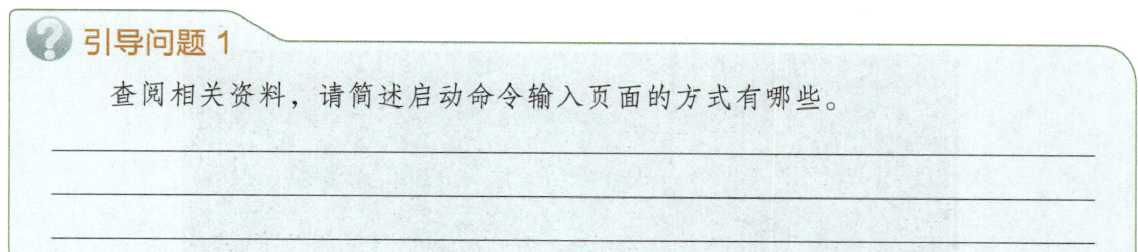

引导问题 1

查阅相关资料，请简述启动命令输入页面的方式有哪些。

____

____

____

命令输入界面的启动

Ubuntu 系统支持图形界面操作，用户可以在图形界面下通过鼠标、键盘来进行相关的操作。此外，Ubuntu 系统还提供命令操作界面，使用命令方式可以方便、快捷地进行系统的维护管理。Ubuntu 系统中常见的操作如图 2-3-1 所示。

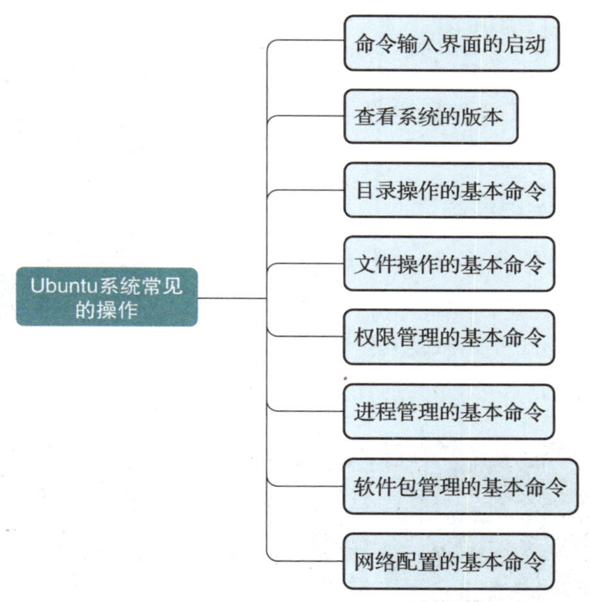

图 2-3-1　Ubuntu 系统中常见的操作

命令输入界面也称为虚拟控制台或命令行输入窗口，是 Linux 从 UNIX 继承来的标准特性。显示器和键盘合称终端，可以对系统进行控制，它们又被称为控制台，一台计算机的输入输出设备就是一个物理的控制台。如果在一台计算机上用软件的方法实现了多个互不干扰、独立工作的控制台界面，就实现了多个虚拟控制台。Linux 终端的工作方式是字符命令行方式，用户应通过键盘输入命令行进行操作，通过 Linux 终端对系统进行控制。而 Ubuntu 系统作为 Linux 家族成员，也继承了 Linux 系统命令输入界面的特性。

下面介绍命令输入界面启动常见的几种方法。

一、通过组合键“Ctrl+Alt+t”

用户可以通过使用组合键“Ctrl+Alt+t”，可以启动命令输入窗口，如图 2-3-2 所示。

图 2-3-2　命令输入窗口

二、通过“Open Terminal”

单击右键，选择“Open Terminal”，如图 2-3-3 红色标注部分所示，然后就会弹出图 2-3-2 所示的命令输入窗口。

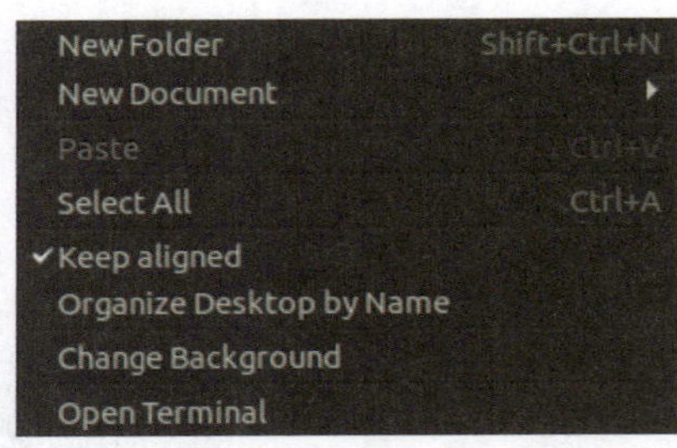

图 2-3-3　鼠标右键选项菜单

三、通过应用软件选择界面

如图 2-3-4 所示，单击桌面左下角▦图标，出现应用软件选择界面，再在搜索栏输入“terminal”，就会出现如图 2-3-5 所示的命令输入终端应用图标，单击该图标即可打开图 2-3-2 所示的命令输入窗口。

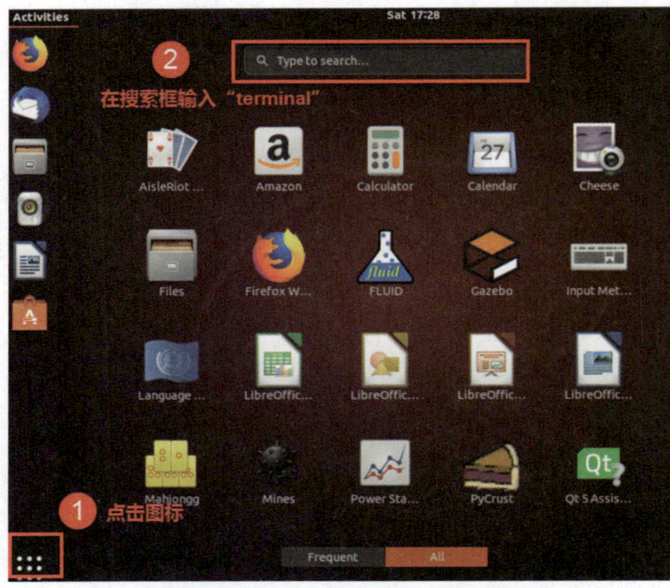

图 2-3-4　应用软件选择界面

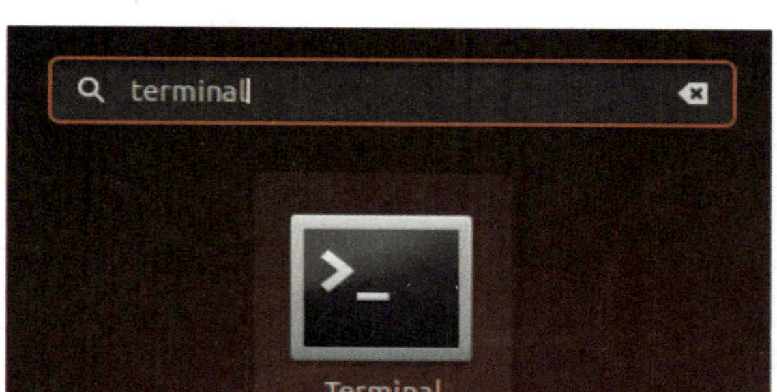

图 2-3-5　命令输入终端查询显示界面

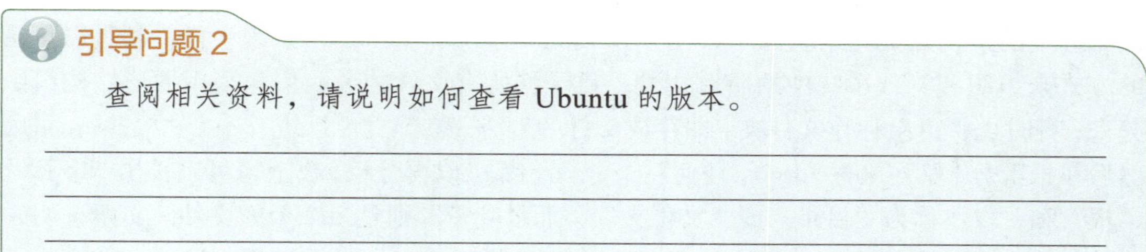

引导问题 2

查阅相关资料，请说明如何查看 Ubuntu 的版本。

查看系统版本

Ubuntu 系统的版本不同，需要安装的 ROS 版本也不同。查看系统版本的命令主要有以下两种，两种查询方法得到的信息反馈的格式可能不同，但是查询到的系统版本是一致的。

一、输入 cat /etc/issue

可以使用 cat 命令来显示 /etc/issue 文件中所包含系统标识文本的内容，需要执行的命令为 cat /etc/issue，运行结果如下：

```
inwinic@ubuntu:~$ cat /etc/issue
Ubuntu 18.04.5 LTS \n \l
```

二、输入 lsb_release-a

lsb_release 实用程序可以显示有关 Linux 发行版的 LSB（Linux 标准库）信息。它是检查 Ubuntu 版本的首选方法，此方法不受限于当前运行的桌面环境或 Ubuntu 版本，各版本均能使用。

使用 lsb_release -a 命令显示 Ubuntu 版本，会在 Description 行看到 Ubuntu 版本信息，其运行结果如下：

```
inwinic@ubuntu:~$ lsb_release -a
No LSB modules are available.
Distributor ID: Ubuntu
Description: Ubuntu 18.04.5 LTS
Release: 18.04
Codename: bionic
```

引导问题 3

查阅相关资料，分别简述 pwd、ls -l、mkdir、tree 命令的用途。

____

____

____

目录操作

在计算机系统中存有大量的文件，如何有效地组织与管理它们，并为用户提供一个使用方便的接口是文件系统的一大任务。Ubuntu 系统和 Windows 系统一样，都是以目录的方式来组织和管理系统中的所有文件。目录将所有文件的说明信息采用树形结构组织起来，有时也将目录称作文件夹，即存放文件的地方。整个文件系统有一个“根”（root），然后在根上分“杈”（directory），任何一个分杈上都可以再分杈，杈上也可以长出“叶子”。“根”和“杈”称为“目录”或“文件夹”，而“叶子”则是一个个的文件。实践证明，此种结构的文件系统存取效率比较高。Ubuntu 系统和 Windows 系统都可以通过图形化界面操作，或者终端命令行（命令输入界面）进行目录操作。但为了更方便后续 ROS 的应用，本任务将介绍在命令输入界面进行目录操作的方法。

Ubuntu 系统通过目录将系统中所有的文件分级、分层组织在一起，形成了 Ubuntu 文件系统的树形层次结构。以根目录“/”为起点，所有其他的目录都由根目录派生而来。用户不仅可以浏览整个系统，还可进入任何一个经授权的目录，并可访问该目录中的文件。

Ubuntu 目录提供了管理文件的一个方便途径。用户可以为文件创建自己的目录，也可以把一个目录下的文件移动或复制到另一目录下，而且能移动整个目录，还可以和系统中的其他用户共享目录和文件。用户能够方便地从一个目录切换到另一个目录，并且还可以设置目录和文件的管理权限。

需要说明的是，根目录是 Ubuntu 系统的特殊目录，操作系统本身的驻留程序被存放在以根目录下的专用目录中，有时称为系统目录。

下面介绍常见的目录操作命令。

一、ls 命令

含义：用于显示指定工作目录下内容。

格式：ls [选项] [文件名或目录名]。

ls 命令的选项及作用见表 2-3-1。

表 2-3-1　ls 命令的选项及作用

选项	作用	选项	作用
-s	显示每个文件的大小	-t	按文件修改的时间排序显示
-S	按文件的大小排序	-F	显示文件类型描述符。“*”为可执行的普通文件，“/”为目录文件
-a	显示目录中全部文件，包括隐藏文件		
-l	使用长列表格式，显示文件详细信息	-R	递归显示内容

示例：使用长列表格式显示当前目录下文件或目录详细信息，命令如下。

```
1. inwinic@ubuntu:~$ls-l
2. total 44
3. drwxr-xr-x 2 inwinic inwinic 4096 May  2 06:35 Desktop
4. drwxr-xr-x 2 inwinic inwinic 4096 May  2 06:35 Documents
5. drwxr-xr-x 2 inwinic inwinic 4096 May  2 06:35 Downloads
6. -rw-r--r--1 inwinic inwinic 8980 May  1 23:51 examples.desktop
7. drwxr-xr-x 2 inwinic inwinic 4096 May  2 06:35 Music
8. drwxr-xr-x 2 inwinic inwinic 4096 May  2 06:35 Pictures
9. drwxr-xr-x 2 inwinic inwinic 4096 May  2 06:35 Public
10. drwxr-xr-x 2 inwinic inwinic 4096 May  2 06:35 Templates
11. drwxr-xr-x 2 inwinic inwinic 4096 May  2 06:35 Videos
```

该命令显示了当前目录下目录或文件的信息，共9列，信息依次为：权限、连接数、拥有者、组拥有者、文件大小、文件最后编辑时间（包含月、日、年或月、日、*时*分）、目录或文件名。

二、cd 命令

含义：用于切换当前工作目录至新路径。

格式：cd [路径名]

cd 命令字符的含义见表 2-3-2。

表 2-3-2 cd 命令字符的含义

字符	含义	字符	含义
.	代表此层目录	-	代表前一个工作目录
..	代表上一层目录	~	代表当前用户所在的 home 目录

⚠注意：路径包含相对路径和绝对路径。以“/”开始的路径名为绝对路径，以目录名开始的则为相对于当前路径的路径名。

示例：从当前路径跳转到根目录，命令如下。

```
1. inwinic@ubuntu:~$cd/
2. inwinic@ubuntu:/$
```

⚠注意：左侧 inwinic@ubuntu 的显示格式对应“用户名@主机名”，即 inwinic 为用户名，ubuntu 为主机名，“:”后面表示当前路径。示例中执行命令后，当前路径由 home 目录变为根目录。

三、mkdir 命令

含义：用于创建新目录。

格式：mkdir [选项][目录名]。

mkdir 命令选项的作用见表 2-3-3。

表 2-3-3　mkdir 命令选项的作用

选项	作用
-m	对新建目录设置存取权限。如权限 777、744、755 等
-p	一次性建立多级目录，即以递归形式建立目录

示例：在当前目录下创建多级目录 test1/test2，命令如下。

```
1. inwinic@ubuntu:~$ mkdir -p test1/test2
```

四、tree 命令

含义：用于以树状图列出目录的内容。

格式：tree [选项][目录名]

tree 命令选项的作用见表 2-3-4。

表 2-3-4　tree 命令选项的作用

选项	作用	选项	作用
-a	显示所有文件和目录	-l	如遇到性质为符号连接的目录，直接列出该连接所指向的原始目录
-A	使用 ASNI 绘图字符显示树状图而非以 ASC Ⅱ字符组合	-n	不在文件和目录清单加上色彩
-C	在文件和目录清单加上色彩，便于区分各种类型	-N	直接列出文件和目录名称，包括控制字符
-d	显示目录名称而非内容	-p	列出权限标示
-D	列出文件或目录的更改时间	-P< 范本样式 >	只显示符合范本样式的文件或目录名称
-f	在每个文件或目录之前，显示完整的相对路径名称	-q	用”?”号取代控制字符，列出文件和目录名称
-F	在执行文件，目录，Socket，符号连接，管道名称，各自加上“*”“/”“=”“@”“|”号	-s	列出文件或目录大小
-g	列出文件或目录的所属群组名称，没有对应的名称时，则显示群组识别码	-t	用文件和目录的更改时间排序
-i	不以阶梯状列出文件或目录名称	-u	列出文件或目录的拥有者名称，没有对应的名称时，则显示用户识别码
-L level	限制目录显示层级	-x	将范围局限在现行的文件系统中，若指定目录下的某些子目录，其存放于另一个文件系统上，则将该子目录予以排除在寻找范围外

执行 tree 指令，它会列出指定目录下的所有文件，包括子目录里的文件。

示例：通过查看目录结构，可以看到新创建的 2 级目录，命令如下。

```
inwinic@ubuntu:~$ tree -L 2 test1/
test1/
└── test2
```

五、pwd 命令

含义：用于查看当前路径。

pwd 命令用于显示工作目录。执行 pwd 指令可查看目前所在的工作目录的绝对路径。

```
inwinic@ubuntu:~$ pwd
/home/inwinic
```

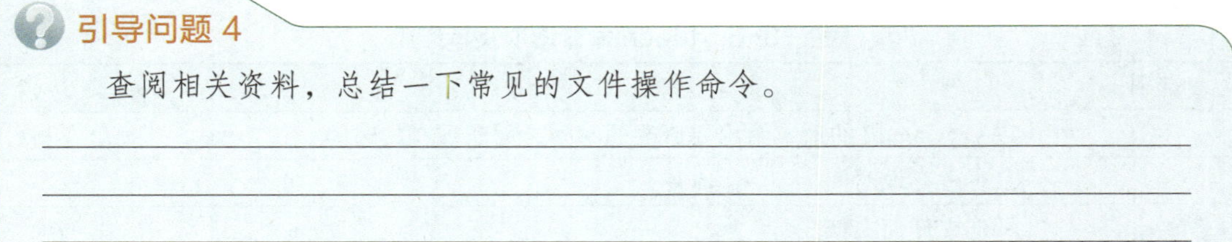

引导问题 4

查阅相关资料，总结一下常见的文件操作命令。

文件操作

用户的数据和程序大多以文件的形式保存在磁盘上。在用户使用 Ubuntu 系统的过程中，需要经常对文件进行操作。

一、文件类型

在多数的系统中都有文件的概念。文件是 Ubuntu 用来存储信息的基本结构，它是被命名（称为文件名）的，存储在某种介质（如磁盘、光盘和磁带等）上的一组信息的集合。Ubuntu 文件均为无结构的字符流形式。文件名是文件的标识，它由字母、数字、下划线和句点组成的字符串构成，用户可以用不超过 255 个字符，组合成有意义的文件名以便于记忆。Ubuntu 系统中有 3 种基本的文件类型：普通文件、目录文件和设备文件。

1. 普通文件

普通文件是用户最经常使用的文件。它又分为文本文件和二进制文件。

文本文件：文本文件以文本的 ASC II 码形式存储在计算机中。它是以“行”为基本结构的一种信息组织和存储方式。

二进制文件：这类文件以二进制形式存储在计算机中，用户一般不能直接读懂它们，只有通过相应的软件才能将其显示出来。常见的可执行程序、图形、图像、声音等文件，都是二进制文件。

2. 目录文件

目录用于管理和组织系统中的大量文件。在 Ubuntu 系统中，目录以文件的形式存在，目录文件存储了一组相关文件的位置、大小等与文件有关的信息。目录文件简称为目录。

3. 设备文件

Ubuntu 系统把每一个 I/O 设备都看成一个文件，与普通文件一样处理，这样可以使文件与设备的操作尽可能统一。从用户的角度来看，对 I/O 设备的使用和对一般文件的使用一样，不必了解 I/O 设备的细节。

二、操作命令

下面详细介绍一些常见的文件操作命令。

1. touch 命令

含义：用于创建新的文件。

格式：touch [选项] [文件名]。

touch 命令选项及其作用见表 2-3-5。

表 2-3-5　touch 命令选项及其作用

选项	作用
-d	以 yyyymmdd 的形式给出要修改的时间，而非现在的时间
-a	只更改存取时间
-c	不建立任何文档
-f	此参数将忽略不予处理，仅负责解决 BSD 版本指令的兼容性问题
-m	只更改变动时间
-r	把指定文档或目录的日期时间改为参考文档或目录的日期时间

示例：在 home 目录下创建空文件 test.txt 文件，命令如下。

```
1. inwinic@ubuntu:~$ touch test.txt
```

2. cp 命令

含义：复制（Copy）文件或目录。

格式：cp [选项] [源文件或目录] [目标文件或目录]。

cp 命令选项及其作用见表 2-3-6。

表 2-3-6　cp 命令选项及其作用

选项	作用
-r	递归复制整个目录树
-p	保持源文件的属性不变
-f	强制覆盖目标同名文件或目录
-i	需要覆盖文件或目录时进行提醒

示例：在 home 目录下将 test.txt 文件从 test1 文件夹复制到 test2 文件夹里，命令如下。

```
1. inwinic@ubuntu:~$cp~/test1/test.txt~/test2/
```

3. rm 命令

含义：删除（Remove）文件或目录。

格式：rm [选项] [文件或目录]。

rm 命令选项及其对应的作用见表 2-3-7。

表 2-3-7　rm 命令选项及其对应的作用

选项	作用
-f	强行删除文件或目录，不进行提醒
-i	删除文件或目录时提醒用户确认
-r	递归删除整个目录树

示例：删除在 home 目录下 test1 文件夹中的 test.txt 文件，命令如下。

```
1. inwinic@ubuntu:~$ rm ~/test1/test.txt
```

4. mv 命令

含义：移动（Move）文件或目录。

格式：mv [选项] [源文件或目录] [目标文件或目录]。

mv 命令选项及其对应的作用见表 2-3-8。

表 2-3-8　mv 命令选项及其对应的作用

选项	作用
-f	在 mv 操作要覆盖某已有的目标文件或目录时不给任何指示
-i	若指定目录或文件已有同名文件，则先询问是否覆盖旧文件或目录

示例：在 home 目录下将 test.txt 文件从 test1 文件夹移动到 test2 文件夹里，命令如下。

```
1. inwinic@ubuntu:~$ mv~/test1/test.txt~/test2/
```

5. find 命令

含义：用于查找文件或目录。

格式：find ［查找范围］［查找条件］。

find 命令选项及其作用见表 2-3-9。

表 2-3-9　find 命令选项及其作用

选项	作用	选项	作用
-name	按文件名称查找	-user	按文件属主查找
-size	按文件大小查找	-type	按文件类型查找

示例：在 home 目录下查找 test 文件，命令如下。

```
1. inwinic@ubuntu:~$ find /home -name test
```

6. ln 命令

含义：为某个文件或目录创建快捷方式。

格式：ln [选项] [源文件或目录][目标文件或目录]。

ln 命令选项及其作用见表 2-3-10。

表 2-3-10　ln 命令选项及其作用

选项	作用	选项	作用
-b	删除，覆盖以前建立的链接	-n	把符号链接视为一般目录
-d	允许超级用户制作目录的硬链接	-s	软链接（符号链接）
-f	强制执行	-v	显示详细的处理过程
-i	交互模式，文件存在则提示用户是否覆盖	—	—

示例：创建 test.txt 文件的软链接 link_test，命令如下。

```
1. inwinic@ubuntu:~$ln -s test.txt linktest
```

查看创建后的链接文件，命令如下。

```
1. inwinic@ubuntu:~$ ll linktest
2. lrwxrwxrwx 1 inwinic inwinic 8 Mar 15 19:44 linktest -> test.txt
```

7. cat 命令

含义：用于连接文件并打印到标准输出设备上。

格式：cat [选项][文件名]。

cat 命令选项及其作用见表 2-3-11。

表 2-3-11　cat 命令选项及其作用

选项	作用	选项	作用
-n	由 1 开始对所有输出的行数编号	-T	将 TAB 字符显示为 ^I
-b	和 -n 相似，只不过对于空白行不编号	-A	等价于 -vET
-s	当遇到有连续两行以上的空白行，就代换为一行的空白行	-e	等价于“-vE”选项
-v	使用 ^ 和 M- 符号，除了 LFD 和 TAB 之外	-t	等价于“-vT”选项
-E	在每行结束处显示 $	—	—

示例：将 test.txt 文档中的内容添加行号并显示到当前界面，命令如下。

```
1. inwinic@ubuntu:~$ cat -n test.txt
```

8. echo 命令

含义：用于字符串的输出。

格式：echo [字符串] [文件名]。

示例：将“source ~/catkin_ws/devel/setup.bash”写入到 home 目录下的 .bashrc 文件中，命令如下。

```
1. inwinic@ubuntu:~$ echo source"~/catkin_ws/devel/setup.bash">>
   ~/.bashrc
```

查阅相关资料，请简述 Ubuntu 系统常见的文本编辑器有哪些，各自的特点是什么。

____

____

____

文档编辑

Ubuntu 系统中会高频率地使用文本编辑器来处理 ROS 参数配置等文档编辑工作，下面介绍常见的文本编辑工具。

一、vi/vim

vi 在是 Unix 平台上历史悠久的编辑器。vim 是 vi 的增强版，增加了更多的特性，如彩色与高亮显示，可以使我们的编辑工作更轻松。vim 工具的安装命令如下。

```
1. inwinic@ubuntu:~$ sudo apt-get -y install vim
```

vim 有三种模式：一般模式、编辑模式、命令模式。三种模式进入及操作如下：

1）进入一般模式：vi+[文件名] 即可打开文件，并进入一般模式。在一般模式下常用命令的快捷键见表 2-3-12。

表 2-3-12　一般模式下常用命令的快捷键

快捷键	作用	快捷键	作用
H	向左移动一个字符	nyy	从当前光标所在行开始复制 n 行
j	向下移动一行	p	粘贴
k	向上移动一行	np	粘贴 n 次
l	向右移动一个字符	dd	删除一行
(	移动到块首	ndd	删除 n 行
)	移动到块尾	u	撤销上一次的操作
gg	移动第一行	SHIFT + 6	移动到本行行首
G	移动尾行	SHIFT + 4	移动到本行行尾
ngg	移动到第 n 行（n 是一个数字）	CTRL + r	恢复前一个被撤销的操作
yy	复制光标当前行	.	重复前一个操作

2）进入编辑模式：通过表 2-3-13 中的快捷键即可进入编辑模式，并到达文档的不同位置。

表 2-3-13　编辑模式下常用命令的快捷键

按键	作用	按键	作用
i	在光标当前位置插入文本	S	删除当前行内容，重新输入
a	光标的下一个位置插入文本	s	删除光标当前位置的字符，开始输入
A	当前行的行尾插入文本	o	在当前的下一行开始一个新行开始输入

3）进入命令行模式：首先按 Esc 键，进入命令行模式，命令行模式下相关操作的快捷命令见表 2-3-14（输入字符后需要按回车键才能生效）。

表 2-3-14　命令行模式下相关操作的快捷命令

输入字符	作用	输入字符	作用
:w	保存，不退出	:n	移动到指定的行
:q	不保存，退出	/+ 待查找的字符串	搜索指定字符串，从上往下找，按"n"找下一个，N 找上一个
:q!	强制退出，不保存	?+ 待查找的字符串	从下往上找，n 往上找，N 往下找
:wq	强制性写入文件并保存退出	:s/ 待查找的字符串 / 要替换的字符串	替换光标当前行找到的第一个字符串
:x	写入文件 保存退出	:s/ 待查找的字符串 / 要替换的字符串 /g	替换光标当前行找到的所有字符串
:set nu	显示行号	:%s/ 待查找的字符串 / 要替换的字符串	替换每一行第一个找到的字符串
:set nonu	不显示行号	:%s/ 要找的字符串 / 要替换的字符串 /g	全文替换

二、gedit

gedit 是一个 GNOME 桌面环境下兼容 UTF-8 的文本编辑器。它使用 GTK+ 编写而成，操作简单易用，有良好的语法高亮显示规则，对中文支持很好。工具的安装命令如下。

```
1. inwinic@ubuntu:~$ sudo apt-get install gedit
```

在命令窗口输入 gedit 即可启动 gedit 工具，如图 2-3-6 所示。

图 2-3-6　gedit 命令窗口

下面介绍 gedit 工具的常用操作。

1. Plain Text

窗口下方第一项"Plain Text"是用来设置当前文档中的语言格式，设置后将会按照对应语言的规则对不同的字符进行高亮显示。设置时直接单击该项，选择好对应的语言即可。单击后出现的弹窗如图 2-3-7 所示。

2. Tab Width

最下方第二项“Tab Width”是用来设置 Tab 键对应的字符长度。直接单击后即可按需进行修改。

3. Ln1，Col1

最下方第三项“Ln1，Col1”用于显示当前光标所在的行（Ln 后的数字）和列（Col 后的数字）。还可以通过该项中的选项“Display line numbers”，为当前文档的内容添加行号，内容示意如图 2-3-8 所示。

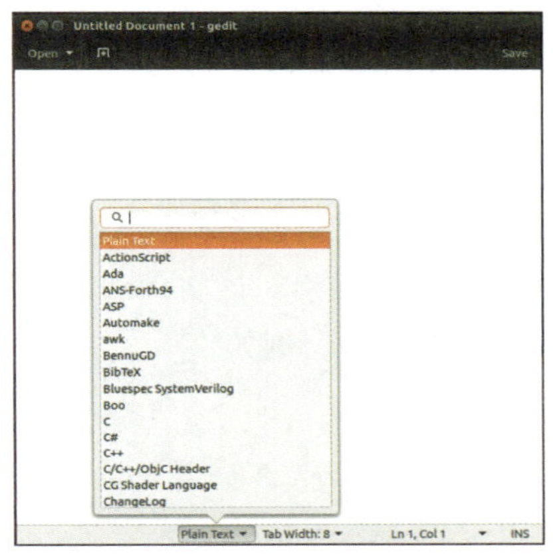

图 2-3-7　语言格式弹窗

图 2-3-8　添加内容示意

4. 操作常用的快捷键

常用的快捷键见表 2-3-15。

表 2-3-15　常用快捷键

快捷键	作用	快捷键	作用
CTRL+Z	撤销上一步操作	CTRL+S	保存
CTRL+C	复制选中的内容	CTRL+F	查找需要查找的内容
CTRL+V	粘贴复制的内容	CTRL+H	查找并替换相关内容
CTRL+T	创建新窗口	CTRL+W	关闭选项卡
CTRL+Q	退出	—	—

引导问题 6

查阅相关资料，简单说明一下非 root 的文件所有者如何进行权限修改。

____

____

____

权限管理

ROS 是基于 Ubuntu 系统运行的上层系统，Ubuntu 系统是多用户操作系统，多用户

的本质是让不同的用户能够访问不同的文件。root 用户可以访问任何文件，因此拥有最高权限，所有用户是否可以访问同一个文件是由文件的属性决定的。

一、不同权限的定义

文件或目录的访问权限可以分为可读、可写和可执行 3 种。可读权限表示允许读文件内容，可写权限表示可以更改文件的内容，可执行权限表示允许将该文件作为一个程序执行。

二、用户与权限的关系

不同用户可以对相同的文件具有不同的访问权限，Ubuntu 文件系统将用户分为 3 个层次，即拥有者、所属群组、其他，分别为其授予不同的访问权限。

拥有者（owner）权限：拥有文件的用户（通常是文件的建立者）具有的访问权限。

与拥有者同组用户的权限：文件拥有所在组的其他用户对该文件的访问权限。

其他用户（other）权限：与文件拥有者不在同一组的用户对该文件的访问权限。

文件的属性可以通过前面提到过的“ls –l”命令来查看。例如：

```
1. inwinic@ubuntu:~$ ls -l test.txt
2. -rw-rw-rw- 1 inwinic inwinic 39 Mar 19 04:29 test.txt
```

文件的属性各个部分的意义见表 2–3–16。

表 2–3–16　文件属性各个部分的意义

命令	–	rw–	rw–	rw–	1	inwinic	inwinic	39	Mar 19 04:29	test.txt
含义	文件类型	文件所有者的权限	同组用户权限	其他用户权限	文件拥有的链接数	文件所有者名称	群组名称	文件长度	文件修改时间	文件名

三、权限的分类

1. 用户

文档的访问权限按照用户来划分，可以大致分为文件所有者（u）、用户组（g）和其他用户（o）。

2. 文档类型

文档类型可分如下几种，见表 2–3–17。

表 2–3–17　文档的访问权限按文档类型划分

文件类型	表示字符	说明
普通文件类型	–	包括纯文本文件（ASC Ⅱ）；二进制文件（binary）；数据格式的文件（data）；各种压缩文件等

（续）

文件类型	表示字符	说明
目录文件类型	d	目录文件类似于 Windows 中的目录
字符设备文件	c	即串行端口的接口设备，例如键盘、鼠标等等
块设备文件	b	即存储数据以供系统存取的接口设备，简单而言就是硬盘
套接字文件	s	这类文件通常用在网络数据链接
管道文件	p	FIFO 是一种特殊的文件类型，它主要的目的是解决多个程序同时存取一个文件所造成的错误
链接文件	l	类似 Windows 下面的快捷方式

3. 权限

按照权限的类型来划分，可以分为读（r）、写（w）、执行（x），不同权限的含义见表 2-3-18。

表 2-3-18　不同权限的含义

权限	二进制表示	十进制表示	含义
---	000	0	无权限
--x	001	1	仅执行权限： 如果是文件，代表可执行该文件； 如果是目录，代表可进入该目录
-w-	010	2	仅写权限： 如果是文件，代表可编辑该文件； 如果是目录，代表可编辑该目录
-wx	011	3	写入和执行权限： 如果是文件，代表可编辑、执行该文件权限； 如果是目录，代表可编辑、进入该目录。
r--	100	4	仅读权限： 如果是文件，代表可读取该文件； 如果是目录，代表可浏览该目录
r-x	101	5	读、执行权限： 如果是文件，代表可读取和执行该文件； 如果是目录，代表可浏览该目录
rw-	110	6	读、写权限： 如果是文件，代表可读取和编辑该文件； 如果是目录，代表可浏览、编辑该目录
rwx	111	7	读、写、执行权限： 如果是文件，代表可读取、编辑、执行该文件； 如果是目录，代表可浏览、编辑、进入该目录

四、权限的修改

1. 文件所有者为 root 的权限修改

当文件所有者为 root 时，如果我们需要修改文件的权限，需要拥有 root 权限，现在介绍两种方法：

1）用 root 权限直接执行命令，示例如下。

```
1. inwinic@ubuntu:~$ sudo chmod a+w test.txt
2. [sudo] password for inwinic:
```

2）进入 root 用户，再执行命令，示例如下。

```
1. inwinic@ubuntu:~$ sudo su
2. [sudo] password for inwinic:
3. root@ubuntu:/home/inwinic# chmod a+w test.txt
```

⚠**注意：** 使用 root 用户权限时，都会要求输入密码（开机登录密码）。而且输入密码时，在界面中不会显示输入的密码或输入密码字符数。

2. 文件所有者非 root 的权限修改

当文件所有者非 root 时，常用的修改文件权限的命令主要有三种，下面详细介绍。

（1）chmod 命令

含义：用于设置当前用户对文件的操作权限。

格式：chmod [选项] [源文件或目录]。

chmod 命令选项及其作用见表 2-3-19。

表 2-3-19　chmod 命令选项及其作用

选项	作用
-c	若该文件权限确实已经更改，才显示其更改动作
-f	若该文件权限无法被更改也不要显示错误信息
-v	显示权限变更的详细资料
-R	对目前目录下的所有文件与子目录进行相同的权限变更（即以递回的方式逐个变更）

示例：将 test.txt 文件设为所有人都可以读写，命令如下。

方法一：

```
1. inwinic@ubuntu:~$ sudo chmod a+w test.txt
2. [sudo] password for inwinic:
```

方法二：

```
1. inwinic@ubuntu:~$ sudo su
2. [sudo] password for inwinic:
3. root@ubuntu:/home/inwinic# chmod 666 test.txt
```

执行命令后，test.txt 文件的权限由“-rw-rw-r--”修改为“-rw-rw-rw-”。

⚠注意：有些时候修改或执行文件等操作会需要 root 权限。通过在命令前增加 “sudo”，或使用命令 “sudo su”，就可以使用 root 权限执行该命令。使用 root 权限时，系统会提示输入密码（该密码为系统安装时设置的密码）。

（2）chown 命令

含义：用于将指定文件的拥有者改为指定的用户或组，以便获取相应的权限。

格式：chown [选项] [用户名]:[组名] [文件名或目录名]。

chown 命令选项及其作用见表 2-3-20。

表 2-3-20　chown 命令选项及其作用

选项	作用
-c	显示更改的部分的信息
-f	忽略错误信息
-v	显示详细的处理信息
-R	处理指定目录以及其子目录下的所有文件
-h	只对符号连接的文件作修改，而不更动其他任何相关文件

示例：修改 test.txt 文件的拥有者为 test，用户组为 test_group，命令如下。

```
1. inwinic@ubuntu:~$ sudo chown test:test_group test.txt
```

（3）chgrp 命令

含义：用于变更文件或目录的所属群组。

格式：chgrp [选项] [所属群组] [文件名或目录名]。

chgrp 命令选项及其作用见表 2-3-21。

表 2-3-21　chgrp 命令选项及其作用

选项	作用
-c	显示更改的部分的信息
-f	忽略错误信息
-v	显示详细的处理信息
-R	处理指定目录以及其子目录下的所有文件
-h	只对符号连接的文件作修改，而不更动其他任何相关文件
--reference=	参考指定文件或目录变更需要修改的文件的所属群组

示例：参照 test.txt 文件所属用户组来修改 test1.txt 文件，命令如下。

```
1. inwinic@ubuntu:~$ chgrp --reference=test1.txt test1.txt
```

引导问题 7

查阅相关资料，请简述 Ubuntu 中常用的压缩与解压缩命令有哪些。

____

____

____

归档和压缩

实际使用中，我们经常需要备份计算机系统中的数据，为了节省空间，常常将备份文件进行归档压缩。归档是将一类或一堆的文件和目录打包成一个文件，压缩是将文件安装一定格式，产生一个较小容量的文件。

利用 tar 命令可以把一堆的文件和目录打包成一个文件，以便于网络传输。压缩文件有两个明显的好处，一是减少存储空间，二是减少网络传输文件的时间。

Ubuntu 中常用的压缩与解压缩命令有 tar、gzip、gunzip、bzip2、bunzip2 等。

一、tar 命令

打包命令，使用 tar 程序打出来的包我们常称为 tar 包，tar 包文件的命令通常都是以 .tar 结尾的。生成 tar 包后，就可以用其他的程序来进行压缩了。

格式：tar [选项] [文件名或目录名]。

tar 压缩命令选项及其作用见表 2-3-22。

表 2-3-22　tar 压缩命令选项及其作用

选项	作用	选项	作用
-c	产生新的包	-x	解压缩文件
-f	指定包的文件名	-czf	将文件打成一个 tar 包，并且将其用 gzip 压缩，生成一个 gzip 压缩过的包，包名后缀为 .tar.gz
-r	增加包中的文件	-xzf	解压包名后缀为 .tar.gz 的压缩文件
-u	更新包中的文件	-cjf	将文件打成一个 tar 包，并且将其用 bzip2 压缩，生成一个 bzip2 压缩过的包，包名后缀为 .tar.bz2
-t	列出包中所有文件	-xjf	解压包名后缀为 .tar.bz2 的压缩文件

示例：将 test 目录里所有文件打包成 test.tar 后，并且将其用 gzip 压缩，生成一个 gzip 压缩过的包，命名为 test.tar.gz，命令如下。

```
1. inwinic@ubuntu:~$ tar -czf test.tar.gz test
```

二、其他压缩、解压命令

其他常用的压缩、解压缩命令见表 2-3-23。

表 2-3-23 其他常用的压缩、解压缩命令

命令	说明	示例
gzip	用 gzip 压缩成后缀为 .gz 的文件	gzip -d test.gz
gunzip	解压后缀为 .gz 的压缩文件	gunzip test.gz
bzip2	用 bzip2 压缩成后缀为 .bz2 的文件	bzip2 -d test.bz2
bunzip2	解压后缀为 .bz2 的压缩文件	bunzip2 test.bz2

引导问题 8

查阅相关资料，请简述源码包和二进制包各自的特点是什么。

______

______

______

软件包管理

计算机如果没有安装任何操作系统，就是一堆没用的电子器件。而安装了操作系统，却没有安装应用软件，计算机的具体价值也依然不能得到真实体现。因此，我们需要在操作系统上安装具备各种功能的软件。

在 Windows 系统中安装软件很简单，但在 Ubuntu 系统中，软件包的安装和管理远比 Winodws 要复杂得多。

一、软件包的分类

Ubuntu 系统下的软件包有两种，分别是源码包和二进制包。源码包就是一大堆源代码程序，是由软件工程师使用特定的格式和语法所书写的代码。源码包的安装需要一个中间角色把代码语言“abcdedg”翻译成二进制语，这个中间角色我们称它为“编译器”。“编译”指的是从源代码到直接被计算机（或虚拟机）执行的目标代码的翻译过程，编译器的功能就是把源代码翻译为二进制代码，让计算机识别并运行。源码包的安装需要把源代码编译为二进制代码，因此安装时间较长。

为了解决使用源码包安装方式的这些问题，Ubuntu 系统软件包的安装也经常使用二进制包的安装方式。二进制包也就是源码包经过成功编译之后产生的包，由于二进制包在发布之前就已经完成了编译的工作，因此软件安装的速度较快，且安装过程报错概率大大减小。二进制包是 Ubuntu 系统下的默认安装软件包，所以有时我们也把二进制包称作默认安装软件包。使用安装软件包是为了方便软件的安装。

目前，主要有以下两大主流的二进制包管理系统：RPM 包管理系统和 DPKG 包管理系统。

1）RPM 包管理系统：功能强大，安装、升级、查询和卸载非常简单方便，因此很多 Linux 发行版都默认使用此机制作为软件安装的管理方式，例如 Fedora、CentOS、SuSE 等。

2）DPKG 包管理系统：由 Debian Linux 所开发的包管理机制，通过 DPKG 包，Debian Linux 就可以进行软件包管理，主要应用在 Debian 和 Ubuntu 中。

二、软件包的管理

软件包的管理常见的有如下几种。

1. 利用 apt 工具安装

apt 是 Ubuntu 系统中的软件包管理程序，使用它可以查找、安装、卸载和更新想要的软件包，还可以用来对 Ubuntu 进行升级。

常用的命令见表 2-3-24，表格中“package”代表功能包的名字。

表 2-3-24　apt 工具安装

命令	作用
apt search package	搜索包
apt depends package	查询功能包依赖
sudo apt install package	安装软件包
sudo apt remove package	删除包
sudo apt purge package	删除包，包括删除依赖文件等
sudo apt update	更新 apt 软件源信息
sudo apt upgrade	更新已安装的包
sudo apt clean	清理已下载的软件包，实际上是清除 /var/cache/apt/archives 目录中的软件包
sudo apt autoclean	删除已经卸载的软件包备份

2. deb 软件包的安装和卸载

deb 软件包的安装命令模板如下：

```
1. $ sudo dpkg -i[deb 功能包名 ]
```

deb 软件卸载命令模板如下：

```
1. $ sudo dpkg -r[ 软件名 ]
```

3. 利用 PPA 进行安装

PPA 为个人软件包存档（Personal Package Archive），Ubuntu 提供了一个名为 Launchpad 的平台，使软件开发人员能够创建自己的软件仓库。终端用户可以将 PPA 仓库添加到 sources.list 文件中，当用户更新系统时，系统会知道这个新软件的可用性，然后用户可以使用标准的 sudo apt install 命令安装它。

常用的命令如下：

$ sudo add-apt-repository <PPA_info>：将 PPA 仓库添加到软件源列表中。

$ sudo apt-get update：更新可以在当前系统上安装的软件包列表。

$ sudo apt-get install <package_in_PPA>：安装软件包。

$ sudo apt-get remove <package_in_PPA>：卸载已安装的软件包。

示例如下：

```
$ sudo add-apt-repository ppa:dr-akulavich/lighttable
$ sudo apt-get update
$ sudo apt-get install lighttable-installer
$ sudo apt-get remove lighttable-installer
```

引导问题 9

查阅相关资料，请简述 Ubuntu 常用的网络服务配置有哪些。

____

____

____

网络配置

通常，我们把计算机中连接网络的设备称为网络接口设备，如以太网卡和调制解调器。一台计算机要联网，需要配置其网络接口的参数，包括 IP 地址、子网掩码、默认网关、DNS（域名服务器）地址等。Ubuntu 系统提供了一系列的工具和命令，用于对网络设备进行管理和控制，还可以直接编辑相关的配置文件实现网络配置。

正确安装网络接口设备，使用文本编辑器或命令行管理接口，编辑网络配置，添加、修改、删除网络连接，可以实现网络测试、显示数据包路由信息、显示本机路由表内容以及远程登录等功能。Ubuntu 可全面支持各种网络，与常用网络服务配置相关的操作有三种。

一、主机名查询

主机名查询的命令如下：

```
inwinic@ubuntu:~$ hostname
ubuntu
```

二、IP 查询

如不能使用 ifconfig 命令，需要使用如下命令安装网络工具：

```
inwinic@ubuntu:~$ sudo apt install net-tools
```

安装完成后再用 ifconfig 命令查询：

```
inwinic@ubuntu:~$ ifconfig
```

命令执行后显示如图 2-3-9 所示：

```
inwinic@ubuntu:~$ ifconfig
ens33: flags=4163<UP,BROADCAST,RUNNING,MULTICAST>  mtu 1500
        inet 192.168.211.128  netmask 255.255.255.0  broadcast 192.168.211.255
        inet6 fe80::cb8f:2de6:6be5:fc2  prefixlen 64  scopeid 0x20<link>
        ether 00:0c:29:e9:41:52  txqueuelen 1000  (Ethernet)
        RX packets 150637  bytes 218684467 (218.6 MB)
        RX errors 0  dropped 0  overruns 0  frame 0
        TX packets 16520  bytes 1163188 (1.1 MB)
        TX errors 0  dropped 0 overruns 0  carrier 0  collisions 0

lo: flags=73<UP,LOOPBACK,RUNNING>  mtu 65536
        inet 127.0.0.1  netmask 255.0.0.0
        inet6 ::1  prefixlen 128  scopeid 0x10<host>
        loop  txqueuelen 1000  (Local Loopback)
        RX packets 888  bytes 82153 (82.1 KB)
        RX errors 0  dropped 0  overruns 0  frame 0
        TX packets 888  bytes 82153 (82.1 KB)
        TX errors 0  dropped 0 overruns 0  carrier 0  collisions 0
```

图 2-3-9　IP 地址查询显示

三、设置静态 IP

1. 获取网卡名称

输入 ifconfig 查询到网卡名称。

2. 修改网卡配置文件

具体操作方法如下：

1）输入以下指令，打开配置文件。

```
inwinic@ubuntu:~$ sudo vim /etc/network/interfaces
```

2）将配置文件内容替换为如下内容：

```
#auto ens33
#iface ens33 inet dhcp
auto ens33
iface ens33 inet static        # 设置为静态
address 192.168.3.66           # 设置静态 IP 地址
netmask 255.255.255.0          # 设置网络掩码
gateway 192.168.3.1            # 设置网关
```

3）修改完成后，输入“：wq!”，即可完成保存退出。

3. 添加 DNS 服务器 IP

具体操作方法如下：

1）打开配置文件。

```
inwinic@ubuntu:~$ sudo vim /etc/resolvconf/resolv.conf.d/head
```

2）在打开的文件中添加如下内容：

```
nameserver 8.8.8.8
```

3）修改完成后，输入“：wq!”，即可完成保存退出。

4. 重启网络服务

具体操作方法如下：

```
1. inwinic@ubuntu:~$ sudo /etc/init.d/networking restart
2. [sudo]password for inwinic:
3. [ok]Restarting networking (via systemctl): networking.service
```

拓展阅读

Ubuntu 的开发者与 Debian 和 GNOME 开源社区合作密切，其各个正式版本的桌面环境均采用 GNOME 的最新版本，通常会紧随 GNOME 项目的进展而及时更新（同时，也提供基于 KDE、XFCE 等桌面环境的派生版本）。GNOME 是一套运行在操作系统上，提供图形桌面环境的计算机软件。Ubuntu 的每个新版本均会包含当时最新的 GNOME 桌面环境，通常在 GNOME 发布新版本后一个月内发布。

Ubuntu 发行版从 11.04 版起，放弃了 GNOME 桌面环境，改为 Unity，不过自 Ubuntu 18.04 LTS 起，Ubuntu 发行版又重新开始使用 GNOME 3 桌面环境。

Ubuntu 所有系统相关的任务均需使用 Sudo 指令是它的一大特色，这种方式比传统的以系统管理员账号进行管理工作的方式更为安全，此为 Linux、Unix 系统的基本思维之一。Windows 在较新的版本内也引入了类似的 UAC 机制，但用户数量不多。Ubuntu 与其他基于 Debian 的 Linux 发布版，例如 MEPIS、Xandros、Linspire、Progeny 和 Libranet 等相比，更接近 Debian 的开发理念，它主要使用自由、开源的软件，而其他发布版往往会附带很多闭源的软件。

Ubuntu 基于 Debian，Debian 最早开创出了包管理方法，通过 deb 包（一种以 .deb 为扩展名的软件包）管理 Linux 程序。Debian 会自动分析依赖关系，力争获取所有的依赖包。在 Debian 以前，没有这种通过双击就可以安装程序的 Linux 包，都要靠编译。这样系统很容易陷入包陷阱，茫然不知所措。在 Debian 之后，红帽受启发开创了自己的包管理模式，称为 rpm。rpm 在用途上类似 deb 管理，但是功能不如 deb 人性化。Ubuntu 在 Debian 的基础上，利用活跃的网络社区来丰富其软件来源，用一个简单的 apt-get install 指令就可完成大部分软件的安装。就用途来说，红帽是一个稳定朴实的 Linux，可以很好地作为服务器操作系统；Ubuntu 是一个强大，灵活的 Linux 系统，它的目标是桌面应用，当然作为 Linux 系统的分支，它的服务器应用都不会弱。指令方面，

它们与 Linux 的命令一致，基本的 shell 语句不会有区别，但是红帽中的 rpm 指令与 Ubuntu 中类似的 apt-get 指令是不通用的。

与 Debian 的不同在于它每 6 个月会发布一个新版本。Ubuntu 的目标在于为一般用户提供一个最新的、同时又相当稳定的且主要由自由软件构建而成的桌面操作系统。Ubuntu 具有庞大的社区力量，用户可以方便地从社区获得帮助。Ubuntu 对 GNU/Linux 的普及，特别是桌面普及做出了巨大贡献。

Ubuntu 有亮丽的用户界面、完善的包管理系统、强大的软件源支持、丰富的技术社区，并且对计算机硬件的支持好于 CentOS 和 Debian，兼容性强，且 Ubuntu 的应用非常多。

Ubuntu 还对大多数硬件有着良好的兼容性，包括最新的图形显卡等。这一切让 Ubuntu 越来越向大众化发展。

近年来，特别在国内市场，Linux 桌面操作系统的发展趋势非常迅猛。国内的中标麒麟 Linux、红旗 Linux、深度 Linux 等系统软件厂商都推出了 Linux 桌面操作系统，目前已经得到了广泛应用。另外 SUSE、Ubuntu 也相继推出了基于 Linux 的桌面系统，特别是 Ubuntu Linux，已经积累了大量社区用户。但是，从系统的整体功能、性能来看，Linux 桌面系统与 Windows 系列相比还有一定的差距，主要表现在系统易用性、系统管理、软硬件兼容性、软件的丰富程度等方面。

Linux 的低成本、强大的定制功能以及良好的移植性能，使得 Linux 在嵌入式系统方面也得到广泛应用，目前，Linux 已广泛应用于手机、平板电脑、路由器、电视和电子游戏机等领域。在移动设备上广泛使用的 Android 操作系统就是创建在 Linux 内核之上的。目前，Android 已经成为全球最流行的智能手机操作系统。

此外，思科在网络防火墙和路由器方面也使用了定制的 Linux，阿里云也开发了一套基于 Linux 的操作系统“YunOS”，可用于智能手机、平板电脑和网络电视；常见的数字视频录像机、舞台灯光控制系统等，都在逐渐采用定制版本的 Linux 来实现控制，而这一切均归功于 Linux 与开源的力量。

任务分组

学生任务分配表

<table>
<tr><td>班级</td><td></td><td>组号</td><td></td><td>指导老师</td><td></td></tr>
<tr><td>组长</td><td></td><td>学号</td><td colspan="3"></td></tr>
<tr><td rowspan="4">组员</td><td colspan="2">姓名：________ 学号：________</td><td colspan="3">姓名：________ 学号：________</td></tr>
<tr><td colspan="2">姓名：________ 学号：________</td><td colspan="3">姓名：________ 学号：________</td></tr>
<tr><td colspan="2">姓名：________ 学号：________</td><td colspan="3">姓名：________ 学号：________</td></tr>
<tr><td colspan="2">姓名：________ 学号：________</td><td colspan="3">姓名：________ 学号：________</td></tr>
<tr><td colspan="6">任务分工</td></tr>
<tr><td colspan="6"></td></tr>
</table>

工作计划

扫描二维码了解 Ubuntu 系统的基础操作步骤，结合前面所了解的知识内容和小组内部讨论的结果，制定工作方案，落实各项工作负责人，如任务实施前的准备工作、实施中主要操作及协助支持工作、实施过程中相关要点及数据的记录工作等。

实践 Ubuntu 系统的一些基本操作

工作计划表

步骤	作业内容	负责人
1		
2		
3		
4		
5		
6		
7		
8		

进行决策

1. 各组派代表阐述资料查询结果。
2. 各组就各自的查询结果进行交流，并分享技巧。
3. 教师结合各组完成的情况进行点评，选出最佳方案。

任务实施

了解 Ubuntu 系统的基本操作	
记录	完成情况
1. 启动命令输入窗口	已完成□　未完成□
2. 查看系统版本	已完成□　未完成□
3. 创建文件夹	已完成□　未完成□
4. 创建二级文件夹	已完成□　未完成□
5. 创建三级文件夹	已完成□　未完成□
6. 编辑文件内容	已完成□　未完成□
7. 重命名文件及编辑文件内容	已完成□　未完成□
8. 修改文件所有者权限	已完成□　未完成□
9. 打包压缩文件	已完成□　未完成□

6S 现场管理			
序号	操作步骤	完成情况	备注
1	建立安全操作环境	已完成□　未完成□	
2	清理及整理工具量具	已完成□　未完成□	
3	清理及复原设备正常状况	已完成□　未完成□	
4	清理场地	已完成□　未完成□	
5	物品回收和环保	已完成□　未完成□	
6	完善和检查工单	已完成□　未完成□	

评价反馈

1. 各组代表展示汇报 PPT，介绍任务的完成过程。

2. 以小组为单位，请对各组的操作过程与操作结果进行自评和互评，并将结果填入综合评价表中的小组评价部分。

3. 教师对学生工作过程与工作结果进行评价，并将评价结果填入综合评价表中的教师评价部分。

综合评价表

姓名		学号		班级		组别	
实训任务							
评价项目		评价标准				分值	得分
小组评价	计划决策	制定工作方案的合理可行，小组成员分工明确				10	
	任务实施	熟悉 Ubuntu 系统的基本操作				50	
	任务达成	能按照工作方案操作，按计划完成工作任务				10	
	工作态度	认真严谨、积极主动、安全生产、文明施工				10	
	团队合作	与小组成员、同学之间能合作交流、协调工作				10	
	6S 管理	完成竣工检验、现场恢复				10	
	小计					100	
教师评价	实训纪律	不出现无故迟到、早退、旷课现象，不违反课堂纪律				10	
	方案实施	严格按照工作方案完成任务实施				20	
	团队协作	任务实施过程互相配合，协作度高				20	
	工作质量	能按照工作方案操作，按计划完成工作任务				20	
	工作规范	操作规范，三不落地，无意外事故发生				10	
	汇报展示	能准确表达、总结到位、改进措施可行				20	
	小计					100	
综合评分	小组评分 ×50%+ 教师评分 ×50%						
总结与反思							

（如：学习过程中遇到什么问题→如何解决的 / 解决不了的原因→心得体会）

能力模块三 掌握自动驾驶系统的安装与使用方法

任务一　认知 ROS

学习目标

- 了解什么是 ROS。
- 了解 ROS 发行了哪些版本。
- 了解 ROS 的特性。
- 能够说出 ROS 的基本构成。
- 能够说出 ROS 版本以及对应的 Ubuntu 系统版本。
- 获得多途径检索知识、分析解决问题以及多元化思考解决问题的方法，形成创新意识。
- 具有良好的团队协作精神和较强的组织沟通能力。
- 具备良好的职业道德，尊重他人劳动，不窃取他人成果。

知识索引

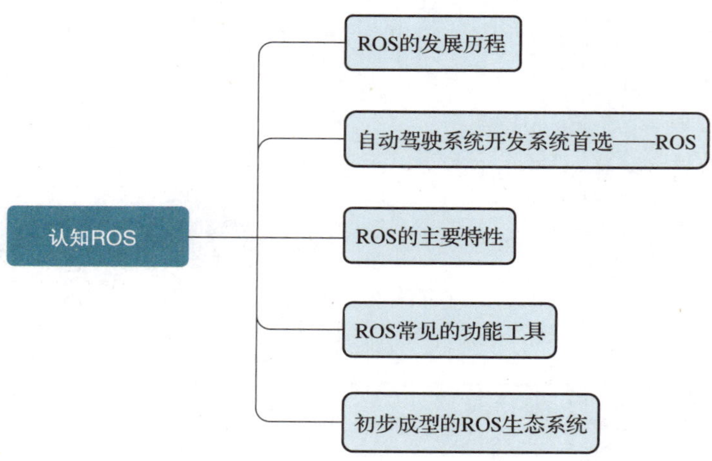

情境导入

大家熟悉的家用扫地机器人在作业过程中，通过 APP 制定的房间地图和指定的路径行走，完成清洁任务。想要实现这一系列的功能，离不开一个能够获取图形信息自主建图以及能够智能导航的系统。而这个系统恰好就像“心脏”，能够提供一个成熟有效的管理机制和丰富的资源，让所有模块都能够高效运作起来。

这个核心系统的研发也是机器人、无人驾驶等领域发展的关键。经过近二十年的技术发展，机器人操作系统（ROS）是目前最主流的技术框架，应用非常广泛。主管希望你向新同事讲解 ROS 的主要特性与常见的功能工具。

获取信息

查阅相关资料，简单总结一下 ROS 的发展历程。

____

____

____

ROS 的发展历程

硬件技术的飞速发展在促进机器人技术快速发展的同时，也对机器人系统的软件开发提出了巨大挑战。机器人平台与硬件设备越来越丰富，致使对于软件代码的复用性和模块化需求越发强烈，而已有的机器人系统又不能很好地适应需求。相比硬件，软件开发明显力不从心。为迎接机器人软件开发面临的巨大挑战，全球各地的开发者与研究机构纷纷投入机器人通用软件框架的研发工作当中。在近几年里，产生了多种优秀的机器人软件框架，为软件开发工作提供了极大的便利，其中最为优秀的软件框架之一就是机器人操作系统（Robot Operating System，ROS），其图标如图 3–1–1 所示。

图 3–1–1　ROS 的图标

ROS 是一个用于编写机器人软件的灵活框架，它集成了大量的工具、库、协议，提供了类似操作系统所提供的功能，包括硬件抽象描述、底层驱动程序管理、共用功能的执行、程序间的消息传递和程序发行包管理，可以极大简化机器人平台下的复杂任务创建与稳定行为控制。

ROS 基本发展历程如图 3–1–2 所示。

ROS 最早的原型起源于 2007 年斯坦福大学人工智能实验室与机器人技术公司 Willow Garage 合作的 STAIR 项目（图 3–1–3），当时的机器人发展与应用仅局限于简

单的工业流水线上的机器臂，而 STAIR 项目希望完成一个服务型机器人的原型，利用视觉辅助系统在复杂环境中运动和操控机械臂。

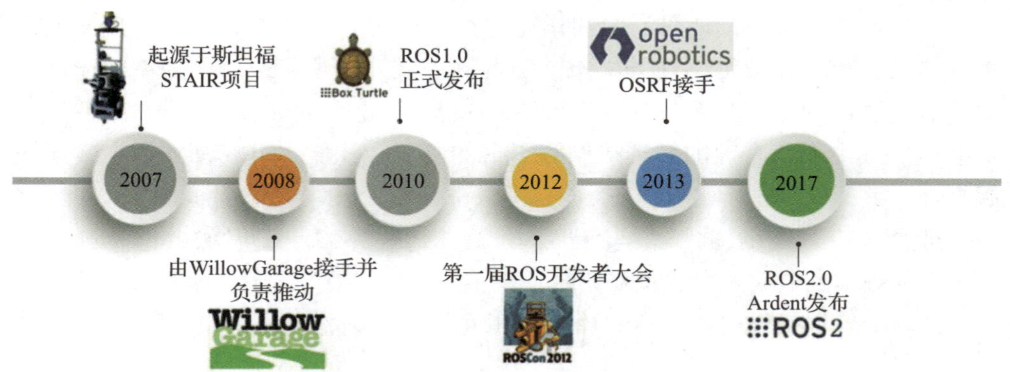

图 3-1-2　ROS 基本发展历程

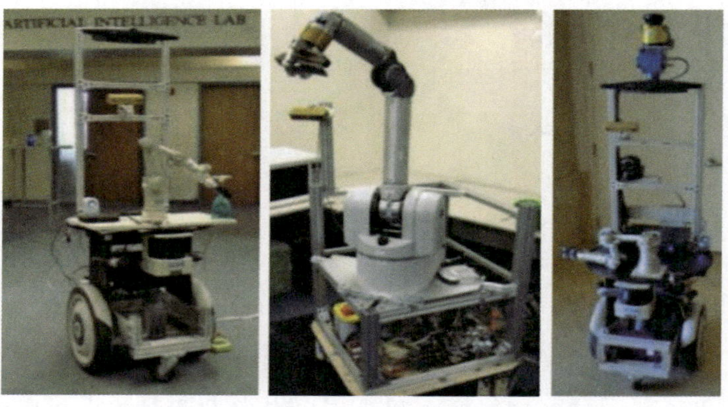

图 3-1-3　斯坦福大学人工智能实验室 STAIR 机器人的不同版本

随后，该项目创造出来的机器人由 Willow Garage 公司负责进行进一步的优化与维护。更新研发的个人机器人 2 代（Personal Robot，PR2）在 ROS 框架的基础上可以完成打台球、插插座、叠衣服、做早饭等之前不可思议的功能（图 3-1-4），由此引起了越来越多的关注。最有趣的是，Willow Garage 公司于 2010 年 5 月 26 日为新研发出来的 PR2 机器人举办了一场盛大的毕业典礼，这是人类历史上第一个机器人毕业典礼（图 3-1-5）。

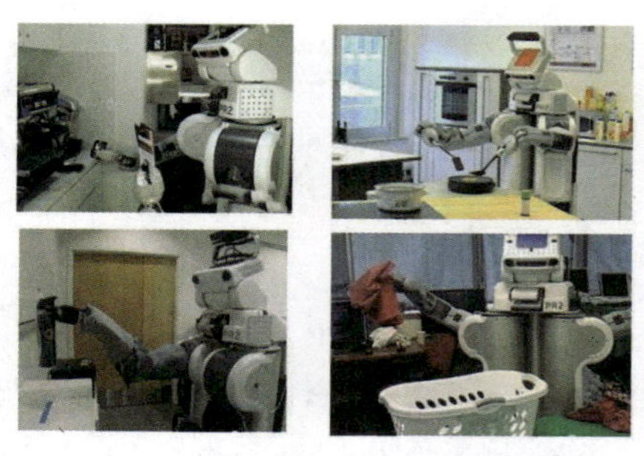

图 3-1-4　PR2 机器人完成丰富的应用功能

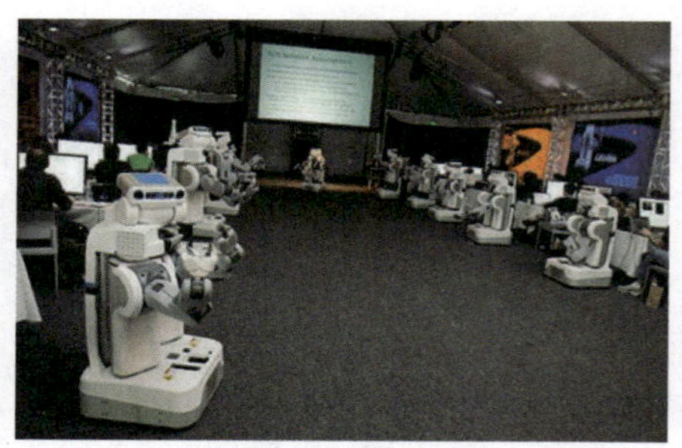

图 3-1-5　机器人毕业典礼

2010 年，Willow Garage 正式以开放源码的形式发布了 ROS 框架，并很快在机器人研究领域掀起了 ROS 开发与应用的热潮。在各大机器人平台上相继应用 ROS 框架。2012 年，Willow Garage 牵头成立了一家新机构——开源机器人基金会（Open Source Robotics Foundation，OSRF）。这是一家非营利性的机构，成立的初衷是希望通过接受企业赞助的方式，让 OSRF 独立推动 ROS 的发展。

2012 年 5 月，OSRF 组织了第一届 ROS 开发者大会（ROSCon）。那一年的 ROS 开发者大会在美国明尼苏达州的圣保罗市举办，OSRF 希望借助在同一地点举办的 IEEE 机器人与自动化国际会议（ICRA）扩大影响力。被内部称为 ROS 之父的摩根·奎格利做了大会的主题报告《ROS 的昨天，今天，明天》，特别回顾了 ROS 的发展历程，如图 3-1-6 所示。从 2012 年第一届开始，ROSCon 几乎每年都会举办一次，一般都在 5 月或 10 月举办。

2013 年 OSRF 正式托管 ROS，ROS 先后发布了 Groovy、Hydro、Indigo、Jade、Kinetic Kame、Logger head、Melodic Morenia 等版本。2017 年 12 月 8 日，万众瞩目的 ROS 2.0 终于发布了第一个正式版——Ardent Apalone，其宣传海报如图 3-1-7 所示。考虑到配套功能包的完备性，本教材仍将采用 ROS1.0 版本完成相关实训任务。

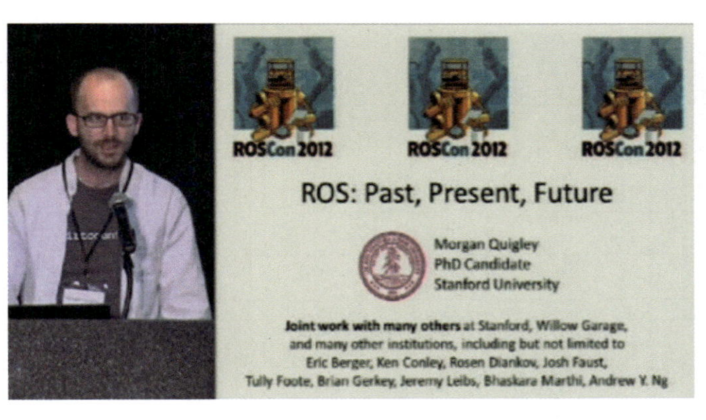

图 3-1-6　2012 年摩根·奎格利的主题报告《ROS 的昨天，今天，明天》

图 3-1-7　Ardent Apalone 的宣传海报

引导问题 2

查阅相关资料，简单描述一下 ROS 的主要设计目的和主要思路。

____

____

____

自动驾驶系统开发系统首选——ROS

现代智能网联汽车的自主驾驶系统整合了路径规划、避障、导航、交通信号监测等多个软件模块和计算、控制、传感器等多个硬件模块，如何有效调配软硬件资源是一个挑战。简单的嵌入式系统并不能满足无人驾驶系统的上述需求，因此需要一个成熟、稳定、高性能的操作系统去管理各个模块。

ROS 是 Robot（机器人）+Operating（操作）+System（系统）的缩写，它可以较好地解决上述问题。目前流行的 ROS 版本有 ROS Kinetic、ROS Melodic 等。

严格意义上来讲，ROS 是一款用于机器人或自动驾驶的应用软件开发平台，并不是一个真正的操作系统（因为它需要基于 Ubuntu 操作系统安装使用）。要保证一个复杂的系统稳定、高效地运行，每个模块都能发挥出最大的潜能，ROS 提供了一个成熟有效的管理机制，使得系统中的每个软、硬件模块都能有效地进行互动。ROS 提供了大量的程序库和工具，使得开发人员能够更好地在机器人或人工智能领域中进行学习与研究。另外，ROS 本身已经具有丰富的功能，例如软硬件驱动、可视化工具、消息传递等。

ROS 的主要设计目的是尽可能避免“重复造车轮”现象的出现。它的主要思路是将已有的成熟工具和标准操作系统模块集成到 ROS 里，同时共享大量可复用的程序及源代码，方便开发者和学习者能够直接使用，也便于更多相关领域的人才参与到机器人和人工智能的学习和研究中。

目前，ROS 的应用领域除了自动驾驶和智能网联汽车外，还包括物流仓储、工业生产和交通管理等。

引导问题 3

查阅相关资料，请简述 ROS 的主要特性有哪些。

____

____

____

ROS 的主要特性

ROS 的主要目标是为机器人研究和开发提供代码复用的支持。ROS 是一个分布式框架，以节点（node）为进程，这些进程被封装在易于被分享和发布的功能包和程序包中。ROS 的主要特性可以归纳为以下几点。

1. 点对点设计

在 ROS 中，每一个进程都以一个节点的形式运行，可以分布于多个不同的主机。节点间的通信消息通过一个带有发布和订阅功能的 RPC 传输系统，从发布节点传送到接收节点。这种点对点的设计可以分散由定位、导航等功能带来的实时计算压力，适应多机器人的协同工作。ROS 在处理进程之间的通信时，采用了耦合度相对较低的点对点设计。

2. 分布式设计

ROS 是一个分布式设计的框架，不仅可以实现 ROS 工程之间的集成和发布，还能够移植到其他软件平台上使用。ROS 框架具有的模块化特点，使得每个功能节点可以进行单独编译，并且使用统一的消息接口让模块的移植、复用更加便捷。同时，ROS

开源社区中移植或集成了大量已有开源项目库、Point Cloud Library 库等，开发者可以使用社区中丰富的资源实现机器人应用程序的快速开发。

3. 支持多语言

为了支持更多应用的移植和开发，ROS 被设计成为一种语言弱相关的框架结构。ROS 使用简洁、中立的定义语言描述模块之间的消息接口，在编译过程中再产生所使用语言的目标文件，为消息交互提供支持，同时也允许消息接口的嵌套使用。目前，它已经支持 Python、 C++、Java、Octave 和 LISP 等多种不同的计算机语言，也可以同时使用这些语言完成不同模块的编程。

4. 丰富的功能软件包

目前，ROS 已经可以支持使用的第三方软件包数量达到数千个，可以大大提高开发与测试的工作效率。例如开发者可以根据 ROS 定义的接口在其中显示机器人 3D 模型、周围环境图、机器人导航路线等可视化信息。此外，ROS 中还有消息查看工具、物理仿真环境等组件，提高了机器人开发的效率。

5. 免费且开源性

ROS 遵守的 BSD 许可（一种开源许可）给使用者较大的自由，允许其修改和重新发布其中的应用代码，甚至可以进行商业化的开发与销售。ROS 开源社区中的应用代码以维护者来分类，主要包含由 Willow Garage 公司和一些开发者设计、维护的核心库部分，以及由不同国家的 ROS 社区组织开发和维护的全球范围的开源代码。

引导问题 4

查阅相关资料，请简述 ROS 常见的功能工具有哪些，以及它们的主要作用。

____

____

____

ROS 常见的功能工具

ROS 开发时经常使用的工具包括 Gazebo、RViz、rqt、rosbag、rosbridge、moveit。其中 Gazebo 是一款免费的机器人仿真软件，其使用界面如图 3-1-8 所示。它提供高保真度的物理模拟、一整套传感器模型，以及对用户和程序非常友好的交互方式。它能够在复杂的室内和室外环境中准确高效地模拟机器人工作的功能，通常与 ROS 联合使用，为开发者提供了优异的仿真环境。Gazebo 支持 urdf/sdf 格式文件，后文会提及两者的区别，它们均用于描述仿真环境，官方也提供了一些集成好的常用模型、模块，可以直接导入使用。

RViz 是 ROS 中一款三维可视化平台，其操作界面如图 3-1-9 所示，它一方面能够实现对外部信息的图形化显示，另一方面还可以通过 RViz 给对象发布控制信息，从而实现对机器人的监测与控制。中间部分为 3D 视图显示区，能够显示外部信息；上部为工具栏，包括视角控制、目标设置、地点发布等，还可以添加自定义的一些插件；左

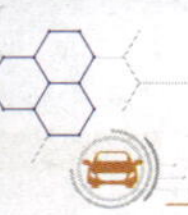

侧为显示项目，显示当前选择的插件，并且能够对插件的属性进行设置；下侧为时间显示区域，包括系统时间和 ROS 时间等；右侧为观测视角设置区域，可以设置不同的观测视角。

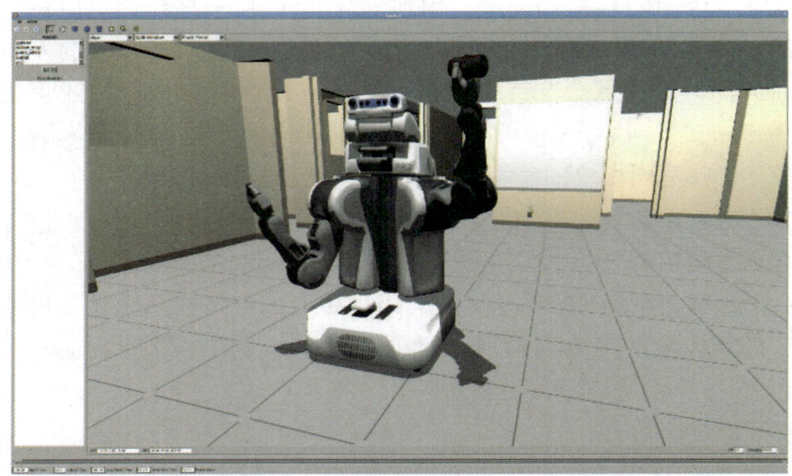

图 3-1-8　Gazebo 使用界面

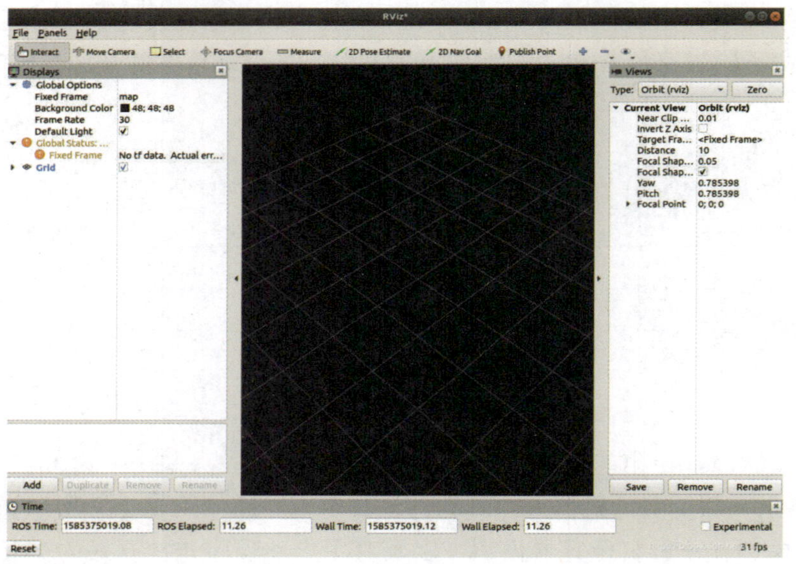

图 3-1-9　RViz 操作界面

rqt 是非常好用的数据流可视化工具，其显示界面如图 3-1-10 所示。使用 rqt 可以更直观地看到消息的通信架构和流通路径，rqt 是一个图形化用户接口框架，它允许以插件的形式来实现各种图形工具和接口。在 rqt 中你能以可停靠窗口的形式来运行所有存在的 GUI 工具。

rosbag 主要用于记录、回放、分析 rostopic 中的数据，其数据结构如图 3-1-11 所示。它可以将指定 rostopic 中的数据记录到以 .bag 为后缀的数据包中，便于对其中的数据进行离线分析和处理。

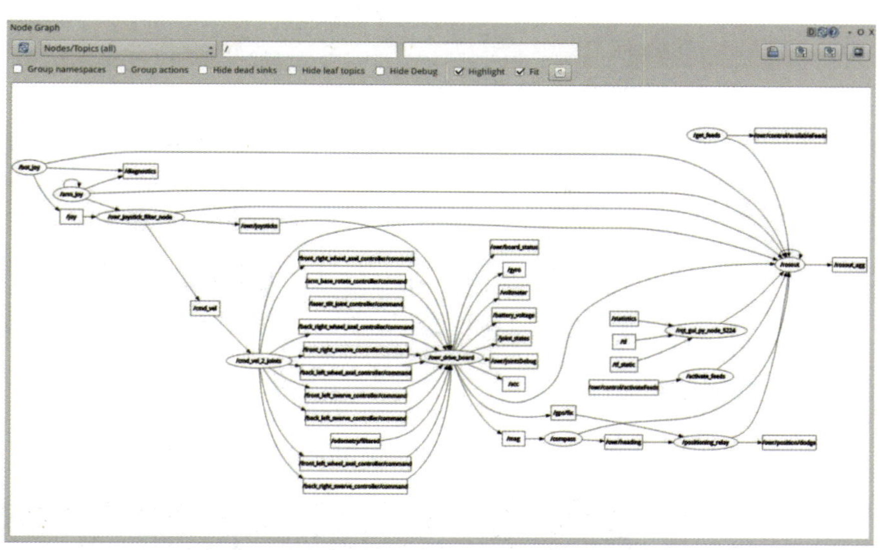

图 3-1-10　rqt 显示界面

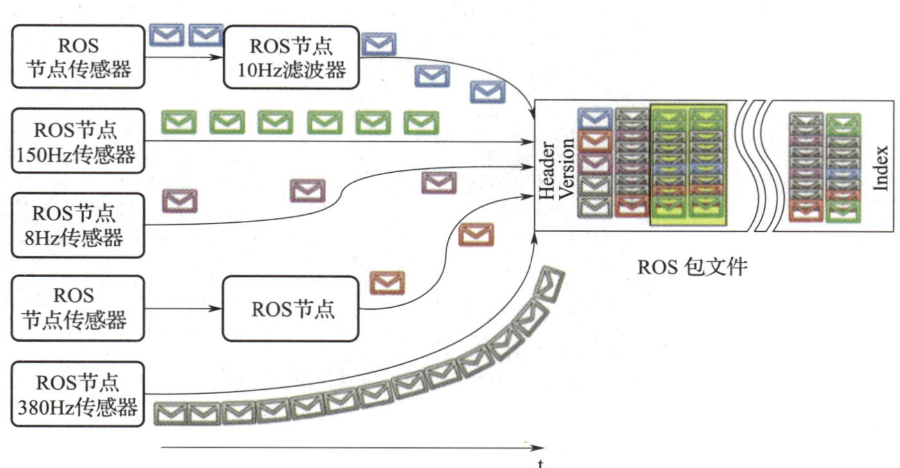

图 3-1-11　rosbag 数据结构

rosbridge 是一个用在 ROS 和其他系统之间的一个功能包，就像它的名字一样，它起到了一个“桥梁”的作用，使得 ROS 和其他系统能够进行交互。如图 3-1-12 所示，ROS 节点 1 是智慧猫决策单元 jetson nano，ROS 节点 2 是底盘控制单元 Arduino 2560 控制板，它们之间的通信就是通过 rosbridge 来完成的。rosbridge 为非 ROS 程序提供了一个 JSON API 接口。有许多与 rosbridge 进行交互的前端，包括一个用于 Web 浏览器交互的 WebSocket 服务器。Rosbridge_suite 是一个包含 rosbridge 的元程序包，用于 rosbridge 的各种前端程序包（如 WebSocket 程序包）和帮助程序包。比如在自动驾驶领域，rosbridge 功能包用于自动驾驶主控单元与底盘之间的通信。

moveit 是由 ROS 中一系列移动操作的功能包组成的，其显示界面如图 3-1-13 所示。这个功能包特别适合多关节机械臂的运动控制，它提供了一系列成熟的插件和工具，可以实现机械臂控制的快速配置。

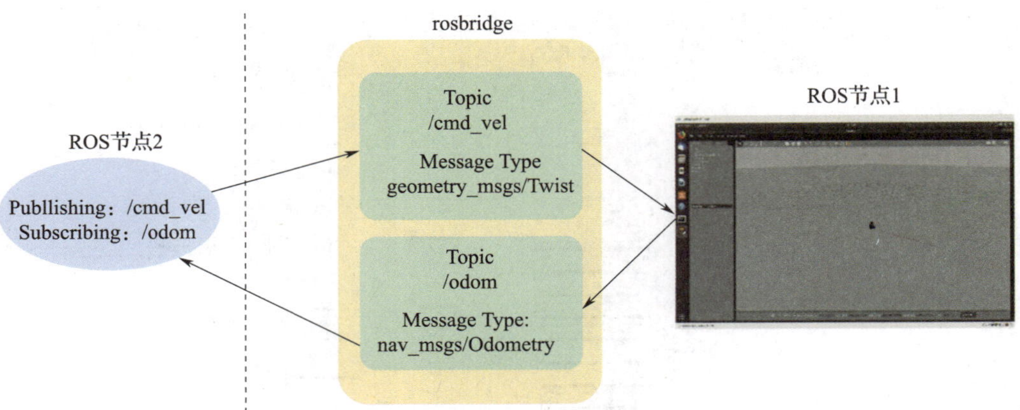

图 3-1-12　rosbridge 功能示意

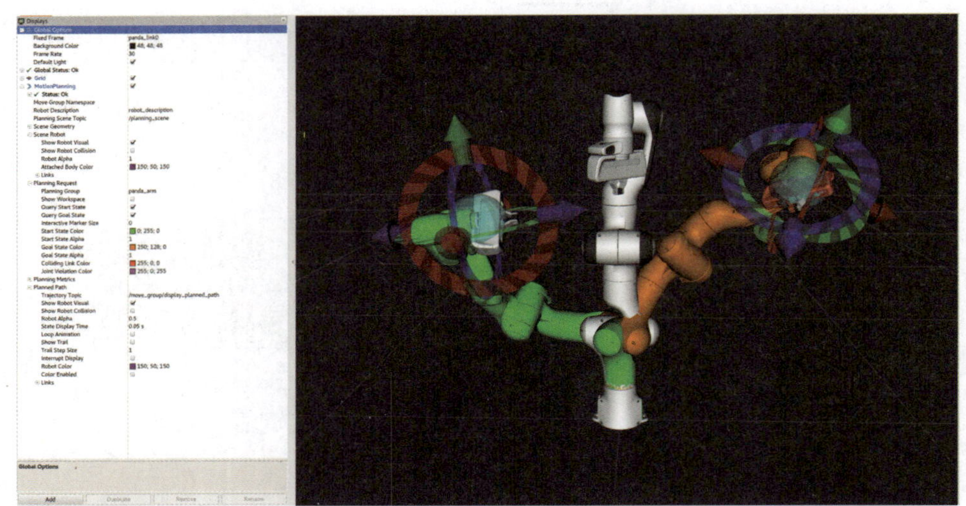

图 3-1-13　moveit 显示界面

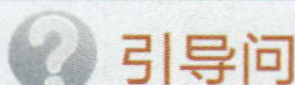

引导问题 5

查阅相关资料，请简述 ROS 常见的功能工具有哪些，以及它们的主要作用。

____

____

____

初步成型的 ROS 生态系统

个人计算机领域有各种各样的硬件制造商，微软 Windows 或开源 Linux 这样的操作系统将它们有机地结合起来，这个过程就和自然界生态系统的发展类似。机器人领域（自动驾驶汽车也可以被认为是一种轮式移动机器人）也正经历着同样的过程。起初，各种硬件技术丰富，却没有能整合它们的操作系统。目前该领域最受瞩目的 ROS 已经开始为这些机器人部件初步构建了庞大的生态系统，如图 3-1-14 所示。

图 3-1-14　ROS 机器人生态系统

ROS 起步虽然微不足道，但正是由于其免费且开源的特性，ROS 软件包的数量近年来呈指数级增长，开发者可以在社区中下载、复用琳琅满目的自动驾驶功能模块，这大大加速了 ROS 在自动驾驶领域的应用推广。在 ROS 生态系统中，利用这些丰富且集中的资源，开发者和学习者可以实现机器人硬件设计、辅助开发自研机器人、仿真环境下的算法验算、机器人系统的技能学习等工作。无论是提高个人技能，还是进行商业开发，ROS 生态系统提供的平台和资源都能够让使用者站在巨人的肩膀上，从而促进机器人领域的发展。

任务分组

学生任务分配表

班级		组号		指导老师	
组长		学号			
组员	姓名：________　学号：________		姓名：________　学号：________		
	姓名：________　学号：________		姓名：________　学号：________		
	姓名：________　学号：________		姓名：________　学号：________		
	姓名：________　学号：________		姓名：________　学号：________		
任务分工					

工作计划

按照前面所了解的知识内容和小组内部讨论的结果，制定工作方案，落实各项工作负责人，如任务实施前的准备工作、实施中主要操作及协助支持工作、实施过程中相关要点及数据的记录工作等。

工作计划表

步骤	作业内容	负责人
1		
2		
3		
4		
5		
6		
7		
8		

进行决策

1. 各组派代表阐述资料查询结果。
2. 各组就各自的查询结果进行交流，并分享技巧。
3. 教师结合各组完成的情况进行点评，选出最佳方案。

任务实施

<table>
<tr><th colspan="2">认识 ROS</th></tr>
<tr><th>步骤</th><th>过程记录</th></tr>
<tr><td>1</td><td>本任务中 ROS 的英文全称是“____________________”</td></tr>
<tr><td>2</td><td>ROS 对应的 Ubuntu 版本
<table>
<tr><th>ROS 版本</th><th>Ubuntu 版本</th><th>使用时间</th></tr>
<tr><td>*Indigo</td><td></td><td></td></tr>
<tr><td>Jade</td><td></td><td></td></tr>
<tr><td>*Kinetic</td><td></td><td></td></tr>
<tr><td>Lunar</td><td></td><td></td></tr>
<tr><td>*Melodic</td><td></td><td></td></tr>
<tr><td>ROS Noetic</td><td></td><td></td></tr>
</table></td></tr>
<tr><td>3</td><td>ROS 的特性包括________、________、________、________、________</td></tr>
<tr><td>4</td><td>ROS 的应用领域除了自动驾驶和智能网联汽车领域外，还包括______、______、和______等</td></tr>
<tr><td>5</td><td>ROS 开发时经常使用的工具包括：________、________、________、________、________、________</td></tr>
</table>

（续）

步骤	过程记录
6	Gazebo 支持________、________格式的文件
7	RViz 是 ROS 中一款三维可视化平台，中间部分为________；上部为________；左侧________；下侧为________；右侧为________
8	rqt 是一个________接口框架，它允许以________的形式来实现各种图形工具和接口
9	rosbag 主要用于________、________、________rostopic 中的数据
10	rosbridge 是一个用在 ROS 和其他系统之间的一个功能包，就像是它的名字一样，起到一个________的作用，使得 ROS 和其他系统能够进行交互
11	moveit 由 ROS 中________的功能包组成，功能包特别适合多关节机械臂的运动控制

6S 现场管理			
序号	操作步骤	完成情况	备注
1	建立安全操作环境	已完成□　未完成□	
2	清理及整理工具量具	已完成□　未完成□	
3	清理及复原设备正常状况	已完成□　未完成□	
4	清理场地	已完成□　未完成□	
5	物品回收和环保	已完成□　未完成□	
6	完善和检查工单	已完成□　未完成□	

评价反馈

1. 各组代表展示汇报 PPT，介绍任务的完成过程。

2. 以小组为单位，请对各组的操作过程与操作结果进行自评和互评，并将结果填入综合评价表中的小组评价部分。

3. 教师对学生工作过程与工作结果进行评价，并将评价结果填入综合评价表中的教师评价部分。

综合评价表

姓名		学号		班级		组别	
实训任务							
评价项目		评价标准				分值	得分
小组评价	计划决策	制定工作方案的合理可行，小组成员分工明确				10	
	任务实施	从互联网上搜索并了解常用 ROS 发行版本以及对应的 Ubuntu 版本				10	
		整理 ROS 主要特性				20	
		通过网络搜索了解 ROS 的应用领域，整理记录结果				20	
	任务达成	能按照工作方案操作，按计划完成工作任务				10	
	工作态度	认真严谨、积极主动、安全生产、文明施工				10	
	团队合作	与小组成员、同学之间能合作交流、协调工作				10	
	6S 管理	完成竣工检验、现场恢复				10	
	小计					100	

（续）

评价项目		评价标准	分值	得分
教师评价	实训纪律	不出现无故迟到、早退、旷课现象，不违反课堂纪律	10	
	方案实施	严格按照工作方案完成任务实施	20	
	团队协作	任务实施过程互相配合，协作度高	20	
	工作质量	能按照工作方案操作，按计划完成工作任务	20	
	工作规范	操作规范，三不落地，无意外事故发生	10	
	汇报展示	能准确表达、总结到位、改进措施可行	20	
	小计		100	
综合评分	小组评分 ×50%+ 教师评分 ×50%			
总结与反思				

（如：学习过程中遇到什么问题→如何解决的 / 解决不了的原因→心得体会）

任务二　安装 ROS

学习目标

- 了解哪些平台上能够安装 ROS。
- 熟悉 ROS 的安装方法。
- 熟悉 ROS 安装过程中常见问题的解决方法。
- 能够根据不同的 Ubuntu 系统选择对应版本的 ROS。
- 能够在常见的硬件平台上安装正确的 ROS 版本。
- 能够解决安装过程中常见的问题。
- 获得多途径检索知识、分析解决问题以及多元化思考解决问题的方法，形成创新意识。
- 具有良好的团队协作精神和较强的组织沟通能力。
- 具备良好的职业道德，尊重他人劳动，不窃取他人成果。

知识索引

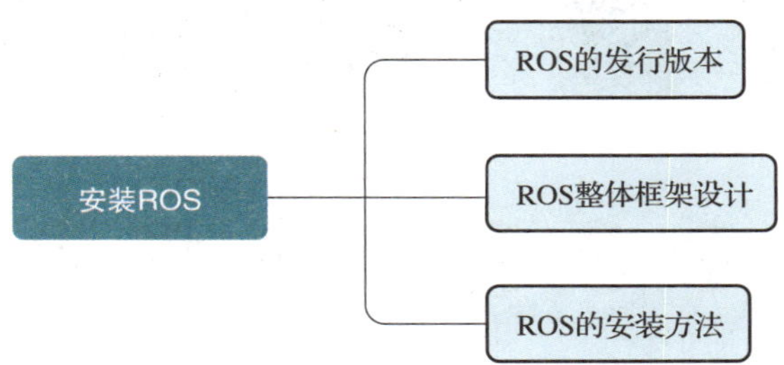

情境导入

目前，ROS 的安装是基于 Linux 系统，在实现 ROS 的安装之前，需要确认已经正确安装好 Ubuntu 18.04 系统。主管要求你协助新人完成 ROS 的安装与配置。你能完成这个任务吗？

获取信息

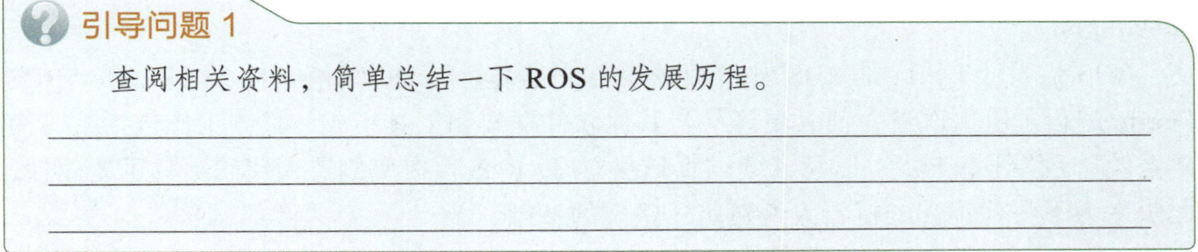

引导问题 1
查阅相关资料，简单总结一下 ROS 的发展历程。

ROS 的发行版本

到目前为止 ROS 发布了 ROS 1.0、Box Turtle、C Turtle、Diamondback、Electric Emys、Groovy Galapagos、Indigo Igloo、Jade Turtle、Kinetic Kame、Lunar Loggerhead、Melodic Morenia 和 Noetic 等版本。目前，使用比较广泛的 ROS 版本是 Kinetic Kame 和 Melodic。图 3-2-1 是历代 ROS 版本的图标。

Willow Garage 于 2007 年 1 月启动，并于 2007 年 11 月 7 日向 Source Forge 提交了第一份 ROS 代码。Willow Garage 公司和斯坦福大学人工智能实验室合作以后，在 2009 年初推出了 ROS 0.4，这是一个测试版的 ROS，之后的版本才正式开启了 ROS 的发展成熟之路。在 2010 年 1 月 22 日，ROS 1.0 正式亮相。

著名的 ROS Box Turtle 版是 2010 年 3 月 1 日首次发布的，ROS 中的许多堆栈在此版本中都有其最初的 1.0 版本。C Turtle 于 2010 年 8 月 2 日发布，是 ROS 发行版的第二个版本。它主要是对 ROS Box Turtle 中已经发布的库进行增量更新。此后，和 Ubuntu、Android 系统一样，每个版本都以 C、D 等按字母顺序起名。

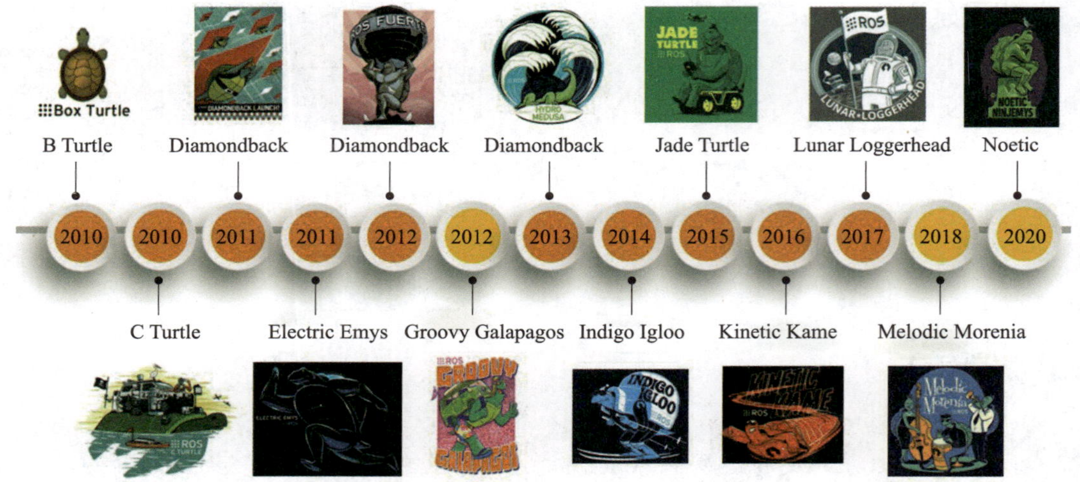

图 3-2-1　历代 ROS 版本图标

Diamondback 是 ROS 发行版的第三个版本，于 2011 年 3 月 2 日发布。它包含 40 多个新堆栈，包括对 Kinect 的支持、来自不断发展的 ROS 社区的贡献堆栈，以及点云库的稳定版本。Diamondback 的设计比 ROS C Turtle 更小、更轻，且更易于配置。

Electric Emys 于 2011 年 8 月 30 日发布，将 ROS 支持扩展到许多新平台，如 Android 和 Arduino。

ROS Fuerte Turtle 是 ROS 发行版的第五个版本，于 2012 年 4 月 23 日发布。ROS Fuerte 进行了重大改进，使其更容易与其他软件框架和工具集成。具体工作包括重写构建系统、迁移到 Qt 框架，以及继续过渡到独立库。ROS 旨在使机器人代码更具可复用性，此版本为下一代优秀的机器人库奠定了坚实的基础。

ROS Groovy Galapagos 是 ROS 发行版的第六个版本，于 2012 年 12 月 31 日发布。在此版本中，专注于 ROS 的核心基础架构，使其更易于使用、更模块化、更具可扩展性，可在更多操作系统 / 硬件架构 / 机器人上工作，最重要的是进一步让 ROS 社区参与进来。

ROS Hydro Medusa 是 ROS 发行版的第七个版本，于 2013 年 9 月 4 日发布。在此版本中，专注于将 ROS 中的许多软件包转换为新的 Catkin 构建系统，同时修复和改进核心 ROS 组件。此外， RViz 和 rqt 等工具也有许多改进。

ROS Kinetic Kame 是第十个 ROS 发行版，它于 2016 年 5 月 23 日发布。其主要基于 Ubuntu 16.04 (Xenial) 版本进行更新，支持 Qt5，同时支持的 Gazebo 官方版本为 7.x 系列。

ROS Melodic Morenia 是第十二个 ROS 发行版。它于 2018 年 5 月 23 日发布，主要针对 Ubuntu 18.04 (Bionic) 版本，Melodic 是第一个使用 C++14 而不是 C++11 的 ROS 版本。

时至今日，ROS 已经相继更新推出了多种版本，供不同版本的 Ubuntu 开发者使用。为了提供最稳定的开发环境，ROS 的每个版本都有一个推荐运行的 Ubuntu 版本，见表 3-2-1。

表 3-2-1　ROS 对应的 Ubuntu 版本

ROS 版本	Ubuntu 版本
Indigo*	Ubuntu 14.04
Jade	Ubuntu 15.04
Kinetic*	Ubuntu 16.04
Lunar	Ubuntu 17.04
Melodic*	Ubuntu 18.04
ROS Noetic	Ubuntu 20.04

注：* 表示常用版本。本教材使用的平台是 Ubuntu 18.04，ROS 版本是 Melodic。更多信息请参考 ROS 官方网站。

引导问题 2

查阅相关资料，简单描述一下 ROS 从架构层次和系统实现两个不同的角度，分别可以划分为哪些层次？

____

____

____

ROS 整体框架设计

ROS 是一个非常优秀的分布式框架，在开始使用前需要对架构以及系统有一定的了解。从架构层次的角度来说，ROS 架构分为三个层次：基于 Linux 的 OS 层、实现通信机制的中间层、运行管理（Master）与各类节点（Node）的应用层。从系统实现的角度进行分析，ROS 架构划分为三个层次：计算图、文件系统和开源社区，其中包含了许多 ROS 中的重要概念，如节点、消息、主题、服务、功能包、软件包等，具体介绍将在下文与任务三、任务四中展开。

一、从 ROS 架构层次的角度进行分析

ROS 架构可以将其分为三个层次：OS 层、中间层和应用层，如图 3-2-2 所示。

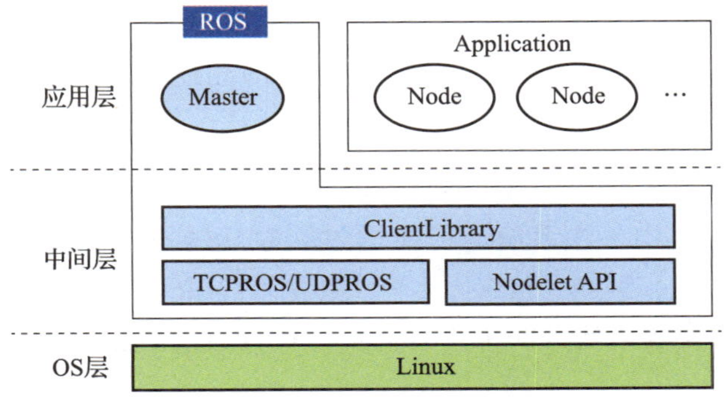

图 3-2-2　ROS 架构图

1. OS 层

ROS 并不是一个传统意义上的操作系统，无法像 Windows、Linux 一样直接运行在计算机硬件之上，而是需要依托于 Linux 系统。所以在 OS 层，我们可以直接使用 ROS 官方支持度最好的 Ubuntu 操作系统，也可以使用 macOS、Arch、Debian 等操作系统。

2. 中间层

Linux 是一个通用系统，并没有针对机器人开发提供特殊的中间件，所以 ROS 在中间层做了大量工作，其中最为重要的就是具备了基于 TCPROS/UDPROS 的通信系统。ROS 的通信系统基于 TCP/UDP 网络，在此之上进行了再次封装，也就是 TCPROS/UDPROS。通信系统使用发布 / 订阅、客户端 / 服务器等模型，实现多种通信机制的数据传输。除了 TCPROS/UDPROS 的通信机制外，ROS 还提供一种进程内的通信方法——Nodelet，可以为多进程通信提供一种更优化的数据传输方式，适合对数据传输实时性方面有较高要求的应用。在通信机制之上，ROS 提供了大量机器人开发相关的库（如数据类型定义、坐标变换、运动控制等）可以提供给应用层使用。

3. 应用层

在应用层，ROS 需要运行一个管理者——Master，负责管理整个系统的正常运行。ROS 社区内共享了大量的机器人应用功能包，这些功能包内的模块以节点为单位运行，以 ROS 标准的输入 / 输出作为接口，开发者不需要关注模块的内部实现机制，只需要了解接口规则即可实现复用，极大地提高了开发效率。

二、从 ROS 实现的角度进行分析

从系统实现角度将 ROS 划分成三个层次：计算图、文件系统和开源社区，结构如图 3-2-3 所示。

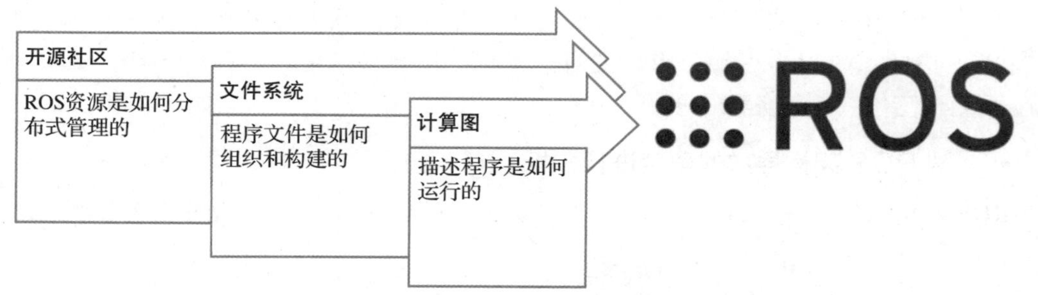

图 3-2-3　从系统实现角度将 ROS 划分为三个层次

1. 计算图

从计算图的角度来看，ROS 软件的功能模块以节点为单位独立运行，可以分布于多个相同或不同的主机中，在系统运行时通过端对端的拓扑结构进行连接，主要包括的内容为节点（Node）、消息（Message）、主题（Topic）、服务（Service），详细的内容介绍可在本能力模块的任务四中查看。典型的控制节点模式如图 3-2-4 所示。

2. 文件系统

文件系统类似于操作系统，ROS 将所有文件按照一定的规则进行组织，不同功能的文件被放置在不同的文件夹中，文件系统由各个不同功能的元功能包组成，每个元

功能包都有对应的元功能清单，整体结构如图 3-2-5 所示。具体可以查阅本能力模块的任务三中的相关内容。

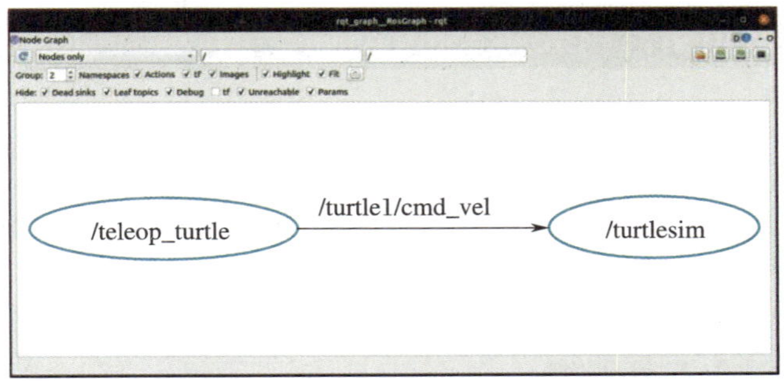

图 3-2-4 典型的控制节点模式：键盘控制小海龟爬行的计算

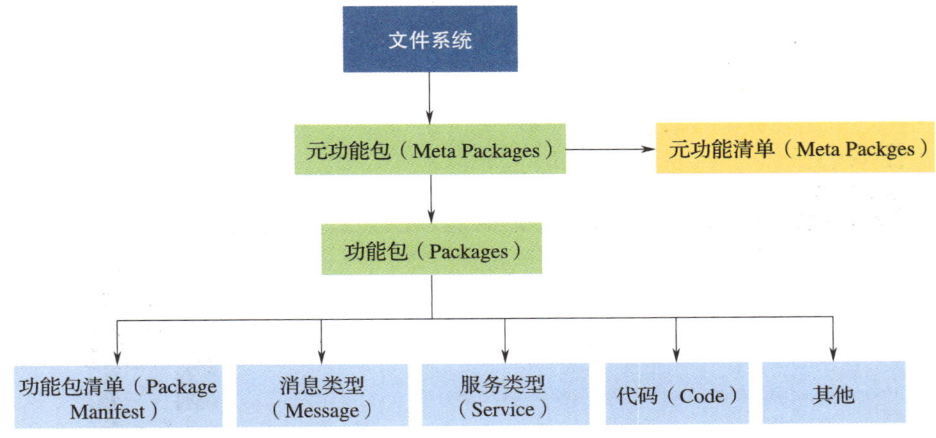

图 3-2-5 文件系统框架

3. 开源社区

ROS 开源社区中的资源非常丰富，而且可以通过网络共享以下软件和知识。

1）发行版（Distribution）：类似于 Linux 发行版，ROS 发行版包括一系列带有版本号、可以直接安装的功能包，这使得 ROS 的软件管理和安装更加容易，而且可以通过软件集合来维持统一的版本号。

2）软件源（Repository）：ROS 依赖于共享网络上的开源代码，不同的组织机构可以开发或者共享自己的机器人软件，这些软件源是 ROS 生态的重要组成部分。这些软件就包括后续学习中遇到的各种功能包，比如 ls01b_v2、ros_rslidar 等。

3）ROS wiki：ROS wiki 是用来记录 ROS 信息文档的主要论坛。所有人都可以注册、登录该论坛，并且上传自己的开发文档、进行更新、编写教程。用户可以通过网址 http://wiki.ros.org/cn/ 访问其中文网站（图 3-2-6）获取相关内容。

4）邮件列表（Mailing List）：ROS 邮件列表是交流 ROS 更新的主要渠道，同时也可以交流 ROS 开发的各种疑问。

5）ROS Answers：ROS Answers 是一个咨询 ROS 相关问题的网站（图 3-2-7），用户可以在该网站提交自己的问题，并得到其他开发者的回答。读者可以通过访问网址 https://answers.ros.org/questions/ 进入该网站来提交问题或查找相关内容。

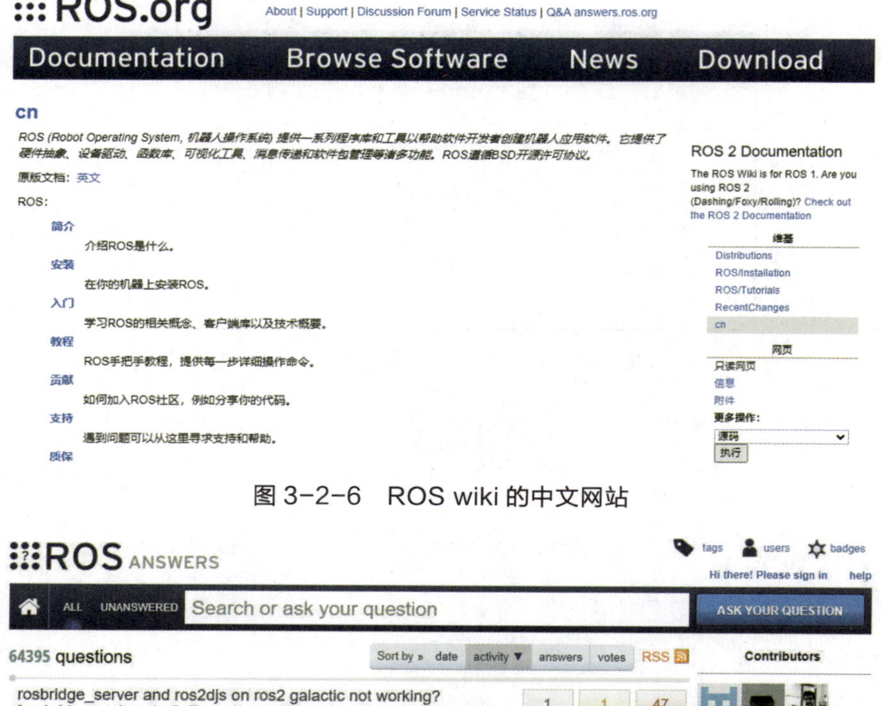

图 3-2-6　ROS wiki 的中文网站

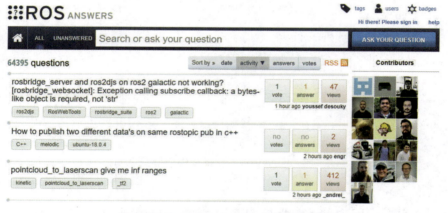

图 3-2-7　ROS Answers 网站页面

6）ROS Discourse：ROS Discourse 用于发布 ROS 或与之相关的新闻、图片、视频，如图 3-2-8 所示。可以登录网址 https://discourse.ros.org 查阅相关内容。

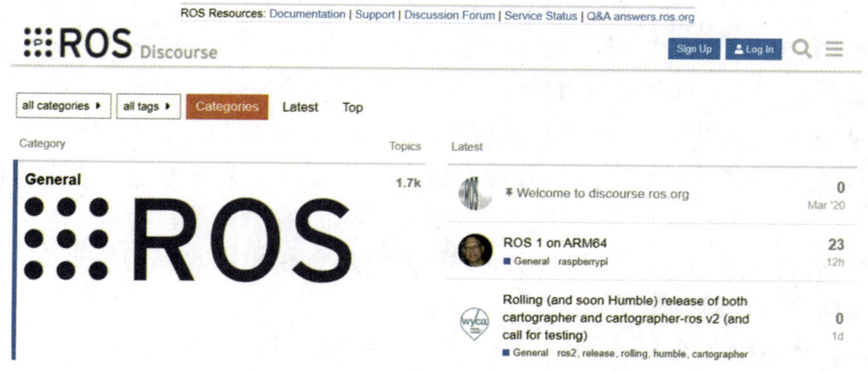

图 3-2-8　ROS Discourse 网站页面

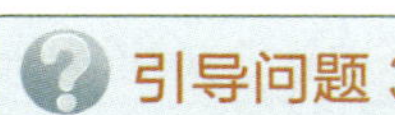

引导问题 3

查阅相关资料，简单总结一下 ROS 的安装流程。

____

____

____

ROS 的安装方法

ROS 的安装有两种方式，分别是软件源安装和源码编译安装。

一、软件源安装

软件源安装是通过源码包安装，可以自行调整编译参数，最大化地定制安装结果，能较好地防止新手在安装过程中，因为一些参数设置错误而导致的安装错误。而且它也相对比较安全，能在一定程度上防止恶意篡改。此外，它的卸载和迁徙过程也极为方便和简单，如果不涉及系统库文件，可以直接复制到另一台机器上使用。

二、源码编译安装

源码编译安装是指将使用特定的格式和语法所书写的文本代码编译成二进制语言后，在计算机上完成安装。它的优点是源码包是开源的，可以进行修改发布。安装时，可以选择启用或禁用功能，更加灵活。源码包是编译安装的，更加符合机器的特性，稳定性好。源码编译安装的缺点是安装的步骤多，需要手动解决软件之间的依赖性，比较烦琐且编译安装时间长。编译过程中如有报错初学者很难解决。

在本任务中，采用的安装方式是软件源安装，通过配置系统软件源和添加 ROS 软件源完成 ROS 的安装。由表 3-2-1 可知，不同的 ROS 版本对应不同的 Ubuntu 版本，只有配套对应的版本，才能正确完成安装。本教材使用的开发平台是 Ubuntu 18.04，ROS 版本是 Melodic。ROS 整体的安装流程见表 3-2-2。

表 3-2-2　ROS 整体的安装流程

序号	步骤	内容
1	配置系统软件源	Ubuntu 初始环境配置
2	配置 ROS 软件源	添加 ROS 官方软件源
		添加 ROS 国内软件源
		系统更新
3	安装 ROS	更新软件源
		桌面完整版安装（Desktop-full）
4	配置 ROS	初始化 rosdep
		ROS 环境配置
		安装 rosinstall
		查看环境变量

（续）

序号	步骤	内容
5	测试 ROS	启动 ROS
		小海龟运动简单测试
6	安装 ROS 软件包	二进制包与源代码包的安装

关于 ROS 的安装，官网提供了四种默认的安装方式，包括桌面完整版安装、桌面版安装、基础版安装和独立软件包安装。不同的安装方法的操作如下：

1）桌面完整版安装（Desktop-full）：sudo apt-get install ros-melodic-desktop-full。

2）桌面版安装：sudo apt-get install ros-melodic-desktop。

3）基础版安装：sudo apt-get install ros-melodic-ros-base。

4）独立软件包安装：sudo apt-get install ros-melodic-PACKAGE。

本书推荐桌面完整版安装的方式，因为它包含了 ROS、rqt、RViz、通用机器人函数库、2D/3D 仿真器、导航以及 2D/3D 感知等功能包，在任务实施操作中也是采用桌面完整版的 ROS 安装。

任务分组

学生任务分配表

<table>
<tr><td>班级</td><td></td><td>组号</td><td></td><td>指导老师</td><td></td></tr>
<tr><td>组长</td><td></td><td>学号</td><td colspan="3"></td></tr>
<tr><td>组员</td><td colspan="2">姓名：________ 学号：________
姓名：________ 学号：________
姓名：________ 学号：________
姓名：________ 学号：________</td><td colspan="3">姓名：________ 学号：________
姓名：________ 学号：________
姓名：________ 学号：________
姓名：________ 学号：________</td></tr>
<tr><td colspan="6">任务分工</td></tr>
<tr><td colspan="6"></td></tr>
</table>

工作计划

扫描二维码了解 ROS 安装方法及步骤，结合前面所了解的知识内容和小组内部讨论的结果，制定工作方案，落实各项工作负责人，如任务实施前的准备工作、实施中主要操作及协助支持工作、实施过程中相关要点及数据的记录工作等。

安装 ROS 系统

工作计划表

步骤	作业内容	负责人
1		
2		
3		
4		
5		
6		
7		
8		

进行决策

1. 各组派代表阐述资料查询结果。
2. 各组就各自的查询结果进行交流，并分享技巧。
3. 教师结合各组完成的情况进行点评，选出最佳方案。

任务实施

安装 ROS	
步骤	过程记录
1	在正式安装 ROS 前，需要先检查________初始环境配置是否正确
2	ROS 的安装包括 5 个步骤，分别是________、________、________、________、________
3	ROS 软件安装源可以使用官方源，也可以配置________
4	介绍以下命令的作用： sudo apt-get update：________________ sudo apt-get upgrade：________________
5	ROS 中有很多函数库和工具，官网提供了四种默认的安装方式，这四种方式包括________、________、________、________
6	配置 ROS 经过初始化“________”“________”“________”“________”“________”“________”以及“________”
7	刷新 .bashrc 文件，使新添加的命令生效指令是________________
8	启动 ROS，你需要在终端输入________________指令
9	在新终端中运行 ROS 标志性的小海龟的指令是________________
10	在新终端中控制小海龟的指令是________________

（续）

步骤	过程记录		
11	二进制包和源代码包安装指令		
	软件包		
	特点	二进制	源代码
	来源		
	下载方式		
	存放位置		
	是否需要编译		
	扩展性		

6S 现场管理			
序号	操作步骤	完成情况	备注
1	建立安全操作环境	已完成□　未完成□	
2	清理及整理工具量具	已完成□　未完成□	
3	清理及复原设备正常状况	已完成□　未完成□	
4	清理场地	已完成□　未完成□	
5	物品回收和环保	已完成□　未完成□	
6	完善和检查工单	已完成□　未完成□	

评价反馈

1. 各组代表展示汇报 PPT，介绍任务的完成过程。

2. 以小组为单位，请对各组的操作过程与操作结果进行自评和互评，并将结果填入综合评价表中的小组评价部分。

3. 教师对学生工作过程与工作结果进行评价，并将评价结果填入综合评价表中的教师评价部分。

综合评价表

<table>
<tr><td>姓名</td><td></td><td>学号</td><td></td><td>班级</td><td></td><td>组别</td><td></td></tr>
<tr><td colspan="2">实训任务</td><td colspan="6"></td></tr>
<tr><td colspan="2">评价项目</td><td colspan="4">评价标准</td><td>分值</td><td>得分</td></tr>
<tr><td rowspan="9">小组评价</td><td>计划决策</td><td colspan="4">制定工作方案的合理可行，小组成员分工明确</td><td>10</td><td></td></tr>
<tr><td rowspan="3">任务实施</td><td colspan="4">完成 ROS 安装前准备工作</td><td>10</td><td></td></tr>
<tr><td colspan="4">成功配置 ROS 软件源，成功安装 ROS</td><td>20</td><td></td></tr>
<tr><td colspan="4">测试 ROS，在屏幕上正确操控海龟运动</td><td>20</td><td></td></tr>
<tr><td>任务达成</td><td colspan="4">能按照工作方案操作，按计划完成工作任务</td><td>10</td><td></td></tr>
<tr><td>工作态度</td><td colspan="4">认真严谨、积极主动、安全生产、文明施工</td><td>10</td><td></td></tr>
<tr><td>团队合作</td><td colspan="4">与小组成员、同学之间能合作交流、协调工作</td><td>10</td><td></td></tr>
<tr><td>6S 管理</td><td colspan="4">完成竣工检验、现场恢复</td><td>10</td><td></td></tr>
<tr><td colspan="5">小计</td><td>100</td><td></td></tr>
</table>

（续）

评价项目		评价标准	分值	得分
教师评价	实训纪律	不出现无故迟到、早退、旷课现象，不违反课堂纪律	10	
	方案实施	严格按照工作方案完成任务实施	20	
	团队协作	任务实施过程互相配合，协作度高	20	
	工作质量	能按照工作方案操作，按计划完成工作任务	20	
	工作规范	操作规范，三不落地，无意外事故发生	10	
	汇报展示	能准确表达、总结到位、改进措施可行	20	
	小计		100	
综合评分	小组评分 ×50%+ 教师评分 ×50%			
总结与反思				

（如：学习过程中遇到什么问题→如何解决的 / 解决不了的原因→心得体会）

任务三　完成 ROS 文件系统构建

学习目标

- 了解 ROS 文件系统的常见结构。
- 熟悉创建工作空间的方法。
- 熟悉创建功能包的方法。
- 能够说出 ROS 文件系统中常见的目录、文件及其作用。
- 能够正确创建工作空间。
- 能够正确创建功能包。
- 获得多途径检索知识、分析解决问题以及多元化思考解决问题的方法，形成创新意识。
- 具有良好的团队协作精神和较强的组织沟通能力。
- 具备良好的职业道德，尊重他人劳动，不窃取他人成果。

知识索引

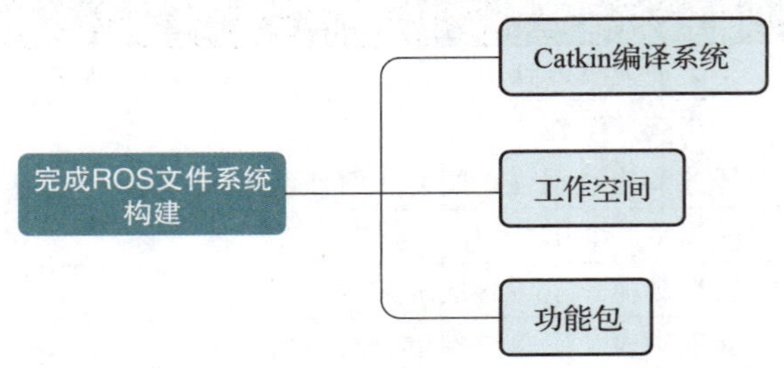

情境导入

经典机器人 PR2 依靠强大的 ROS，可以独立完成多种复杂的任务，例如 PR2 可以自己开门、找到插头给自己充电、打开冰箱取出啤酒、打简单的台球等等。实现上述功能 PR2 需要安装、调用相关的 ROS 功能包，而这些功能包均以文件的形式存放。

文件系统作为 ROS 的基础框架，想要使用 ROS 工程实现各式各样的功能，首先需要认识 ROS 工程，了解文件系统。在助理工程师开始使用 ROS 之前，你作为测试工程师，准备向他介绍 Catkin 编译系统、工作空间的创建和结构、功能包的创建和结构，介绍 ROS 文件系统中常见的目录、文件以及这些目录存放的主要内容和相关文件中定义的主要内容。

获取信息

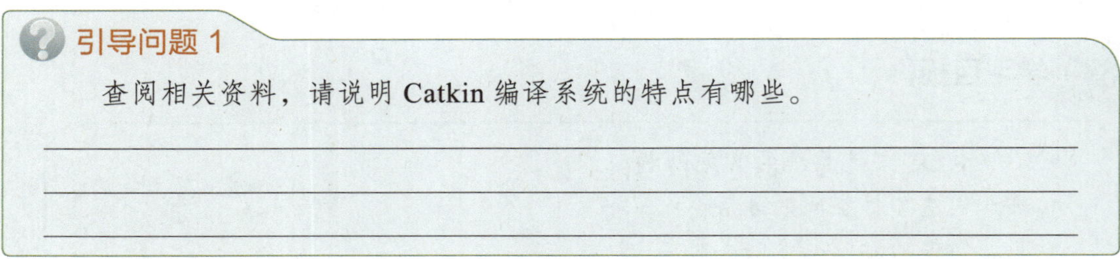

引导问题 1

查阅相关资料，请说明 Catkin 编译系统的特点有哪些。

____

____

____

Catkin 编译系统

ROS 将所有文件按照一定的规则进行组织，不同功能的文件被放在不同的文件夹下。在构建 ROS 文件系统前，首先了解文件系统中常见的几个概念。

对于源代码包，只有编译才能在系统上运行。早期的 ROS 编译系统是 rosbuild，随着 ROS 的发展，rosbuild 不能很好地满足系统的需求。在 ROS 的 Groovy 版本推出后，Catkin 替代 rosbuild 正式投入使用。

Catkin 是 ROS 的官方构建体系，是 ROS 构建系统的继承者，ROS 构建系统 Catkin 结合了 CMake 宏和 Python 脚本，在 CMake 的正常工作流之上提供了额外的功能。

Catkin 的设计比 rosbuild 更为传统，具有更好的分发包、更好的交叉编译支持和更好的可移植性。Catkin 的工作流与 CMake 非常相似，但同时为自动“查找包”基础结构和构建多个依赖项目提供了支持时间。Catkin 操作简单、高效，可移植性更好，而且支持交叉编译和更加合理的功能包分配。目前版本的 ROS 同时支持 rosbuild 和 Catkin 两种编译系统，但 rosbuild 已经被逐步淘汰，所以我们直接上手 Catkin 即可。

Catkin 是基于 CMake 的编译构建系统，具有以下特点：

1）Catkin 沿用了包管理的传统，例如 find_package() 基础结构、pkg-config。

2）扩展了 CMake，可自动生成 find_package() 代码、pkg-config 文件。

3）操作简单、高效，可移植性更好。

4）支持交叉编译和更加合理的功能包分配。

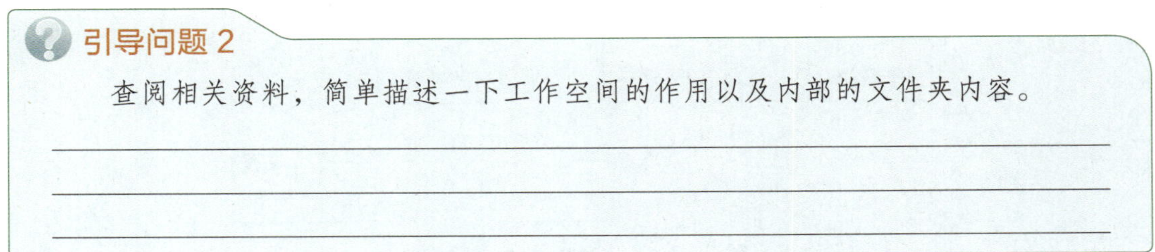

引导问题 2
查阅相关资料，简单描述一下工作空间的作用以及内部的文件夹内容。

工作空间

工作空间是创建、修改、编译软件包的目录。工作空间就像是一个仓库，里面存放着 ROS 的各种工程项目，便于系统组织管理调用。工作空间在可视化图形界面里体现为一个文件夹。我们写的 ROS 代码通常就放在工作空间中。

编译后会在 catkin_ws 目录下自动创建 build、devel 两个文件夹，加上原有的 src 文件夹，在 catkin_ws 工作空间里面总共包含 src、build、devel 这三个文件夹，如图 3-3-1 所示。

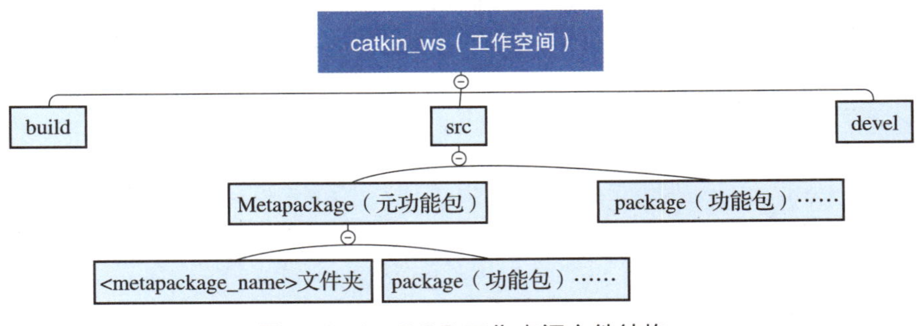

图 3-3-1　ROS 工作空间文件结构

这些文件夹的具体用途如下：

1）src：ROS 的源代码软件包。

2）build：存放 Catkin（CMake）的缓存信息和中间文件。

3）devel：存放生成的目标文件（包括 msg、srv 头文件，动态链接库，静态链接库，

可执行文件等）、环境变量。

Build 和 devel 两个文件夹是由系统自动生成管理的，在日常的开发中，使用较为频繁的是 src 文件夹，编写的 ROS 程序或者下载的源代码包都是存放在这里。

在编译时，Catkin 编译系统会递归的查找和编译 src 文件夹下的每一个源代码包。因此可以把几个源代码包放到同一个文件夹下，如图 3-3-2 所示。

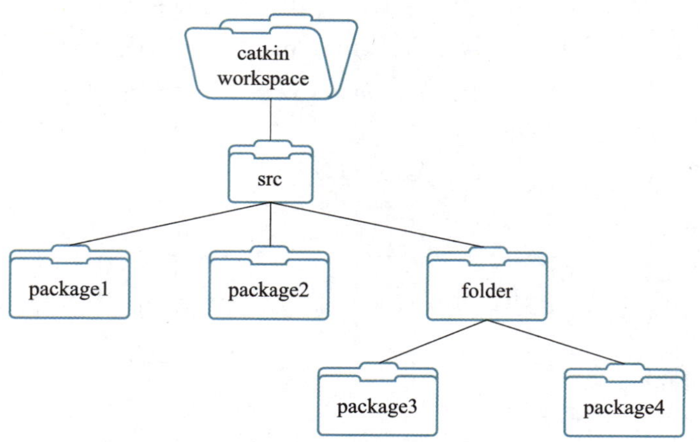

图 3-3-2　Catkin 编译系统

同样，在命令行操作中，也可以在工作空间下使用 tree 命令，查看到具体的文件结构。

```
1. $ cd ~/catkin_ws
2. $ sudo apt install tree
3. $ tree
```

得到的空间结构框架大致为：

```
—build
 |  ├── catkin
 |  |   └──── catkin_generated
 |  |     └──── version
 |  |       └──── package.cmake
 |  ├──
......

 |  ├── catkin_make.cache
 |  ├── CMakeCache.txt
 |  ├── CMakeFiles
 |  |  ├──
......

├── devel
 |  ├── env.sh
 |  ├── lib
```

```
|   ├── setup.bash
|   ├── setup.sh
|   ├── _setup_util.py
|   └── setup.zsh
└── src
└── CMakeLists.txt -> /opt/ros/kinetic/share/catkin/
cmake/toplevel.cmake
```

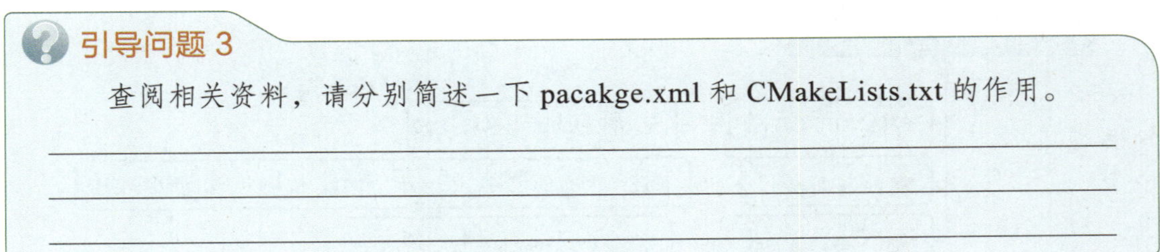

引导问题 3

查阅相关资料，请分别简述一下 pacakge.xml 和 CMakeLists.txt 的作用。

____

____

____

功能包

功能包（package）是 ROS 源代码存放的地方，任何 ROS 的代码无论是 C++ 还是 Python 都要放到 package 中，这样才能正常编译和运行。

一个工作空间可以包含多个 package，一个 package 可以编译出来多个目标文件（如 ROS 可执行程序、动态静态库、头文件等）。常见的 package 结构如图 3-3-3 所示。

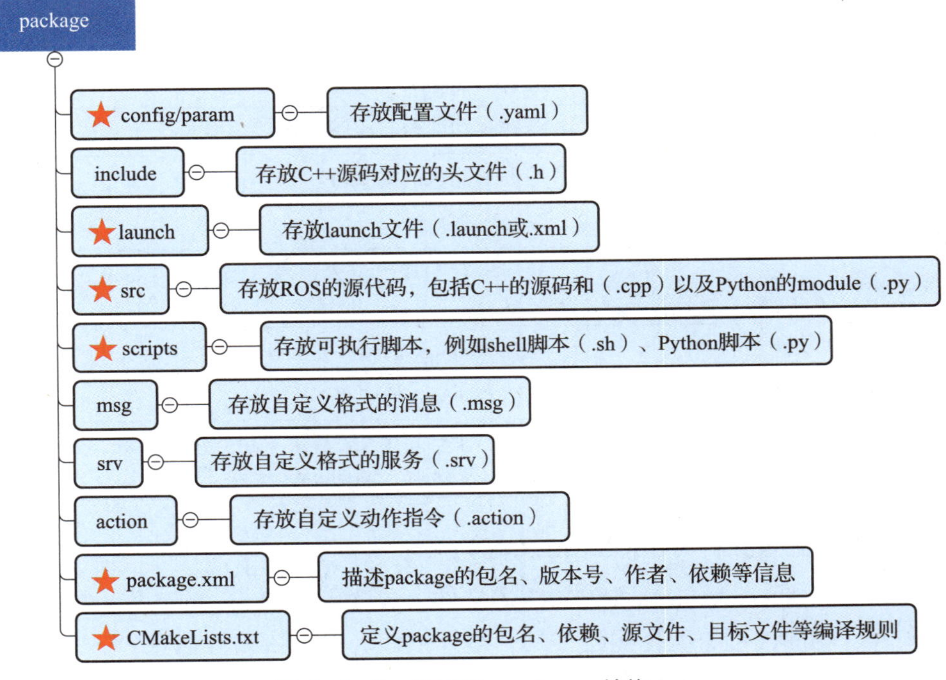

图 3-3-3 常见的 package 结构

在新版本的 ROS 中，将原有功能包集（Stack）的概念升级为元功能包（Metapackage），元功能包通常与功能包一起位于 src 文件夹内，如图 3-3-1 所示。

元功能包的作用是组织多个用于同一目的的功能包，例如一个 ROS 导航的元功能包中会包含建图、定位、导航等多个功能包。

元功能包的文件系统除了一些功能包外，还通常包含了如图 3-3-4 所示的一些文件。元功能包清单类似于功能包清单，不同之处在于元功能包清单中可能会包含运行时需要依赖的功能包，或者声明一些引用的标签。

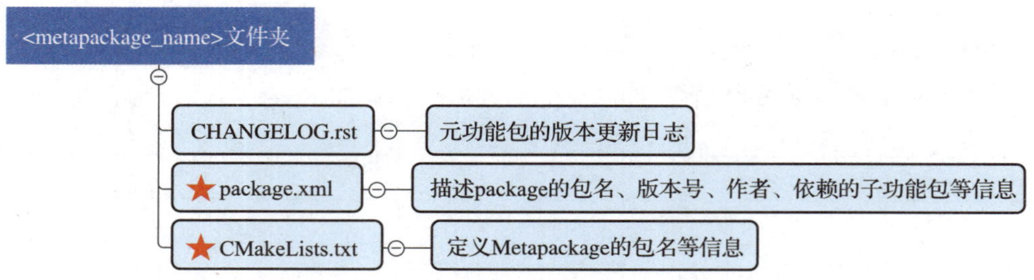

图 3-3-4　元功能包文件系统通常包含的一些文件

一、package 常见命令

常见的 package 相关命令及用途见表 3-3-1。

表 3-3-1　常见的 package 相关命令及用途

命令格式	命令的用途
rospack find [功能包名]	查看功能包所在的路径
rospack depends [功能包名]	查看功能包的依赖
rosls [功能包名]	查看功能包文件夹包含内容的列表
roscd [功能包名]	跳转到功能包目录下
rosed [功能包名] [文件名]	编辑功能包内的文件
rospack list	显示所有功能包
rospack profile	刷新所有功能包位置记录，与命令 “source ~/.bashrc” 作用相似
rosdep check [功能包名]	检查 package 的依赖是否满足
rosdep install [功能包名]	安装 pacakge 的依赖
rosdep install --from-paths src --ignore-src --rosdistro =kinetic -y	安装工作空间中 src 目录下功能包的依赖，该命令需在 src 上一级目录执行，例如 catkin_ws 目录

二、功能包配置文件（pacakge.xml）

pacakge.xml 是 package 软件包的描述文件，包含了 package 的名称、版本号、内容描述、作者、软件许可、编译构建工具、编译依赖、运行依赖等信息。

package.xml 文件常见的内容如下：

```
<package format="2">
<name>inwinic </name>
<version>0.0.0</version>
<description>The inwinic package</description>
<maintainer email="zxh@todo.todo">zxh</maintainer>
<license>TODO</license>
<buildtool_depend>catkin</buildtool_depend>
<build_depend>roscpp</build_depend>
<build_depend>rospy</build_depend>
<build_depend>std_msgs</build_depend>
<build_export_depend>roscpp</build_export_depend>
<build_export_depend>rospy</build_export_depend>
<build_export_depend>std_msgs</build_export_depend>
<exec_depend>roscpp</exec_depend>
<exec_depend>rospy</exec_depend>
<exec_depend>std_msgs</exec_depend>
</export>
</package>
```

文件中的标签注释如下：

1）<package format="2">：遵循 xml 标签文本的写法，格式为 format2，从这个语句到最后 </package> 的部分是 ROS 功能包的配置部分。

2）<name>：功能包的名称。使用创建功能包时输入的功能包名称。正如其他选项，用户可以随时更改。

3）<version>：功能包的版本。可以自由指定。

4）<description>：功能包的简要说明。通常用两到三句话描述。

5）<maintainer>：提供功能包管理者的姓名和电子邮件地址。

6）<license>：记录版权许可证。写 BSD、MIT、Apache、GPLv3 或 LGPLv3 即可。

7）<buildtool_depend>：描述构建系统的依赖关系。我们使用 Catkin 构建系统，因此填写 catkin。

8）<build_depend>：在编写功能包时写下所依赖的功能包的名称。

9）<exec_depend>：填写运行功能包时依赖的功能包的名称。

创建功能包时，该文件内的信息会由系统自动创建。创建完功能包后，如果需要新增加一些依赖项，可以分别根据系统自动创建的 <build_depend>、<exec_depend> 标签模板，添加新的 <build_depend>、<exec_depend> 标签。

三、构建配置文件（CMakeLists.txt）

CMakeLists.txt 文件中主要定义了功能包的名字、依赖包、源文件以及目标文件编译规则等内容，文件的常见内容如下：

```
cmake_minimum_required(VERSION 2.8.3)
project(inwinic)
find_package(catkin REQUIRED COMPONENTS
roscpp
rospy
std_msgs
)
find_package(Boost REQUIRED COMPONENTS system)
catkin_python_setup()
##########################################
## Declare ROS messages, services and actions ##
##########################################
#add_message_files(
#FILES
#Message1.msg
#Message2.msg
#)
#add_service_files(
#FILES
#Service1.srv
#Service2.srv
#)
#add_action_files(
#FILES
#Action1.action
#Action2.action
#)
#generate_messages(
#DEPENDENCIES
#std_msgs
#)
##########################################
## Declare ROS dynamic reconfigure parameters ##
##########################################
#generate_dynamic_reconfigure_options(
#cfg/DynReconf1.cfg
#cfg/DynReconf2.cfg
#)
##############################
##catkin specific configuration ##
##############################
catkin_package(
#INCLUDE_DIRS include
#LIBRARIES my_first_ros_pkg
```

```
#CATKIN_DEPENDS roscpp std_msgs
#DEPENDS system_lib
)
#########
## Build ##
#########
include_directories(
#include
#${catkin_INCLUDE_DIRS}
)
#add_library(${PROJECT_NAME}
#src/${PROJECT_NAME}/zrobot.cpp
#)
#add_dependencies(${PROJECT_NAME}_node#${${PROJECT_NAME}_
EXPORTED_TARGETS}${catkin_EXPORTED_TARGETS})
#target_link_libraries(${PROJECT_NAME}_node
#${catkin_LIBRARIES}
#)
#target_link_libraries(${PROJECT_NAME}_node
#${catkin_LIBRARIES}
#)
#add_executable(${PROJECT_NAME}_node src/zrobot_node.cpp)
```

主要内容的含义如下：

1）cmake_minimum_required(VERSION 2.8.3)：操作系统中安装的 Cmake 的最低版本。

2）project(inwinic)：功能包名称为 inwinic。

3）find_package( )：添加依赖项。新增加的依赖项需要补充到该项的括号里。

4）catkin_python_setup( )：使用 rospy 时的配置选项。其功能是调用 Python 安装过程 setup.py 文件。

5）add_message_files( )：是添加消息文件的选项。FILES 将引用当前功能包目录中的 *.msg 文件，自动生成一个头文件（*.h）。

6）add_service_files( )：添加要使用的服务文件的选项。使用 FILES 会引用功能包目录中的 *.srv 文件。

7）add_action_files( )：添加要使用的动作文件的选项。使用 FILES 会引用功能包目录中的 *.action 文件。

8）generate_messages( )：设置依赖的消息的选项。

9）generate_dynamic_reconfigure_options( )：使用 dynamic_reconfigure 时加载要引用的配置文件。

10）catkin_package( )：

■ INCLUDE_DIRS 表示将使用 INCLUDE_DIRS 后面的内部目录 include 的头文件。

- LIBRARIES 表示将使用的功能包的库。
- CATKIN_DEPENDS 后面指定如 roscpp 或 std_msgs 等依赖包。
- DEPENDS 是一个描述系统依赖包的设置。

11）include_directories( )：指定源代码的头文件路径为功能包中的 include 目录，如果想指定一个额外的 include 目录时，写在括号内的“$ {catkin_INCLUDE_DIRS}”的下一行即可。

12）add_library( )：通过功能包下 src 目录中的 zrobot.cpp 文件来创建对应的库文件。zrobot.cpp 文件是自行创建的 C++ 文件名。

13）add_dependencies( )：定义目标文件构建时需要依赖的其他已构建好的目标文件。

14）target_link_libraries( )：将目标文件与库文件进行链接。

15）add_executable( )：通过 src 目录下的 zrobot_node.cpp 文件生成可执行文件 {PROJECT_NAME}_node，如果有多个 *.cpp 文件，将其添加到 zrobot _node.cpp 后面。如果要创建多个可执行文件，需要通过 add_executable( ) 新增。

CMakeLists.txt 文件也是在创建功能包时自动创建的，正常情况下大部分内容前面会添加“#”，表明该部分内容被注释掉，不会被运行。但是，当我们需要在功能包中创建一些源代码的时候，可能需要添加一些依赖项、自定义的消息或编译规则的时候，我们就需要修改该文件的内容，修改的方法可以参考被“#”注释部分的格式来添加。

任务分组

学生任务分配表

班级		组号		指导老师	
组长		学号			
组员	姓名：______ 学号：______		姓名：______ 学号：______		
	姓名：______ 学号：______		姓名：______ 学号：______		
	姓名：______ 学号：______		姓名：______ 学号：______		
	姓名：______ 学号：______		姓名：______ 学号：______		
任务分工					

工作计划

扫描二维码了解构建 ROS 文件系统的步骤，结合前面所了解的知识内容和小组内部讨论的结果，制定工作方案，落实各项工作负责人，如任务实施前的准备工作、实施中主要操作及协助支持工作、实施过程中相关要点及数据的记录工作等。

工作计划表

步骤	作业内容	负责人
1		
2		
3		
4		
5		
6		
7		
8		

进行决策

1. 各组派代表阐述资料查询结果。
2. 各组就各自的查询结果进行交流，并分享技巧。
3. 教师结合各组完成的情况进行点评，选出最佳方案。

任务实施

完成 ROS 文件系统构建	
步骤	过程记录
1	刚建立的 catkin_ws 工作空间包含文件夹有________、________、________
2	________路径是 Catkin 工作空间结构的最高层级，第二层级的文件夹________是用于存放 ROS 软件包的
3	执行________进行工作空间的初始化后，会在 src 文件夹下创建________文件
4	早期的 ROS 编译系统是________，在 ROS 的 Groovy 版本推出后，________替代 rosbuild 正式投入使用
5	单独编译特定的功能包，可以采用如下两个命令：________或________
6	创建一个功能包需要在先进入 catkin_ws/src 目录下，然后用________命令进行创建
7	当你完成了功能包的初始化后，文件夹新建了________和________两个文件，相关的依赖项也自动填入了两个文件中

（续）

步骤	过程记录		
8	你在编译完成后，将刷新环境的命令写入到________文件里，使用________命令刷新当前终端环境		
9	在 ROS 中查找功能包 inwinic 的位置，你使用的指令是________		
6S 现场管理			
序号	操作步骤	完成情况	备注
1	建立安全操作环境	已完成□　未完成□	
2	清理及整理工具量具	已完成□　未完成□	
3	清理及复原设备正常状况	已完成□　未完成□	
4	清理场地	已完成□　未完成□	
5	物品回收和环保	已完成□　未完成□	
6	完善和检查工单	已完成□　未完成□	

评价反馈

1. 各组代表展示汇报 PPT，介绍任务的完成过程。

2. 以小组为单位，请对各组的操作过程与操作结果进行自评和互评，并将结果填入综合评价表中的小组评价部分。

3. 教师对学生工作过程与工作结果进行评价，并将评价结果填入综合评价表中的教师评价部分。

综合评价表

姓名		学号	班级	组别	
实训任务					
评价项目		评价标准		分值	得分
小组评价	计划决策	制定工作方案的合理可行，小组成员分工明确		10	
	任务实施	成功创建工作空间并初始化		10	
		成功创建功能包		20	
		能够正确通过命令查找到功能包		20	
	任务达成	能按照工作方案操作，按计划完成工作任务		10	
	工作态度	认真严谨、积极主动、安全生产、文明施工		10	
	团队合作	与小组成员、同学之间能合作交流、协调工作		10	
	6S 管理	完成竣工检验、现场恢复		10	
		小计		100	
教师评价	实训纪律	不出现无故迟到、早退、旷课现象，不违反课堂纪律		10	
	方案实施	严格按照工作方案完成任务实施		20	

（续）

评价项目		评价标准	分值	得分
教师评价	团队协作	任务实施过程互相配合，协作度高	20	
	工作质量	能按照工作方案操作，按计划完成工作任务	20	
	工作规范	操作规范，三不落地，无意外事故发生	10	
	汇报展示	能准确表达、总结到位、改进措施可行	20	
	小计		100	
综合评分	小组评分 ×50%+ 教师评分 ×50%			
总结与反思				

（如：学习过程中遇到什么问题→如何解决的 / 解决不了的原因→心得体会）

任务四　完成 ROS 通信系统构建

学习目标

- 了解 ROS 常用的通信机制。
- 了解如何创建 ROS 通信节点。
- 熟悉不同通信机制的操作命令。
- 能够创建简单的 ROS 通信节点。
- 能够正常启动创建的节点。
- 能够通过命令查询节点的相关信息。
- 获得多途径检索知识、分析解决问题以及多元化思考解决问题的方法，形成创新意识。
- 具有良好的团队协作精神和较强的组织沟通能力。
- 具备良好的职业道德，尊重他人劳动，不窃取他人成果。

知识索引

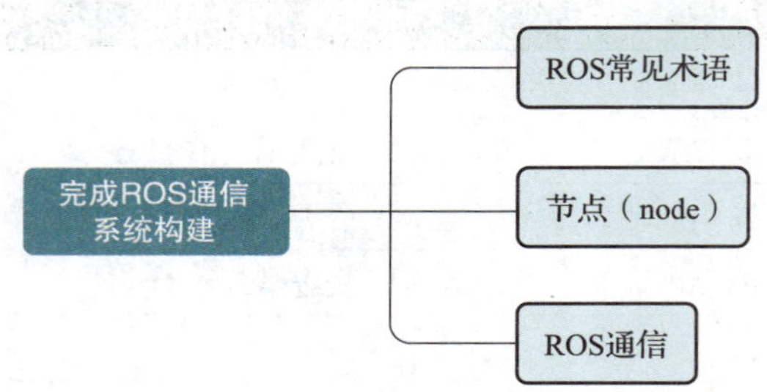

情境导入

在 ROS 的世界里面，最小的进程单元就是节点（node），通常来说一个节点负责整个机器人系统中某一个单独的功能。例如我们基于 ROS 研发出一个无人驾驶小车，会存在节点 A 用于控制底盘轮子的转动，节点 B 用于驱动摄像头获取图形信息，节点 C 用于驱动激光雷达，节点 D 用于收集传感器信息进行路径规划等等，这样分布式排列节点能够尽可能避免处理复杂程序时发生崩溃的情况。往往在实际情况中，整体系统的功能多，运行节点数量也非常庞大，了解节点分布结构以及各节点之间如何通信是每个从业者必不可少的一步。

获取信息

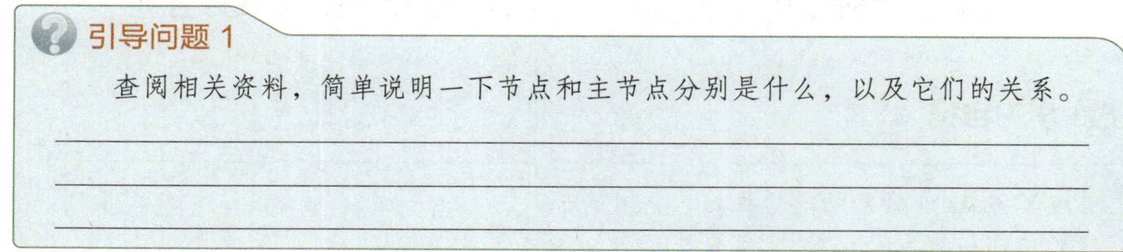

引导问题 1
查阅相关资料，简单说明一下节点和主节点分别是什么，以及它们的关系。

ROS 常见术语

本节简单介绍常用的 ROS 术语，初学时遇到有不明白的术语，可以暂时跳过。后面章节任务中学到时可以回过来进一步理解。

1. 节点（node）

节点是指在 ROS 中运行的最小进程单元，可以把它看作一个可执行程序或一个小的功能模块。例如，自动驾驶车辆可能会把激光雷达定义为一个节点，深度摄像头是另一个节点，线控底盘也是一个节点。在 ROS 中，注重各个功能模块的复用，经常将较复杂的功能细分为多个节点，可以提升节点的可复用型，有利于提升编程效率。

2. 主节点（master）

主节点负责节点到节点的连接和消息通信，类似于节点管理器的作用。当节点运行时，需要向主节点注册自己的信息（节点名，发布 / 接收的话题名、服务名、消息类型等），通过主节点建立起节点间的访问和消息的传递。智慧猫的决策单元就充当了主节点的角色。

3. 消息（msg）

节点之间通过消息来发送和接收数据，消息里包括消息的简单数据结构。使用消息的通信方法包括 TCPROS、UDPROS 等。每一条消息都要发布到相应的话题。例如，定义一个名为障碍物的消息类型，消息中包含的五个字段，分别是障碍物的长度、宽度、高度、运动线速度和运动角速度。

4. 话题（topic）

话题可以理解为是某一类消息的总称，发布者（publisher）和订阅者（subscriber）通过向主节点注册话题名，来建立相互之间的连接，通过 TCPROS/UDPROS 来实现具体消息的传递。话题是一种异步通信方式，一个话题可以有多个订阅者，发布者和订阅者之间是相互解耦的，发布者发布话题时不需要有订阅者，订阅者订阅话题时不需要有发布者。话题的名称在功能包里必须具有唯一性。

例如，自动驾驶车辆的摄像头、驱动系统和制动系统都被分别定义为单独的一个节点。摄像头节点发布一个检测路面是否出现行人的主题，频率为 20Hz，摄像头此时就充当一个主题发布者的角色。再定义驱动系统和制动系统都去订阅这个检测路面行人的主题，那么这两个节点就充当该主题的订阅者。如果前方出现行人，驱动系统停止工作，制动系统则会同步制动车辆。

5. 服务（service）

当一个节点需要从另外一个节点发出请求并期望获得响应时，我们就需要借助于服务的客户端和服务器来实现同步双向消息的传递。适用于节点之间需要直接进行通信，且不能使用话题发布方式的场合。

例如，当自动驾驶车辆在行驶过程中需要提高车速时，主节点向毫米波雷达节点发送服务请求，请求消息类型是车辆正前方，测量范围是 150m。毫米波雷达节点收到服务请求后，将探测结果直接反馈给主节点，当响应消息是无任何障碍物时，车辆即可加速。

6. 动作（action）

动作类似于服务，是一种基于请求—响应的双向通信方式。但是，它增加了中途反馈，因此适用于需要较长通信时间的场景。可以在过程中查看进度或终止请求。

例如，自动驾驶车辆的人机交互节点要求与导航算法节点建立动作方式的通信连接，以便及时获取车辆是否抵达目标位置的信息，通常消息类型包含接收节点 ID、目标是否达成、任务完成进度等。

引导问题 2

查阅相关资料，请问查看节点信息和查看节点关系图的命令分别是什么？

____

____

____

节点（node）

为了最大化用户的可重用性，ROS 是以节点（node）的形式开发的，而节点是根据其目的细分的可执行程序的最小单位。节点通过消息（message）与其他的节点交换数据，最终成为一个大型的程序。节点之间的消息通信分为三种：单向消息发送 / 接收方式的话题（topic）、双向消息请求 / 响应方式的服务（service）、双向消息目标（goal）/ 结果（result）/ 反馈（feedback）方式的动作（action）。另外，在节点中使用的参数可以从外部进行修改。ROS 的节点通信结构图如图 3-4-1 所示。

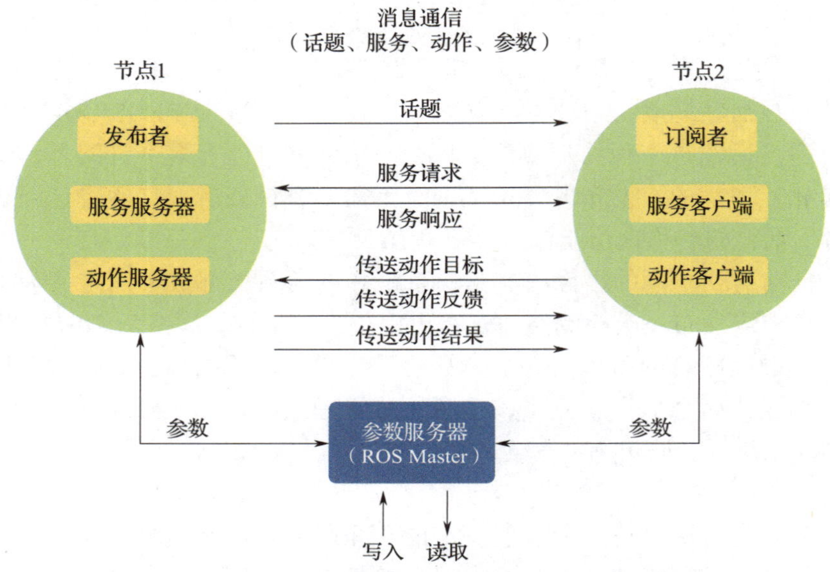

图 3-4-1　ROS 的节点通信结构图

节点间通信的架构如图 3-4-2 所示：

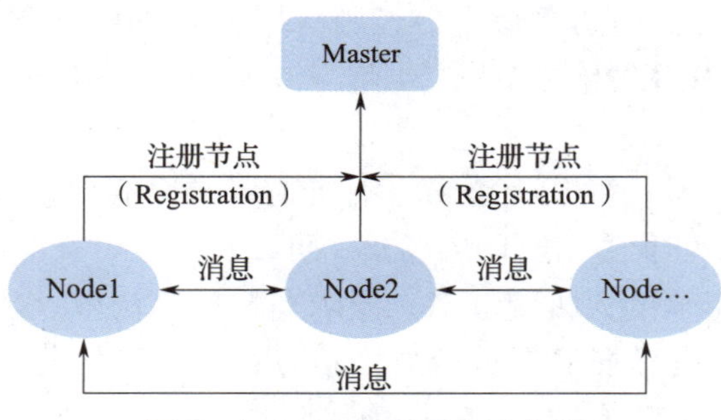

图 3-4-2　节点间通信的架构

节点名在系统中必须唯一。节点可以采用 C++ 或 Python 语言来进行编写。所有节点启动的时候都要在主节点进行注册，因此在运行节点的时候，必须要先启动主节点（master），否则启动的时候会报错。

rosnode 是节点处理的工具，与之匹配的命令见表 3-4-1。

表 3-4-1　节点处理工具命令

rosnode 命令	作用
*rosnode list	列出当前运行的 node 信息
*rosnode info	显示出 node 的详细信息
*rosnode kill	关闭某个 node
rosnode ping	测试连接节点
rosnode machine	列出在特定主机上运行的节点或主机名
rosnode cleanup	清除不可到达节点的注册信息
rosnode [命令名] -h	查看 rosnode [命令名] 的具体用法，例如 rosnode list -h

启动主节点的常用命令如下：

```
1. inwinic@inwinic-desktop:~$ roscore
```

主节点启动后，才能够启动其他的节点。启动其他节点命令的格式如下：

```
$ rosrun [ 功能包名 ] [ 可执行文件名 ]
```

下面以小海龟功能包为例，演示如何启动节点及查看节点的相关信息。

1. 启动节点

启动主节点：

```
1. inwinic@inwinic-desktop:~$ roscore
```

在新窗口中启动小海龟节点：

```
1. inwinic@inwinic-desktop:~$ rosrun turtlesim turtlesim_node
```

在新窗口中启动键盘控制节点：

```
1. inwinic@inwinic-desktop:~$ rosrun turtlesim turtle_teleop_key
```

2. 查看当前运行的节点

命令格式为：

```
1. inwinic@inwinic-desktop:~$ rosnode list
```

命令执行后，可以看到当前运行的节点如图 3-4-3 所示，其中“/turtlesim”节点是小海龟节点，“/teleop_turtle”节点是键盘控制节点，“/rosout”是用于接收所有节点输出的节点，该节点一般可以不用关注。

3. 查看节点信息（以 /turtlesim 为例）

命令格式为：

```
1. inwinic@inwinic-desktop:~$ rosnode info /turtlesim
```

```
inwinic@inwinic-desktop: ~
inwinic@inwinic-desktop:~$ rosnode list
/rosout
/teleop_turtle
/turtlesim
inwinic@inwinic-desktop:~$
```

图 3-4-3　当前运行节点图

查看到的节点信息如图 3-4-4 所示，可以看到节点订阅的话题、发布的话题以及节点包含的服务。话题或服务对应的类型和功能见表 3-4-2。

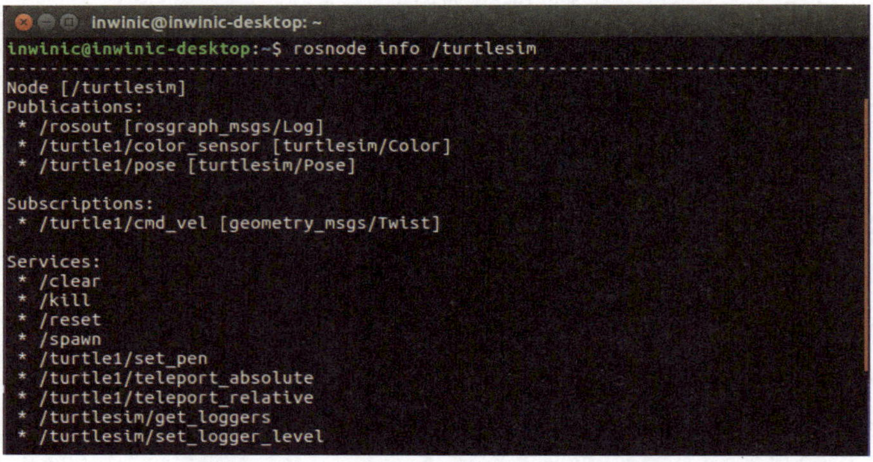

```
inwinic@inwinic-desktop: ~
inwinic@inwinic-desktop:~$ rosnode info /turtlesim
--------------------------------------------------------------------------------
Node [/turtlesim]
Publications:
 * /rosout [rosgraph_msgs/Log]
 * /turtle1/color_sensor [turtlesim/Color]
 * /turtle1/pose [turtlesim/Pose]

Subscriptions:
 * /turtle1/cmd_vel [geometry_msgs/Twist]

Services:
 * /clear
 * /kill
 * /reset
 * /spawn
 * /turtle1/set_pen
 * /turtle1/teleport_absolute
 * /turtle1/teleport_relative
 * /turtlesim/get_loggers
 * /turtlesim/set_logger_level
```

图 3-4-4　节点信息

表 3-4-2　节点内容

通信方式	话题（服务）名称	类型	功能
发布的话题	/rosout	rosgraph_msgs/Log	用于收集和记录节点调试输出信息
	/turtle1/color_sensor	turtlesim/Color	仿真器中的背景颜色，通过 RGB 来表示，R、G、B 值范围均为 0~255，默认颜色值为（69 86 255）
	/turtle1/pose	turtlesim/Pose	乌龟的姿态信息（x、y 轴坐标，角度，线速度和角速度）
订阅的话题	/turtle1/cmd_vel	geometry_msgs/Twist	控制乌龟的线速度和角速度
服务	/clear	std_srvs/Empty	清除仿真器中的背景颜色
	/kill	std_srvs/Empty	删除一个节点
	/reset	turtlesim/Kill	重置小乌龟节点到初始状态
	/spawn	turtlesim/Spawn	重新生成一只小乌龟并返回小乌龟的名字
	/turtle1/set_pen	turtlesim/SetPen	设置小乌龟行走路径的颜色（RGB）、线宽或关闭
	/turtle1/teleport_absolute	turtlesim/TeleportAbsolute	移动乌龟到指定的姿态（绝对位置）
	/turtle1/teleport_relative	turtlesim/TeleportRelative	移动乌龟到距离现有位置的一个的角度和距离（相对位置）

4. 查看节点关系图

在新的命令窗口中输入如下命令：

```
1. inwinic@inwinic-desktop:~$ rqt_graph
```

显示的节点关系如图 3-4-5 所示。

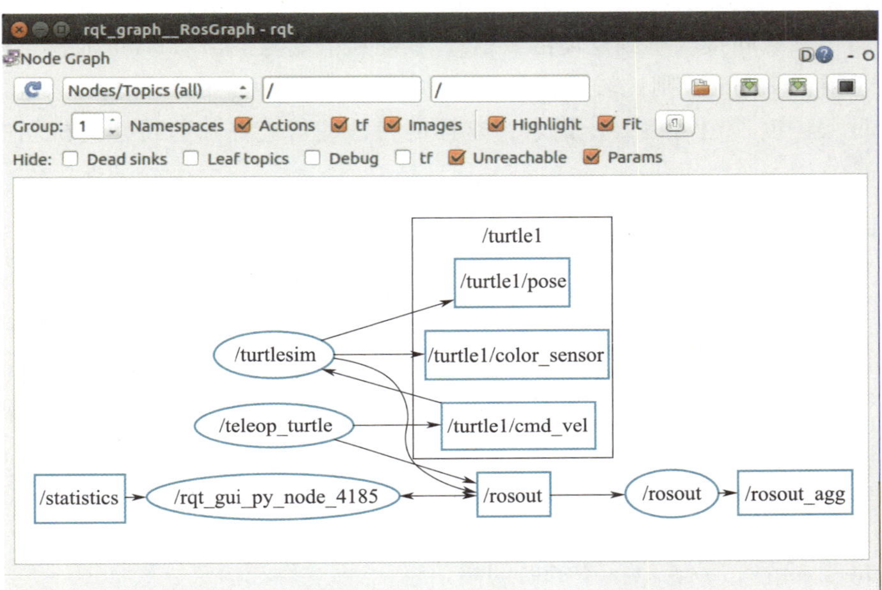

图 3-4-5 节点关系图

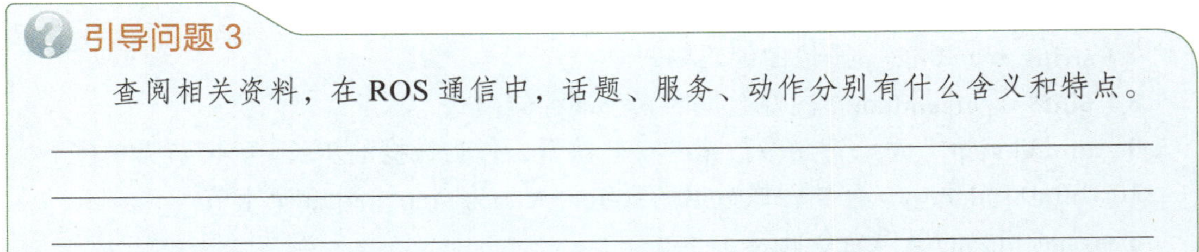

引导问题 3

查阅相关资料，在 ROS 通信中，话题、服务、动作分别有什么含义和特点。

____

____

____

ROS 通信

ROS 中主要的通信方式有话题（topic）、服务（service）和动作（action）三种。

话题（topic）是最常用的一种。对于实时性、周期性的消息，使用话题（topic）来传输是最佳的选择。话题（topic）是一种点对点的单向通信方式，这里的“点”指的是节点（node）。使用话题（topic）通信时，首先需要将 publisher 节点和 subscriber 节点都转移到节点管理器进行注册，其次 publisher 会发布 topic，subscriber 在 master 的指挥下会订阅该 topic，从而建立起 sub-pub 之间的通信，注意整个过程是单向的。

服务（service）方式在通信模型上与 topic 做了区别。服务（service）通信是双向的，它不仅可以发送消息，同时还会有反馈。所以服务（service）包括两部分，一部分是请求方（Clinet），另一部分是应答方 / 服务提供方（server）。这时请求方（Client）就会发送一个 request，要等待 server 处理，反馈回一个 reply，这样通过类似“请求—应答”的机制完成整个服务通信。

动作（action）通信中，actionlib 是 ROS 中一个很重要的库，类似 service 通信机制，actionlib 也是一种请求响应机制的通信方式，actionlib 主要弥补了 service 通信的一个不足，就是当机器人执行一个长时间的任务时，假如利用 service 通信方式，那么 publisher 会很长时间接收不到反馈的 reply，致使通信受阻。当 service 通信不能很好地完成任务时候，actionlib 则比较适合实现长时间的通信过程，actionlib 通信过程可以随时被查看过程进度，也可以终止请求，这样的特性使得它在一些特别的机制中拥有很高的效率。

一、话题（topic）

1. 消息（msg）

消息（msg）就是节点间话题通信时传递的具体信息，msg 的类型包括 bool、int、uint、float、string、array 等，自定义的消息文件后缀为“.msg”。我们可以把 msg 理解为是一个“类”，那么每次发布的内容可以理解为“对象”，以图像的消息 sensor_msg/image 中的 image.msg 为例，消息文件定义内容如下：

1）std_msg/Header header

2）uint32 seq // 消息序号

3）time stamp // 存储 ROS 中的时间戳信息

4）string frame_id // 绑定的坐标系

5）uint32 height // 图像的高度

6）uint32 width // 图像的宽度

7）string encoding // 图像的编码格式

8）uint8 is_bigendian // 图像数据的大小端存储模式

9）uint32 step // 一行图像数据的字节数量，作为数据的步长（以字节为单位）

10）uint8[] data // 存储图像数据的数组，大小为 step*height 个字节

message 相关的操作命令见表 3-4-3。

表 3-4-3　message 相关操作命令

rosmsg 命令	作用
rosmsg show	显示信息的描述
rosmsg info	与 rosmsg show 功能一样
rosmsg list	列出所有的信息
rosmsg md5	查看信息的 md5 值
rosmsg package	列出某个功能包包含的所有信息
rosmsg packages	列出包含信息的所有功能包
rosmsg [命令名] -h	查询 rosmsg [命令名] 的具体用法，例如 rosmsg show -h

有时候我们需要保存一些消息文件，例如在调试的时候，我们需要保存一些调试信息，这时候我们就需要用到 rosbag 这个工具。rosbag 可以记录收到的订阅消息，并将消息打包为一个文件，这种记录格式性能较好，可以在创建包文件时压缩文件，减少磁盘使用空间。

rosbag 的主要命令见表 3-4-4。

表 3-4-4　rosbag 主要命令

rosbag 命令	作用
*rosbag play	以时间同步的方式播放一个或多个包文件的内容
*rosbag record	记录包含指定话题内容的包文件
*rosbag check	确定在当前系统中包文件是否可播放或者迁移
rosbag compress	压缩一个或多个包文件
rosbag decompress	解压缩一个或多个包文件
rosbag filter	过滤包文件内容
rosbag fix	修复包文件
rosbag info	显示包文件的信息汇总
rosbag reindex	重建包文件的索引信息

rosbag 命令示例：

1）记录当前所有话题的内容的命令格式如下：

```
$ rosbag record -a -O[ 包名 ][ 保存路径 ]
```

例如将话题的内容保存到桌面，保存的包的名字为 inwinic:

```
1. inwinic@inwinic-desktop:~$ rosbag record -a -O inwinic ~/Desktop
```

2）回放包的内容的命令格式如下：

```
$ rosbag play [ 包名 ]
1. inwinic@inwinic-desktop:~/Desktop$ rosbag play inwinic
```

2. 话题（topic）的发布和订阅

订阅者和发布者在主节点中注册话题名及消息的类型，订阅者通过查询在主节点中注册的话题名称，找到与之相匹配的发布者并建立连接，来实现话题的具体消息的接收。

话题订阅和发布的通信结构示意图如图 3-4-6 所示。

订阅者和发布者有以下三种对应关系：

1）一对一：一对一的关系如图 3-4-7 所示。

2）一对多：一对多的关系如图 3-4-8 所示。

3）多对多：多对多的关系如图 3-4-9 所示。

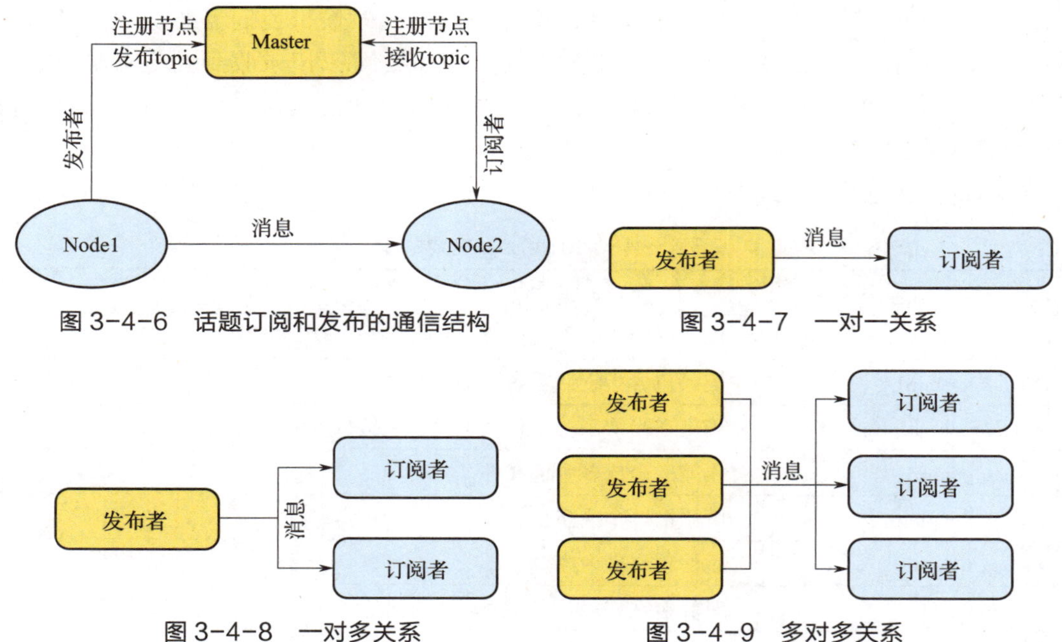

图 3-4-6　话题订阅和发布的通信结构

图 3-4-7　一对一关系

图 3-4-8　一对多关系

图 3-4-9　多对多关系

话题常用的操作命令见表 3-4-5。

表 3-4-5　话题常用操作命令

rostopic 命令	作用
rostopic bw	显示话题使用的带宽
rostopic delay	通过带 header 数据格式的消息时间戳显示话题的延迟
*rostopic echo	将信息输出到显示屏
rostopic find	通过类型查找话题
rostopic hz	显示话题发布频率
rostopic info	输出当前活动话题的信息
rostopic list	输出当前活动话题的列表
*rostopic pub	发布信息到话题
*rostopic type	输出话题类型
rostopic <command> -h	查看 rostopic <command> 命令的具体用法

常见命令运用示例如下：

1）首先在两个不同窗口分别输入以下命令，启动主节点和小海龟节点：

```
1. inwinic@inwinic-desktop:~$ roscore
2. inwinic@inwinic-desktop:~$ rosrun turtlesim turtlesim_node
```

2）查看当前话题列表：

```
1. inwinic@inwinic-desktop:~$ rostopic list
```

查看到的话题列表如图 3-4-10 所示。

```
inwinic@inwinic-desktop: ~
inwinic@inwinic-desktop:~$ rostopic list
/rosout
/rosout_agg
/turtle1/cmd_vel
/turtle1/color_sensor
/turtle1/pose
inwinic@inwinic-desktop:~$
```

图 3-4-10 话题列表

3）查看“/turtle1/cmd_vel”话题的消息类型：

```
inwinic@inwinic-desktop:~$ rostopic type /turtle1/cmd_vel
```

查询得到的消息类型如图 3-4-11 所示。

```
inwinic@inwinic-desktop: ~
inwinic@inwinic-desktop:~$ rostopic type /turtle1/cmd_vel
geometry_msgs/Twist
inwinic@inwinic-desktop:~$
```

图 3-4-11 “/turtle1/cmd_vel”话题的消息类型

4）发布运动控制话题到小海龟，让小海龟运动，命令如下：

```
inwinic@inwinic-desktop:~$ rostopic pub -r 10 /turtle1/cmd_vel
geometry_msgs/Twist "linear:
x: 1.0
y: 0.0
Z: 0.0
angular:
x: 0.0
y: 0.0
Z: 1.0"
```

命令中“-r”选项用于控制发布话题的频率，“10”代表频率为 10Hz，“/turtle1/cmd_vel”代表发布的话题名字，“geometry_msgs/Twist”代表发布话题的消息类型，“linear：…… angular……”代表消息的格式。需要注意在输入这个命令的时候，当我们输入完话题名字后，直接按一下键盘上的“tab”键，会自动在话题名字后面填写话题的消息类型，再按一下“tab”键，会自动补全话题的数据格式，数据初始值都是 0，需要修改哪个数值，直接通过左右移动光标到相应的位置进行修改即可（注意不要按上下箭头按键来移动光标）。命令执行后，会发现小海龟以 1m/s 的线速度和 1m/s 的角速度进行运动，如图 3-4-12 所示。

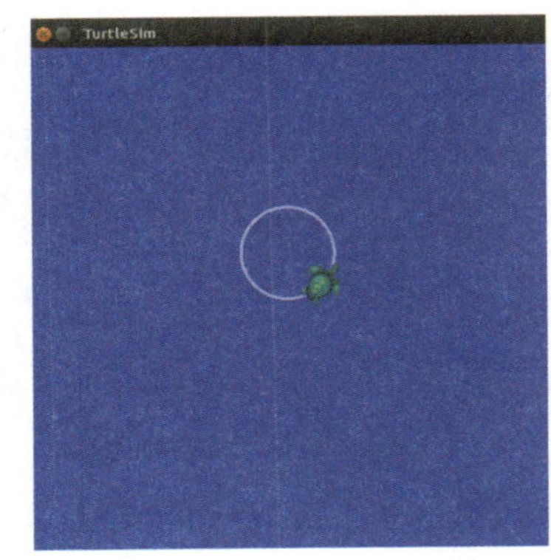

图 3-4-12 通过话题控制小海龟运动

二、服务（Service）

1. 服务文件（srv）

类似 msg 文件，srv 文件是用来描述 service 数据类型的，service 通信的数据格式定义在 *.srv 中。它声明了一个服务，包括请求 (request) 和响应（reply）两部分。

服务文件定义的模板如下：

```
请求的格式
————————
应答的格式
```

服务文件定义的示例如下：

```
int64 x
int64 y
---
int64 sum
```

2. 服务（service）

1）服务（service）的特点：自定义的服务文件后缀为“.srv”。包含有客户端（client）和服务端（server）的服务是同步双向通信，不仅可以发送消息，而且还会有应答，这样会形成阻塞。客户端和服务端分别在主节点中注册发布的服务名及请求的服务名等。服务的发布和订阅的通信结构如图 3-4-13 所示：

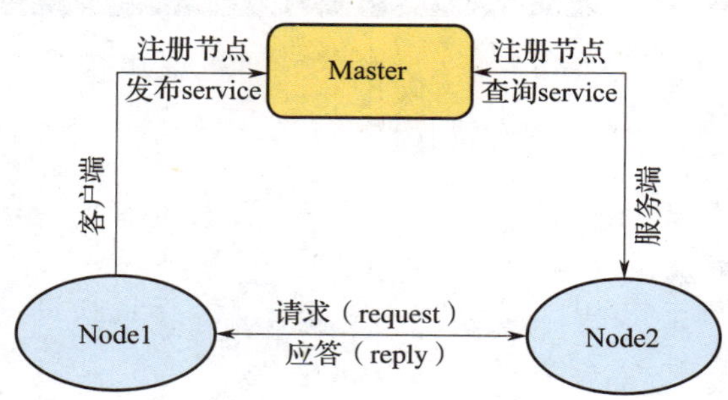

图 3-4-13　服务的发布和订阅的通信结构

2）服务（service）常用的操作命令见表 3-4-6。

表 3-4-6　服务常用的操作命令

rosservice 命令	作用
rosservice list	输出可用服务的信息
rosservice call	调用带参数的服务
rosservice type	输出服务类型
rosservice find	依据服务的消息类型寻找服务
rosservice uri	输出服务的 ROSRPC uri
rosservice [命令名] -h	查看 rosservice [命令名] 的具体用法

常见命令运用示例如下：

1）首先在两个不同窗口分别输入以下命令，启动主节点和小海龟节点。

```
inwinic@inwinic-desktop:~$ roscore
inwinic@inwinic-desktop:~$ rosrun turtlesim turtlesim_node
```

2）在新窗口中输入如下命令，查看当前可用的服务，如图 3–4–14 所示。

```
inwinic@inwinic-desktop:~$ rosservice list
```

```
inwinic@inwinic-desktop: ~
inwinic@inwinic-desktop:~$ rosservice list
/clear
/kill
/reset
/rosout/get_loggers
/rosout/set_logger_level
/spawn
/turtle1/set_pen
/turtle1/teleport_absolute
/turtle1/teleport_relative
/turtlesim/get_loggers
/turtlesim/set_logger_level
inwinic@inwinic-desktop:~$
```

图 3–4–14　当前可用服务列表

3）在新窗口中输入如下命令，查看服务“/clear”的类型，如图 3–4–15 所示。

```
inwinic@inwinic-desktop:~$ rosservice type /clear
```

```
inwinic@inwinic-desktop: ~
inwinic@inwinic-desktop:~$ rosservice type /clear
std_srvs/Empty
inwinic@inwinic-desktop:~$
```

图 3–4–15　服务“/clear”的类型

4）最后，调用服务，清除小海龟运动的轨迹。

```
1. inwinic@inwinic-desktop:~$ rosservice call clear
```

清除小海龟运动轨迹前、后的效果如图 3–4–16 所示。

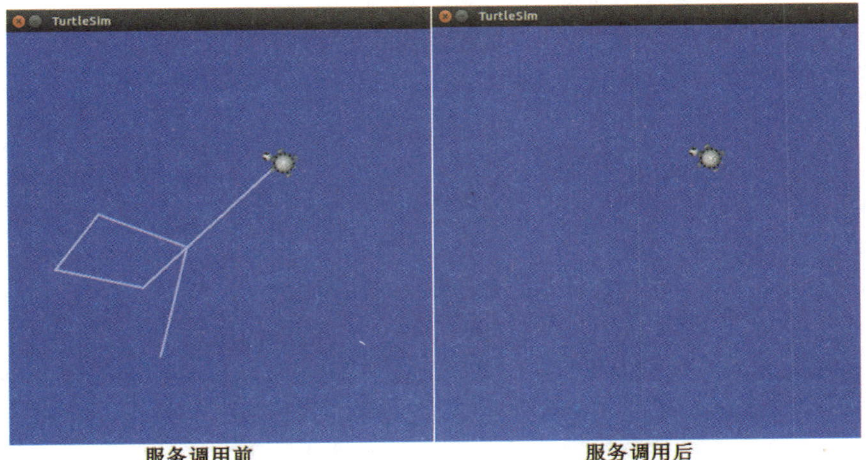

图 3–4–16　清除小海龟运动轨迹

三、动作（Action）

1. 动作（action）文件模板

类似 msg 文件，action 文件是用来描述 action 相关信息的，action 通信的数据格式定义在 *.action 中。它声明了一个动作，包括目标、反馈、结果三个部分。

得到的空间结构框架大致为：

```
目标
-----
结果
-----
反馈
```

得到的空间结构框架大致为：

```
uint32 lunch_id
-----
uint32 total_lunch_finished
-----
float32 percent_complete
```

2. 动作（Action）特点

动作（Action）的特点如下：

1）动作和服务一样，都包含请求和应答。

2）动作比服务多了中途反馈，客户端可以在多种执行中获得动作的状态信息、结果信息或取消动作。

3）动作的消息传输方式属于异步双向通信，不会形成阻塞。

动作（Action）的通信结构如图 3-4-17 所示。

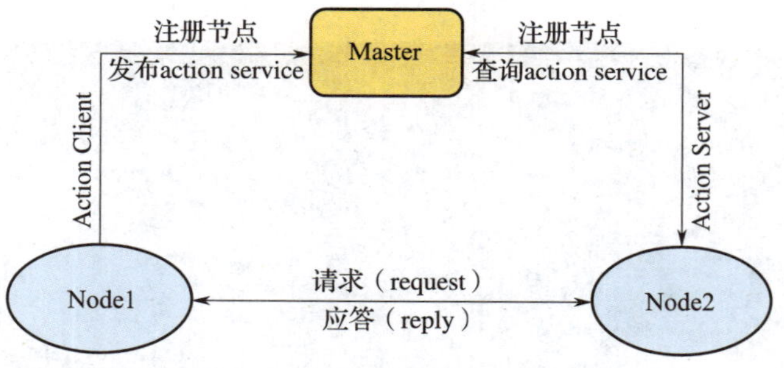

图 3-4-17　动作的通信结构图

拓展阅读

机器人技术是一门跨学科、跨领域、需要许多专业知识的庞杂学问。机器人以及其他的一些智能系统，被市场以及人们的直觉赋予了许多智能化的需求。

对于机器人来说，最基本的需求自然是它的移动能力，譬如手臂关节的运动控制、机器人本体的移动规划等等。这个能力在老一代的传统机器人（AGV、工业流水线机械臂等）上都有不错的体现。然而，这种传统的依赖人为控制或者事先示教、编程的模式，并不能满足日益发展的工业生产或人们日常生活的需求，而且传统的预先示教版本的机器人在流程升级或者工作变更的时候，常常需要巨大的资金与工作量的投入。

人们开始呼唤具备真正智能的机器人出现，特别是自 2006 年以来，工业界在人工智能、计算机算力、电源技术、复杂的规划 / 决策算法方面都取得了重大突破，人们对机器人的智能化有了更多的合理化诉求。

正如 ABI Research 的调研报告里所提到的，机器人不仅要实现基本的数据搜集与移动能力，还需要在对数据的有效分析、感知世界、实时通信、智能思考并决策、协助或主导完成实际有效的工作等方面具备必要的能力。为了达到这样的目标，一些新兴的技术，诸如无线通信、大数据、云计算 / 边缘计算、物联网，以及无处不在的人工智能，将无一例外地进入机器人技术的“应用战场”。

ROS，特别是 ROS2，目前还处于开发阶段。其整个系统的稳定性、可靠性还不能满足正常的产品化需求。ROS/ROS2 中的一些模块没有经过较为完善的测试，测试的覆盖率也还不够高，特别是没有针对真实的应用场景做一些面向产品的测试与论证。因此，用 ROS2 搭建的机器人系统容易遇到异常情况，这导致了 ROS/ROS2 在产品化应用过程中有一些负面的用户反馈。

目前，ROS/ROS2 中大部分的模块还是针对机器人的某些可见功能，特别是比较抢眼的用于展示的功能。这些功能确实相当重要，但是并不能完全覆盖机器人作为一个完整的产品的功能需求。机器人在产品部署以及产业化方面还没有形成统一的流程与标准，这个问题也限制了 ROS/ROS2 在更多机器人产品中的普及。

另外，正如前文所讲，人们对于现在机器人有很多智能功能的期望。机器人不仅需要通过包括摄像头在内的各种传感器感知环境，还需要发展思维判断做决策的能力，具备实时并安全的通信交互功能，能够动态、灵活地适应不同的场景以及工作。这些需求要求 ROS/ROS2 更好地支持 AI 技术，将机器学习、视觉分析的能力融入机器人的基本功能当中。

综合这些难点与挑战，对于 ROS/ROS2 来说，当务之急是梳理出一整套的硬件、软件以及合作流程，开发出能代表 ROS2 发展前景与重要功能的“旗舰”级机器人。

任务分组

学生任务分配表

<table>
<tr><td>班级</td><td></td><td>组号</td><td></td><td>指导老师</td><td></td></tr>
<tr><td>组长</td><td></td><td>学号</td><td colspan="3"></td></tr>
<tr><td rowspan="4">组员</td><td colspan="2">姓名：________ 学号：________</td><td colspan="3">姓名：________ 学号：________</td></tr>
<tr><td colspan="2">姓名：________ 学号：________</td><td colspan="3">姓名：________ 学号：________</td></tr>
<tr><td colspan="2">姓名：________ 学号：________</td><td colspan="3">姓名：________ 学号：________</td></tr>
<tr><td colspan="2">姓名：________ 学号：________</td><td colspan="3">姓名：________ 学号：________</td></tr>
<tr><td colspan="6">任务分工</td></tr>
<tr><td colspan="6"></td></tr>
</table>

工作计划

扫描二维码了解构建 ROS 通信系统构建的步骤，结合前面所了解的知识内容和小组内部讨论的结果，制定工作方案，落实各项工作负责人，如任务实施前的准备工作、实施中主要操作及协助支持工作、实施过程中相关要点及数据的记录工作等。

构建 ROS 通信

工作计划表

步骤	作业内容	负责人
1		
2		
3		
4		
5		
6		
7		
8		

进行决策

1. 各组派代表阐述资料查询结果。
2. 各组就各自的查询结果进行交流，并分享技巧。
3. 教师结合各组完成的情况进行点评，选出最佳方案。

任务实施

构建 ROS 通信	
步骤	过程记录
1	为了实现 ROS 通信，需要创建两个节点，一个________，另一个________
2	假定你已创建了工作空间“inwinic_ws”并创建了功能包“inwinic_topic”，功能包依赖包包含________、________，你在功能包中的 src 文件夹下创建________文件和________作为发布节点和接收节点
3	添加编译规则是在________文件添加相应的代码
4	编译功能包后，分别输入以下三个命令来分别启动主节点________、话题发布节点________、话题订阅节点________进行测试，使用________查看当前运行的节点列表
5	你可以通过________打开节点图查看话题的发布与接收情况，并可以通过________知道话题里包含的具体信息
6	构建服务通信时，假定已创建的工作空间“inwinic_ws”，并创建了功能包“inwinic_srv”，功能包依赖包包含________、________、________、________。你需要创建用于描述服务数据格式的文件________及对应的文件目录________
7	创建服务通信的服务端和客户端，你需要在功能包“inwinic_srv”的 src 文件夹中创建服务端的________文件和客户端的________文件用于添加代码
8	构建动作通信时，假定已创建的工作空间“inwinic_ws”，并创建了功能包“inwinic_action”，功能包依赖包包含________、________、________、________、________、________。你需要创建用于描述动作内容的文件________及对应的文件目录________
9	打开功能包“inwinic_srv”中的 CmakeList.txt 文件，在指定的位置添加的代码是________________，打开功能包“inwinic_action”中的 CmakeList.txt 文件，在指定的位置添加的代码是________________
10	为了实现 ROS 通信，你需要创建两个节点，一个是________，另一个是________

6S 现场管理			
序号	操作步骤	完成情况	备注
1	建立安全操作环境	已完成□　未完成□	
2	清理及整理工具量具	已完成□　未完成□	
3	清理及复原设备正常状况	已完成□　未完成□	
4	清理场地	已完成□　未完成□	
5	物品回收和环保	已完成□　未完成□	
6	完善和检查工单	已完成□　未完成□	

评价反馈

1. 各组代表展示汇报 PPT，介绍任务的完成过程。

2. 以小组为单位，请对各组的操作过程与操作结果进行自评和互评，并将结果填入综合评价表中的小组评价部分。

3. 教师对学生工作过程与工作结果进行评价，并将评价结果填入综合评价表中的教师评价部分。

综合评价表

姓名		学号		班级		组别	
实训任务							
评价项目		评价标准				分值	得分
小组评价	计划决策	制定工作方案的合理可行，小组成员分工明确				10	
	任务实施	总结节点的特点与 ROS 通信架构				10	
		成功构建 ROS 话题通信				10	
		成功构建 ROS 服务通信				20	
		成功构建 ROS 动作通信				10	
	任务达成	能按照工作方案操作，按计划完成工作任务				10	
	工作态度	认真严谨、积极主动、安全生产、文明施工				10	
	团队合作	与小组成员、同学之间能合作交流、协调工作				10	
	6S 管理	完成竣工检验、现场恢复				10	
	小计					100	
教师评价	实训纪律	不出现无故迟到、早退、旷课现象，不违反课堂纪律				10	
	方案实施	严格按照工作方案完成任务实施				20	
	团队协作	任务实施过程互相配合，协作度高				20	
	工作质量	能按照工作方案操作，按计划完成工作任务				20	
	工作规范	操作规范，三不落地，无意外事故发生				10	
	汇报展示	能准确表达、总结到位、改进措施可行				20	
	小计					100	
综合评分	小组评分 ×50%+ 教师评分 ×50%						
总结与反思							

（如：学习过程中遇到什么问题→如何解决的 / 解决不了的原因→心得体会）

能力模块四 掌握线控底盘的调试方法

任务一 实现自动驾驶系统的远程登录

学习目标

- 熟悉 Ubuntu 系统命令终端远程登录的方法。
- 熟悉 Ubuntu 系统可视化界面远程登录的方法。
- 能够使用 SSH 方式远程登录到 Ubuntu。
- 能够使用 NoMachine 工具远程登录到 Ubuntu。
- 获得多途径检索知识、分析解决问题以及多元化思考解决问题的方法，形成创新意识。
- 具有良好的团队协作精神和较强的组织沟通能力。
- 具备良好的职业道德，尊重他人劳动，不窃取他人成果。

知识索引

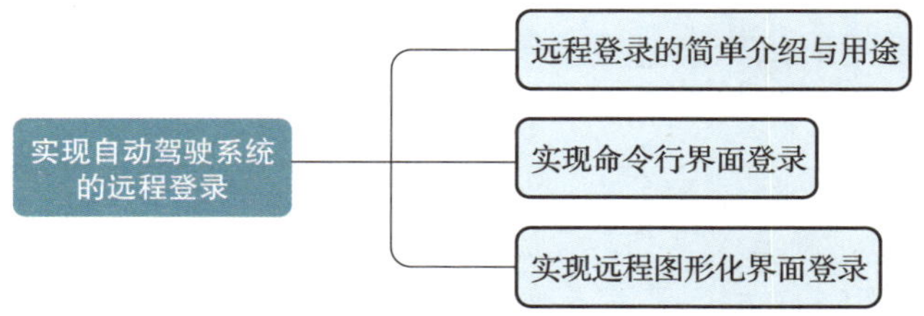

情境导入

作为一位测试工程师，你在对自动驾驶系统进行调试之前一定要掌握远程登录技能，掌握该技能有助于迅速且便捷地了解系统内部情况，从而完成后续排查工作。

获取信息

引导问题 1

查阅相关资料，请简单阐述自动驾驶系统的远程操控分为哪几种登录方式。

____

____

____

远程登录的简单介绍与用途

远程登录是互联网最广泛的应用之一，它允许授权用户进入网络中的其他主机，并且效果就像在现场操作一样。一旦进入主机，用户可以操作主机允许的任何事情，比如读取、编辑或删除文件等。通过远程登录，本地计算机便能与网络上另一远程计算机取得“联系”，并进行程序交互。例如，先在本地登录到 A 主机系统，然后再通过网络远程登录到 B 主机，在 A 主机提供的终端交互窗口可以间接操作 B 主机中的资源，如同直接操作 B 主机一样。许多自动驾驶小车在进行测试时，考虑到位置变化和灵活控制，为了消除长度和连接线的限制，大多都会选择用远程登录的方式进行系统操作。以智慧猫为例，远程登录需要在本地登录一台主机系统（如实训室安装好 Ubuntu 和 ROS 的台式计算机），然后通过 WiFi 网络远程连接到智慧猫的决策单元，从而实现对智慧猫的远程调试。

自动驾驶系统的远程操控可通过命令行界面远程登录或图像化界面远程登录。由于智慧猫没有屏幕，因此在远程登录前，我们需要将智慧猫连接到屏幕，并通过 ifconfig 命令来查看智慧猫的 ip 地址。如果只是想要远程登录到智慧猫控制器的命令行界面，输入智慧猫的控制命令，可以通过在虚拟机中的 Ubuntu 系统和智慧猫决策单元中安装支持安全外壳协议（Secure Shell，SSH）的工具来实现。Ubuntu 系统中通过 SSH 服务实现的远程登录功能，默认 SSH 服务端口号为 22。如果想要远程登录到智慧猫控制器的图形化界面，可以通过在 PC 机的 Windows 系统上和智慧猫的控制器中安装 NoMachine 软件来实现。下面将分别介绍在 Ubuntu 环境下如何实现命令行界面的远程登录，以及如何实现图形化界面远程登录。

引导问题 2

查阅相关资料，并扫描二维码观看智慧猫 SSH 命令登录过程视频，简单描述一下 SSH 在远程登录技术中的优势。

____

____

____

智慧猫智能车
SSH 命令登录

实现命令行界面登录

在 Ubuntu 环境下实现虚拟机端到智慧猫主机端的远程登录，我们通过支持 SSH 协议的工具可以实现。工具分为客户端“openssh-client”和服务器“openssh-server”，可以利用指令确认计算机上是否安装了客户端和服务器。计算机需要安装才能实现远程登录。为了便于两侧主机相互登录，它们均需要安装客户端和服务器。

一、SSH 的定义

SSH（安全外壳协议）是由互联网工程任务组（The Internet Engineering Task Force，IETF）制定的建立在应用层基础上的安全网络协议。它是专为远程登录会话（甚至可以用 Windows 远程登录 Linux 服务器进行文件互传）和其他网络服务提供安全性的协议，可有防御补网络中的漏洞。SSH 也是目前远程管理 Ubuntu 系统的首选方式。

二、SSH 的优势

在 SSH 被广泛应用之前，一般使用 FTP 或 Telent 进行远程登录。但是因为它们以明文的形式在网络中传输账户密码和数据信息，因此很不安全，很容易受到中间人攻击，轻则篡改传输的数据信息，重则直接抓取服务器的账号密码。而 SSH 采用了非对称加密技术 (RSA) 加密了所有传输的数据，能够保证更好的安全性。SSH 不仅使用起来方便快捷，而且能够提供两种安全认证的方法：基于口令的认证和基于密钥的认证。其中基于密钥的安全认证是指用户必须创建一对密钥，并把公钥放在需要访问的服务器上，通过两把“钥匙”的比较核对一致以及私钥本地解密才能完成登录。这个过程中不仅加密所有传输的数据，也不再需要在网络上传送口令，可以有效防止信息泄露和黑客攻击，安全性更高。

三、SSH 软件的应用

Ubuntu 中一般可以通过使用“OpenSSH”软件来应用 SSH 实现远程登录；如果是 Windows 操作系统则需要使用另一个软件“PuTTY”来应用 SSH 实现远程登录。考虑到智慧猫采用了 Ubuntu 操作系统，本书主要介绍 OpenSSH 免费开源软件的操作与使用。在用户来登录远程主机的操作中，具体使用“ssh root@ 主机 ip（或主机域名）”这条命令来实现命令行页面远程登录。具体操作流程如图 4-1-1 所示。

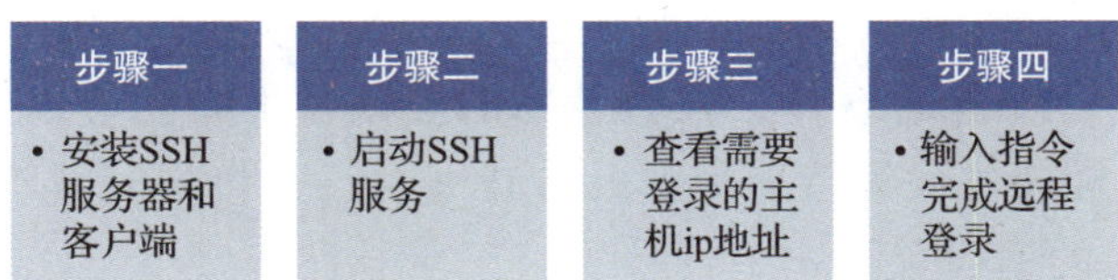

图 4-1-1　命令行页面远程登录具体操作流程图

引导问题 3

查阅相关资料，并扫描二维码观看智慧猫 NoMachine 软件远程连接过程视频，请简述远程图形化界面登录的优缺点。

____

____

____

智慧猫智能车 NoMachine 软件远程连接

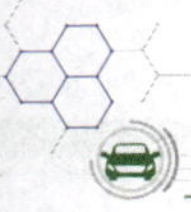

实现远程图形化界面登录

远程登录图形化界面可以看到 Ubuntu 系统的人机交互界面，可以方便地查看和修改一些文件，与在本地控制器上直接操作的一样。因此，该方法对于不太熟悉 Ubuntu 系统操作指令的人来说，操作起来更友好。但是远程桌面的主要缺点，在于远程图像传输存在延时。因此，对于熟悉 Ubuntu 系统相关操作指令的人群，还是建议采用“命令行界面登录”的方式来完成远程登录。

NoMachine 是一款远程桌面工具，与其他常见的远程桌面工具相比，它的优势就是速度快。它采用了 NX 协议，在高延时低带宽的链路上，提供了近乎本地的响应能力。NoMachine 不仅是免费软件，它还支持 Windows、Linux、Mac、iOS、Android 等主流系统，其页面如图 4-1-2 所示。

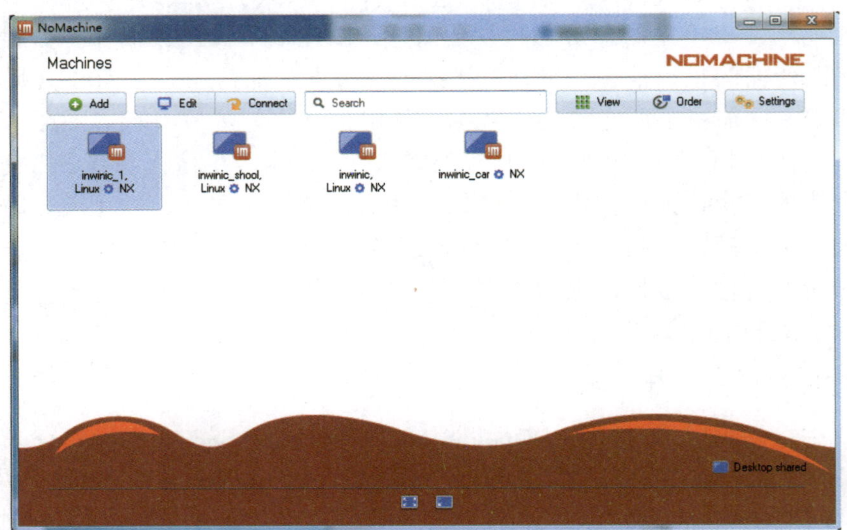

图 4-1-2　NoMachine 远程登录页面

因此，图形化界面的远程登录可以通过 NoMachine 等软件来实现。在电脑上我们可以选择在 Windows 上安装 Windows 版的 NoMachine 软件，或者在电脑上的虚拟机中安装 Linux 版的 NoMachine 软件，在智慧猫的控制器上我们可以选择安装 Arm 版的 NoMachine 软件。这样通过设置待连接主机的 IP 地址、连接局域网、登录账号及密码，即可实现图形化界面的远程登录。

职业认证

智能运动控制系统集成与应用职业技能等级证书（初级）中就要求能掌握工业运动控制系统集成应用的领域和特点，能进行运动控制系统网络与传感单元的安装，能够掌握常见的智能控制器。通过智能运动控制系统集成与应用职业技能等级证书（初级）考核可获得教育部 1+X 证书中的《智能运动控制系统集成与应用职业技能等级证书（初级）》。

任务分组

学生任务分配表

<table>
<tr><td>班级</td><td></td><td>组号</td><td></td><td>指导老师</td><td></td></tr>
<tr><td>组长</td><td></td><td>学号</td><td colspan="3"></td></tr>
<tr><td rowspan="4">组员</td><td>姓名：________</td><td>学号：________</td><td>姓名：________</td><td colspan="2">学号：________</td></tr>
<tr><td>姓名：________</td><td>学号：________</td><td>姓名：________</td><td colspan="2">学号：________</td></tr>
<tr><td>姓名：________</td><td>学号：________</td><td>姓名：________</td><td colspan="2">学号：________</td></tr>
<tr><td>姓名：________</td><td>学号：________</td><td>姓名：________</td><td colspan="2">学号：________</td></tr>
<tr><td colspan="6">任务分工</td></tr>
<tr><td colspan="6"></td></tr>
</table>

工作计划

按照前面所了解的知识内容和小组内部讨论的结果，制定工作方案，落实各项工作负责人，如任务实施前的准备工作、实施中主要操作及协助支持工作、实施过程中相关要点及数据的记录工作等。

工作计划表

步骤	作业内容	负责人
1		
2		
3		
4		
5		
6		
7		
8		

进行决策

1. 各组派代表阐述资料查询结果。
2. 各组就各自的查询结果进行交流，并分享技巧。
3. 教师结合各组完成的情况进行点评，选出最佳方案。

任务实施

实现自动驾驶系统的远程登录	
步骤	过程记录
1	1）在桌面计算机端查询是否安装 SSH 的服务器或客户端的指令为 ________________ 2）如果成功安装了 SSH 的服务器与客户端，将显示： ________________和________________
2	如果没有安装 SSH 的服务器或客户端的电脑，需要输入什么指令进行安装？ ________________ 以及________________
3	1）输入什么指令可以启动 SSH 服务？ ________________ 2）执行启动指令时，需要输入系统用户密码________________ 3）SSH 服务成功启动后，命令行窗口将显示： ________________ 4）如果要停止 SSH 服务，则执行以下指令： ________________ 5）停止指令被成功执行后，命令行窗口将显示： ________________
4	1）可以将智慧猫的决策单元连接键盘、鼠标以及显示器，开机后，在其命令行窗口输入“________________”指令，可以查询其 IP 地址 2）查询得知你的智慧猫 IP 地址为________________
5	从桌面计算机端输入指令： ________________，可以远程登录到智慧猫端的 Ubuntu 系统
6	本书介绍的图形化界面远程登录操作前必须下载安装软件________________，匹配你正在使用的桌面计算机的版本为________________，匹配智慧猫端的版本为________________
7	桌面计算机端的 Ubuntu 系统中输入指令： ________________，可以完成图形化登录工具 NoMachine 的安装

6S 现场管理			
序号	操作步骤	完成情况	备注
1	建立安全操作环境	已完成□　未完成□	
2	清理及整理工具量具	已完成□　未完成□	
3	清理及复原设备正常状况	已完成□　未完成□	
4	清理场地	已完成□　未完成□	
5	物品回收和环保	已完成□　未完成□	
6	完善和检查工单	已完成□　未完成□	

评价反馈

1. 各组代表展示汇报 PPT，介绍任务的完成过程。

2. 以小组为单位，请对各组的操作过程与操作结果进行自评和互评，并将结果填入综合评价表中的小组评价部分。

3. 教师对学生工作过程与工作结果进行评价，并将评价结果填入综合评价表中的教师评价部分。

综合评价表

姓名		学号		班级		组别	
实训任务							
评价项目		评价标准				分值	得分
小组评价	计划决策	制定工作方案的合理可行，小组成员分工明确				10	
	任务实施	能够正确安装并启动 SSH 服务				10	
		能够正确查询主机 ip 地址				10	
		能够完成命令行远程登录的效果				20	
		能够完成安装并正确通过 NoMachine 软件完成图形化页面远程登录				10	
	任务达成	能按照工作方案操作，按计划完成工作任务				10	
	工作态度	认真严谨、积极主动、安全生产、文明施工				10	
	团队合作	与小组成员、同学之间能合作交流、协调工作				10	
	6S 管理	完成竣工检验、现场恢复				10	
	小计					100	
教师评价	实训纪律	不出现无故迟到、早退、旷课现象，不违反课堂纪律				10	
	方案实施	严格按照工作方案完成任务实施				20	
	团队协作	任务实施过程互相配合，协作度高				20	
	工作质量	能按照工作方案操作，按计划完成工作任务				20	
	工作规范	操作规范，三不落地，无意外事故发生				10	
	汇报展示	能准确表达、总结到位、改进措施可行				20	
	小计					100	
综合评分	小组评分 ×50%+ 教师评分 ×50%						
总结与反思							

（如：学习过程中遇到什么问题→如何解决的 / 解决不了的原因→心得体会）

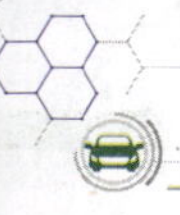

任务二　完成线控底盘通信功能包的调试

学习目标

- 了解实现 arduino 与 ROS 通信的方法。
- 了解启动 ROS 节点的方法。
- 能够通过 ros_arduino_bridge 实现 arduino 与 ROS 通信。
- 获得多途径检索知识、分析解决问题以及多元化思考解决问题的方法，形成创新意识。
- 具有良好的团队协作精神和较强的组织沟通能力。
- 具备良好的职业道德，尊重他人劳动，不窃取他人成果。

知识索引

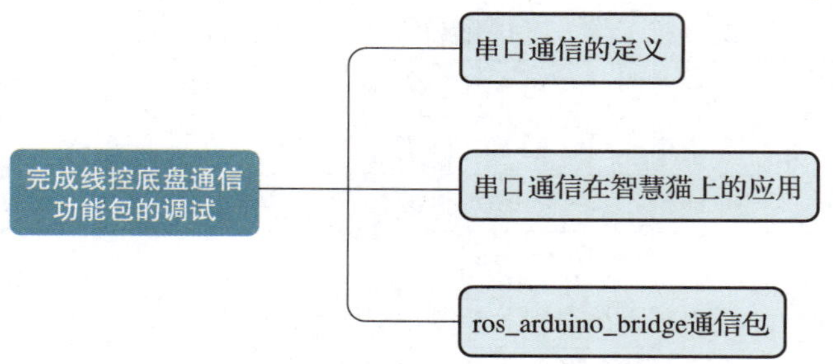

情境导入

随着自动驾驶技术的不断发展，L3 自动驾驶允许双手暂时离开转向盘，而更高级别的自动驾驶则可以解放双手双脚，完全依靠自动驾驶系统的感知层、决策层和执行层来控制汽车自动驾驶。线控底盘具备响应速度快、控制精度高、能量回收强的特点，是 L3 及以上级别自动驾驶技术发展的核心部件。而在整个自动驾驶框架中，将决策层与线控底盘关联起来，使得线控底盘“运作”起来，线控底盘通信就发挥了非常大的作用。掌握调试线控底盘通信功能包的技能，实现智慧猫主控制器与底盘控制器之间的通信是每一个测试工程师必备的基本功。

获取信息

引导问题 1

查阅相关资料，请简述实现串口通信有哪些重要的参数，以及一个通信数据包的组成结构。

____

____

____

串口通信的定义

线控底盘通信是指上位机（Jetson Nano控制器）与下位机（线控底盘）与之间的通信，智慧猫上下位机之间采用串行接口通信的方式。

串行接口简称串口，也称串行通信接口（通常指 COM 接口），是采用串行通信方式的扩展接口。

串口通信（Serial Communications）是指外设和计算机间，通过数据信号线、地线、控制线等，按位（bit）发送和接收字节，进行传输数据的一种通信方式。尽管比按字节（byte）的并行通信较慢，但是串口可以在使用一根线发送数据的同时用另一根线接收数据，结构简单并且能够实现远距离通信。

串口通信最重要的参数是波特率、数据位、停止位和奇偶校验。对于两个进行通信的端口，这些参数必须匹配。下面将对波特率、数据位、停止位和奇偶校验位这几个概念进行简单介绍。

1. 波特率

波特率是一个衡量字符传输速率的参数，配置了波特率就知道了传输每个位（bit）所需要的时间。波特率指的是信号被调制以后在单位时间内的变化，即单位时间内载波参数变化的次数，如每秒钟传送 240 个字符，而每个字符格式包含 10bit（1 个起始位，1 个停止位，8 个数据位），这时的波特率为 240Bd，比特率为 10bit × 240 个 / 秒 = 2400bit/s。波特率不能随意设定，因为通信双方需要事先设定先沟通的波特率才能通信成功，否则接收不到通信内容。一般最常见的波特率是 9600 或 115200（低端单片机如 51 常用 9600，高端单片机和嵌入式 SoC 常用 115200）。

2. 数据位

数据位是衡量通信中实际数据位的参数。当计算机发送一个信息包，实际真正有效数据位数是可以选择的，标准的值是 6~8bit，如何设置取决于你想传送的信息。比如，标准的 ASC Ⅱ码是 0~127（7bit）。扩展的 ASC Ⅱ码是 0~255（8bit）。如果数据使用简单的文本（标准 ASC Ⅱ码），那么每个数据包使用 7bit 数据。

3. 停止位

停止位用于表示单个包的最后一位。典型的值为 1、1.5 和 2 位。由于数据是在传输线上定时的，并且每一个设备有其自己的时钟，很可能在通信中两台设备间出现不

同步。因此停止位不仅仅是表示传输的结束，并且提供计算机校正时钟同步的机会。适用于停止位的位数越多，不同时钟同步的容忍程度越大，但是数据传输率也会更慢。

4. 奇偶校验位

奇偶校验位是在串口通信中一种简单的检错方式。其有四种检错方式：偶、奇、高和低。在通信中允许没有校验位。对于偶和奇校验的情况，串口会设置校验位（数据位后面的一位），用一个值确保传输的数据有偶个或者奇个逻辑高位。例如，如果数据是011，那么对于偶校验，校验位为0，保证逻辑高的位数是偶数个。如果是奇校验，校验位为1，这样就有3个逻辑高位。高位和低位不真正检查数据，而是通过简单置位逻辑高或者逻辑低进行校验。这样使得接收设备能够知道一个位的状态，有机会判断是否有噪声干扰了通信，或者是否传输和接收的数据不同步。

实际的串口通信的数据包传输过程是发送设备通过自身的TXD接口传输到接收设备的RXD接口。其数据包内容由起始位、数据位、校验位以及停止位组成，通信双方的数据包格式需要约定一致才能正常收发数据，数据包的具体构成如图4-2-1所示。

图 4-2-1 数据包的具体构成

引导问题 2

查阅相关资料，总结智慧猫线控底盘通信实现过程。

____

____

____

串口通信在智慧猫上的应用

当我们想要利用决策单元控制智慧猫的底盘之前，首先需要了解上位机与下位机的概念。上位机是指可以直接发出操控命令的计算机，通常是PC、host computer、master computer、决策模块。下位机是指能够直接控制设备运作、获取设备状态信息的计算机，一般是指可编程逻辑控制器（Programmable Logic Controller，PLC）、单片机、slave computer等。上位机发出命令传递给下位机，下位机再根据命令直接控制相应设备。下位机读取设备状态数据反馈给上位机。

在智慧猫线控底盘通信中，上下位机分别是串口接收决策单元和线控底盘控制单元。要实现智慧主控制器与底盘控制器的通信，大致分为以下三步：

1）将行云桥智慧猫自带的HDMI接口与桌面显示器相连，USB接口连接键鼠。

2）打开电源，进入Ubuntu系统。

3）启动 ROS 与 arduino 的通信节点。

其中，智慧猫的线控底盘控制单元（下位机），通过串口接收决策单元（上位机）发送过来的底盘行驶的线速度和角速度。同时，下位机也通过串口向上位机发送四个驱动电机的实时转速。

智慧猫的上位机采用 Jetson Nano 作为主控模块（决策模块），然后通过串口连接至底盘的控制器（Arduino Mega 2560）。上位机上已经安装好了 ROS，并通过 ros_arduino_bridge 通信功能包实现与下位机之间的串行通信。

引导问题 3

查阅相关资料，请简述 ros_arduino_bridge 通信包的整体文件结构。

____

____

____

ros_arduino_bridge 通信包

ros_arduino_bridge 通信包包括了 Arduino 库（ROS Arduino Bridge）和一系列用来控制基于 Arduino 的 ROS 功能包，它使用的是标准的 ROS 消息和服务，且不依赖于 ROS 串口。与 rosserial_arduino 包不同的是，它允许 arduino 作为一个 ROS 的节点，可以直接发布和订阅 ROS 的消息，发布 TF 变换，以及获取 ROS 的系统时间等。

ros_arduino_bridge 包含了一个底盘控制器（base controller），该底盘控制器可以控制一个两轮差速驱动的机器人，也可以接受 ROS Twist 格式的消息，并发布里程计数据到主控电脑（上位机）。目前，ros_arduino_bridge 功能包支持的电机驱动板有 Pololu VNH5019 双路电机控制板和 Pololu MC33926 双路电机控制板。除了默认支持的控制板，我们也可以通过修改代码来扩充其他型号的电机驱动板。该软件包除了支持驱动电机，还有一些其他功能：

1）直接支持各种超声波传感器（如 HY-SRF05 超声波模块）和 Sharp 红外测距传感器（如 GP2D12）。

2）可以从通用的模拟和数字信号的传感器读取数据。

3）可以直接控制数字信息信号的输出。

4）能够支出 PWM 伺服舵机控制。

ROS wiki 上有官方的 ros_arduino_bridge 功能包集的介绍，可从 www.ros.org/wiki/ros_arduino_bridge 网址获取。

接下来，我们来介绍一下 ros_arduino_bridge 功能包集的整体文件结构。总的来说，ros_arduino_bridge 功能包包括四大部分：ros_arduino_bridge 模块、ros_arduino_firmware 模块、ros_arduino_msgs 模块以及 ros_arduino_python 模块。内部文件结构见表 4-2-1。

表 4-2-1　ros_arduino_bridge 功能包的整体文件结构

序号	文件夹名称	所包含的文件夹或文件	功能
1	ros_arduino_bridge	CMakeLists.txt package.xml	metapackage（元包）
2	ros_arduino_firmware	CMakeLists.txt package.xml src	开源固件包，其中 src 文件夹内包含需要写入到下位机（Arduino）中的源代码（因为默认底盘结构不同该源码不适合智慧猫）
3	ros_arduino_msgs	CMakeLists.txt package.xml msg srv	消息定义包
4	ros_arduino_python	CMakeLists.txt、package.xml、setup.py Config、launch Nodes、src	ROS 相关的 Python 包

其中，ros_arduino_msgs 文件夹内部包含了 ROS 使用的各类信息格式和各类服务。内部的 msg 文件夹内容主要用于定义消息，srv 文件夹内容用于定义服务。具体包含的文件功能见表 4-2-2。

表 4-2-2　ros_arduino_msgs 文件夹内部分文件功能

序号	文件夹名称	所包含的文件夹或文件	功能
1	msg	AnalogFloat.msg	定义模拟 IO 浮点消息
2		Analog.msg	定义模拟 IO 数字消息
3		ArduinoConstants.msg	定义常量消息
4		Digital.msg	定义数字 IO 消息
5		SensorState.msg	定义传感器状态消息
6	srv	AnalogRead.srv	模拟 IO 输入
7		AnalogWrite.srv	模拟 IO 输出
8		DigitalRead.srv	数字 IO 输入
9		DigitalSetDirection.srv	数字 IO 设置方向
10		DigitalWrite.srv	数字 IO 输入
11		ServoRead.srv	伺服电机输入
12		ServoWrite.srv	伺服电机输出

其中，ros_arduino_python 文件夹内部包含了上位机中需要运行的主要代码，由 Python 编写。内部结构为 config、launch、nodes 和 src/ros_arduino_python 文件夹。一一对应的具体文件功能展示见表 4-2-3。

表 4-2-3　ros_arduino_python 文件夹内部分文件功能

序号	文件夹名称	所包含的文件夹或文件	功能
1	config	arduino_params.yaml	定义相关参数，端口，PID 等
2	launch	arduino.launch	底盘通信节点启动文件
3	nodes	arduino_node.py	通信节点的 Python 文件
4	src/ ros_arduino_python	arduino_driver.py	Arduino 驱动类
5		arduino_sensors.py	Arduino 传感器类
6		base_controller.py	基本控制类
7		__init__.py	类包默认空文件

在实现线控底盘主机与底层控制板 Arduino 的通信之前，需要确认线控底盘的主机通信包已安装，必须先启动底盘通信节点，相关命令如下。

1）远程登录到线控底盘主机侧：

```
1. inwinic@remote: ~$ ssh inwinic@[ 线控底盘 ip 地址 ]
```

2）启动底盘通信节点：

```
1. inwinic@inwinic-desktop: ~$ roslaunch ros_arduino_python arduino.
   launch
```

底盘通信节点正确启动后界面显示如图 4-2-2 所示：

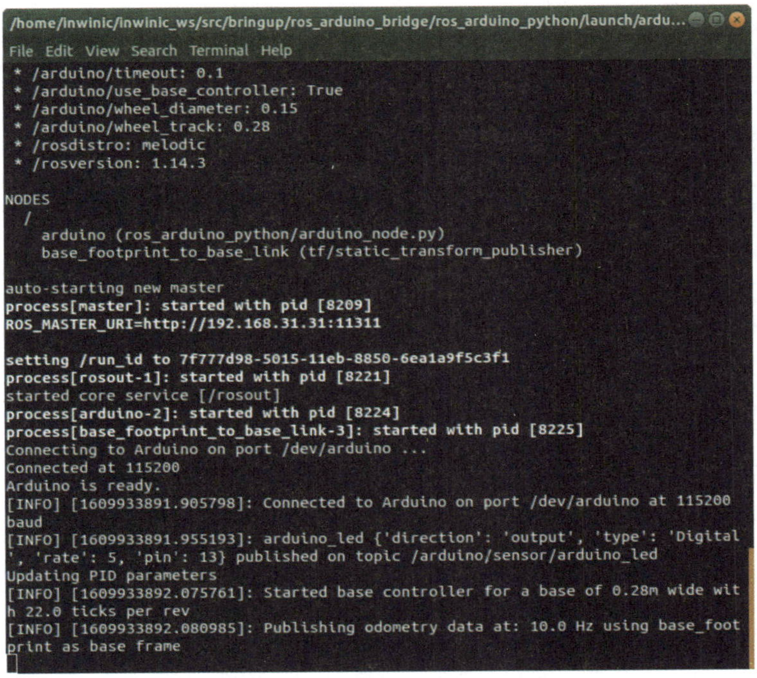

```
/home/inwinic/inwinic_ws/src/bringup/ros_arduino_bridge/ros_arduino_python/launch/ardu...
File  Edit  View  Search  Terminal  Help
 * /arduino/timeout: 0.1
 * /arduino/use_base_controller: True
 * /arduino/wheel_diameter: 0.15
 * /arduino/wheel_track: 0.28
 * /rosdistro: melodic
 * /rosversion: 1.14.3

NODES
  /
    arduino (ros_arduino_python/arduino_node.py)
    base_footprint_to_base_link (tf/static_transform_publisher)

auto-starting new master
process[master]: started with pid [8209]
ROS_MASTER_URI=http://192.168.31.31:11311

setting /run_id to 7f777d98-5015-11eb-8850-6ea1a9f5c3f1
process[rosout-1]: started with pid [8221]
started core service [/rosout]
process[arduino-2]: started with pid [8224]
process[base_footprint_to_base_link-3]: started with pid [8225]
Connecting to Arduino on port /dev/arduino ...
Connected at 115200
Arduino is ready.
[INFO] [1609933891.905798]: Connected to Arduino on port /dev/arduino at 115200
baud
[INFO] [1609933891.955193]: arduino_led {'direction': 'output', 'type': 'Digital
', 'rate': 5, 'pin': 13} published on topic /arduino/sensor/arduino_led
Updating PID parameters
[INFO] [1609933892.075761]: Started base controller for a base of 0.28m wide wit
h 22.0 ticks per rev
[INFO] [1609933892.080985]: Publishing odometry data at: 10.0 Hz using base_foot
print as base frame
```

图 4-2-2　线控底盘启动后界面

在 2019 年中国技能大赛——机动车检测工（新能源汽车智能化技术）赛项中，对于参赛选手的基本知识要求之一为汽车线控底盘技术。需要具体掌握汽车线控转向技术、线控制动技术、线控驱动技术等基本原理和装备的安装调试、使用和维护规范。

任务分组

学生任务分配表

班级		组号		指导老师	
组长		学号			
组员	姓名：________	学号：________	姓名：________	学号：________	
	姓名：________	学号：________	姓名：________	学号：________	
	姓名：________	学号：________	姓名：________	学号：________	
	姓名：________	学号：________	姓名：________	学号：________	
任务分工					

工作计划

按照前面所了解的知识内容和小组内部讨论的结果，制定工作方案，落实各项工作负责人，如任务实施前的准备工作、实施中主要操作及协助支持工作、实施过程中相关要点及数据的记录工作等。

工作计划表

步骤	作业内容	负责人
1		
2		
3		
4		
5		
6		
7		

进行决策

1. 各组派代表阐述资料查询结果。
2. 各组就各自的查询结果进行交流，并分享技巧。
3. 教师结合各组完成的情况进行点评，选出最佳方案。

任务实施

ROS 指令实现线控底盘通信	
步骤	过程记录
1	1）在桌面电脑端安装 ros_arduino_bridge 功能包之前，为了能在 home/inwinic 目录下创建多级文件夹目录，需要输入指令________ 2）然后需要输入指令________进入刚创建完成的 src 文件夹，接着输入指令________完成初始化工作空间
2	1）需要将配套提供的 ros_arduino_bridge 功能包拷贝到文件夹目录________下 2）跳出到 inwinic_ws 文件夹，并输入指令________完成编译 3）输入指令________以及可以完成环境配置
3	1）你的 Arduino 控制板与虚拟机的连接端口号为________ 2）执行指令________，可以将端口权限修改为“rwx” 3）输入指令________可以进入文件夹 ros_arduino_bridge/ros_arduino_python/config；接着输入指令________可以使用 gedit 工具打开 my_arduino_params.yaml 文件
4	输入指令________，可以启动线控底盘通信节点，实现 ROS 与 Arduino 控制板之间的通信

6S 现场管理			
序号	操作步骤	完成情况	备注
1	建立安全操作环境	已完成□　未完成□	
2	清理及整理工具量具	已完成□　未完成□	
3	清理及复原设备正常状况	已完成□　未完成□	
4	清理场地	已完成□　未完成□	
5	物品回收和环保	已完成□　未完成□	
6	完善和检查工单	已完成□　未完成□	

评价反馈

1. 各组代表展示汇报 PPT，介绍任务的完成过程。

2. 以小组为单位，请对各组的操作过程与操作结果进行自评和互评，并将结果填入综合评价表中的小组评价部分。

3. 教师对学生工作过程与工作结果进行评价，并将评价结果填入综合评价表中的教师评价部分。

综合评价表

<table>
<tr><td>姓名</td><td></td><td>学号</td><td></td><td>班级</td><td></td><td>组别</td><td></td></tr>
<tr><td colspan="2">实训任务</td><td colspan="6"></td></tr>
<tr><td colspan="2">评价项目</td><td colspan="4">评价标准</td><td>分值</td><td>得分</td></tr>
<tr><td rowspan="10">小组评价</td><td>计划决策</td><td colspan="4">制定工作方案的合理可行，小组成员分工明确</td><td>10</td><td></td></tr>
<tr><td rowspan="4">任务实施</td><td colspan="4">完成初始化工作</td><td>10</td><td></td></tr>
<tr><td colspan="4">能够完成 ros_arduino_bridge 功能包的导入与编译</td><td>10</td><td></td></tr>
<tr><td colspan="4">能够正确配置电控底盘的参数</td><td>20</td><td></td></tr>
<tr><td colspan="4">能够正确启动底盘通信节点</td><td>10</td><td></td></tr>
<tr><td>任务达成</td><td colspan="4">能按照工作方案操作，按计划完成工作任务</td><td>10</td><td></td></tr>
<tr><td>工作态度</td><td colspan="4">认真严谨、积极主动、安全生产、文明施工</td><td>10</td><td></td></tr>
<tr><td>团队合作</td><td colspan="4">与小组成员、同学之间能合作交流、协调工作</td><td>10</td><td></td></tr>
<tr><td>6S 管理</td><td colspan="4">完成竣工检验、现场恢复</td><td>10</td><td></td></tr>
<tr><td colspan="5">小计</td><td>100</td><td></td></tr>
<tr><td rowspan="7">教师评价</td><td>实训纪律</td><td colspan="4">不出现无故迟到、早退、旷课现象，不违反课堂纪律</td><td>10</td><td></td></tr>
<tr><td>方案实施</td><td colspan="4">严格按照工作方案完成任务实施</td><td>20</td><td></td></tr>
<tr><td>团队协作</td><td colspan="4">任务实施过程互相配合，协作度高</td><td>20</td><td></td></tr>
<tr><td>工作质量</td><td colspan="4">能按照工作方案操作，按计划完成工作任务</td><td>20</td><td></td></tr>
<tr><td>工作规范</td><td colspan="4">操作规范，三不落地，无意外事故发生</td><td>10</td><td></td></tr>
<tr><td>汇报展示</td><td colspan="4">能准确表达、总结到位、改进措施可行</td><td>20</td><td></td></tr>
<tr><td colspan="5">小计</td><td>100</td><td></td></tr>
<tr><td>综合评分</td><td colspan="6">小组评分 ×50%+ 教师评分 ×50%</td><td></td></tr>
<tr><td colspan="8">总结与反思</td></tr>
<tr><td colspan="8">（如：学习过程中遇到什么问题→如何解决的 / 解决不了的原因→心得体会）</td></tr>
</table>

任务三　完成线控底盘行驶速度的校准

学习目标

- 了解线控底盘线速度校准的方法。
- 了解线控底盘角速度校准的方法。
- 能够对线控底盘的线速度进行校准。
- 能够对线控底盘的角速度进行校准。
- 获得多途径检索知识、分析解决问题以及多元化思考解决问题的方法，形成创新意识。
- 具有良好的团队协作精神和较强的组织沟通能力。
- 具备良好的职业道德，尊重他人劳动，不窃取他人成果。

知识索引

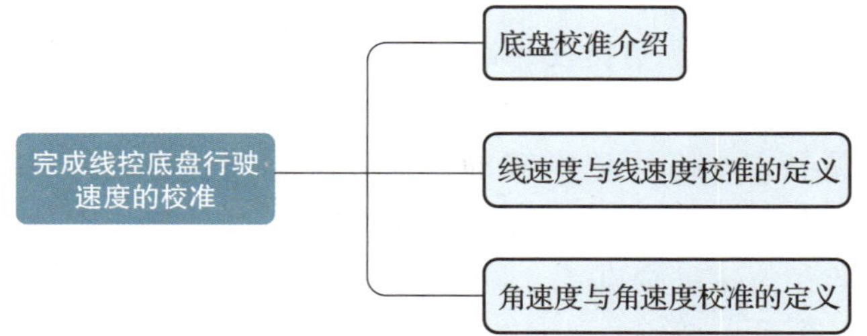

情境导入

作为自动驾驶小车的底盘测试工程师，你在完成底盘通信控制的前期准备之后，需要操作自动驾驶小车进行实际场地的运动（通常包含直线和弯道）测试，从而检验底盘行驶控制的精准度。在实际测试中，由于电机本身性能上的差异，导致每个电机计算后的运动速度存在偏差，进而导致自动驾驶小车无法走直线，或者无法按照预设的角度来转弯，所以完成线控底盘速度校准是小车运动控制环节至关重要的一步。

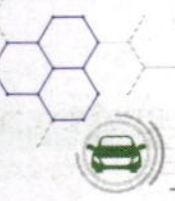

获取信息

引导问题 1

查阅相关资料，简单分析底盘校准的目的，用自己的语言描述出来。

____

____

____

底盘校准介绍

在汽车领域，线控底盘技术的关键为线控转向系统与线控制动系统。其中，线控转向系统是通过电子助力转向或者电控转向来控制行驶速度、改变和恢复汽车行驶方向的；线控制动系统主要是利用助力制动系统来控制汽车减速、停车的。同样，在无人驾驶应用中，线控底盘能否正常运作是影响智能行驶稳定性的重要因素。

现代汽车技术发展特征之一，就是越来越多的部件采用了电子控制。在底盘系统中，线控转向系统也使用了非常多的传感器进行信息的收集与反馈，如车速传感器、侧向加速度传感器、角速度传感器、角位移传感器、转矩传感器等。传感器信息采集和反馈的精度会直接影响到电子控制系统的控制效果。对传感器模块对应的汽车状态进行定期校准，能够提高线控底盘正常运作的稳定性。

在实际应用中，线控底盘初始使用或经过一段时间使用后，都可能会出现底盘的输出角度和速度存在一定的偏差，从而导致线控底盘的运动状态与预想的运动状态存在偏差，进而会导致智能小车无法准确地创建环境地图和自主导航定位方面的问题，因此需要对其进行校准。在现阶段的学习中，线控底盘的校准一般是指行驶状态的校准，主要包括线速度校准和角速度校准。

接下来，我们将会进入到线速度校准和角速度校准的学习和实践。

引导问题 2

查阅相关资料，请简述线速度校准的大致流程。

____

____

____

线速度与线速度校准的定义

物体上任一点对定轴做圆周运动时的速度称为“线速度”（linear velocity）。它的一般定义是质点（或物体上各点）做曲线运动时所具有的即时速度。直线运动可以理解为半径为无穷大的曲线运动。线速度的方向沿运动轨迹的切线方向，故又称切向速度。如图 4-3-1 所示，蓝色曲线为运动轨迹，红色箭头表示每个位置线速度的方向。

线速度校准目的是让智慧猫线控底盘行走的速度，与设定的速度尽可能地保持一致或误差较小，通过加权平均法可以进行修正。使用加权平均法，指每一次的都将车辆行驶的距离除以 1m 得到线速度系数 K，然后所有将记录的值加权得到平均线速度系数 K。对比线控底盘行进的实际距离是否与期望值一致。如果一致，则表明验证校准参数正确，否则通过多次测量加权平均求解线速度校准系数 K。

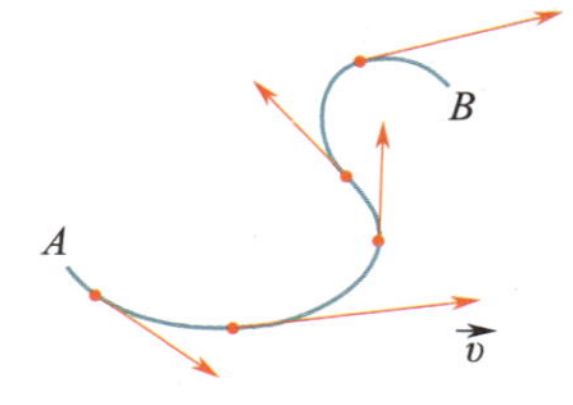

图 4-3-1　线速度示意图

线速度校准时，一般让线控底盘做直线（可以认为是半径为无穷大的圆周切向）行驶运动，目的是使线控底盘的实际行驶距离与期望行驶距离一致，实现精准控制智慧猫的行驶轨迹。

以智慧猫为例，完成线速度校准的步骤见表 4-3-1。

表 4-3-1　线速度校准步骤

步骤	内容
1	环境初始化
2	智慧猫配置和远程电脑端配置
3	电脑端远处登录连接智慧猫
4	放置校准环境
5	配置参数
6	启动线速度校准（启动线控底盘通信节点、启动线控底盘线速度校准节点）
7	启动动态参数调整工具进行校准
8	校准效果检验

其中，主要指令见下文介绍。

1）进入环境初始化：

```
1. cd inwinic_ws
2. sudo./inwinic_env_cn.sh
```

2）电脑端 SSH 远程登录连接智慧猫：

```
1. ssh inwinic@[主机的 ip 地址]
```

3）打开参数配置文件：

```
1. $ gedit~/inwinic_ws/src/ros_arduino_bridge/ros_arduino_python/
   config/my_arduino_params.yaml
```

4）启动线控底盘通信节点：

```
1. $ roslaunch ros_arduino_python arduino.launch
```

5）启动线控底盘线速度校准节点：

```
1. $ rosrun vel_calib calibrate_linear.py
```

6）打开动态参数调节工具：

```
1. $ rosrun rqt_reconfigure rqt_reconfigure
```

引导问题 3

查阅相关资料，请简述在角速度校准的过程中，得到较为准确的角速度校准系数 K 的方式。

____

____

____

角速度与角速度校准的定义

某质点做圆周运动，在 t 时间内转过的角为 θ。θ 与 t 的比值描述了物体绕圆心运动的快慢，这个比值称为角速度，如图 4-3-2 所示。

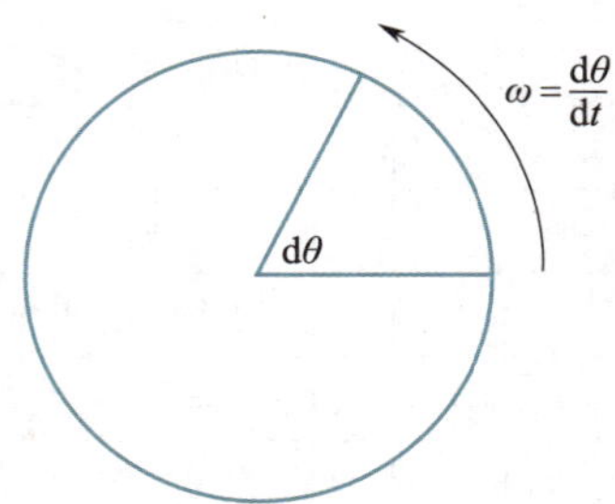

图 4-3-2　角速度示意图

角速度校准目的是令线控底盘转动的角度，与设定的角速度尽可能地保持一致或误差较小。通过加权平均法可以进行修正。使用加权平均法得到车辆平均每次转动的角度 A，角速度的校准系数 $K=A/360$。对比线控底盘转动的实际角度是否与理论值一致。如果一致，则表明验证校准参数正确，否则通过多次测量加权平均求解角速度校准系数 K。目的是使线控底盘的实际转动角度与期望转动角度一致，实现精准控制智慧猫的行驶轨迹。

以智慧猫为例，完成角速度校准的步骤见表 4-3-2。

表 4-3-2　角速度校准步骤

步骤	内容
1	环境初始化（若线速度已校准，可跳过该步骤）
2	智慧猫配置和远程电脑端配置（若线速度已校准，可跳过该步骤）
3	电脑端远处登录连接智慧猫（若线速度已校准，可跳过该步骤）
4	放置校准环境
5	配置参数
6	启动角速度校准（启动线控底盘通信节点、启动线控底盘角速度校准节点）
7	启动动态参数调整工具进行校准
8	校准效果检验

其中，环境初始化、配置指令与线速度校准相关指令一致，在角速度校准环节中，

指令见下文所示。

启动线控底盘通信节点：

```
1. $ roslaunch ros_arduino_python arduino.launch
```

启动线控底盘角速度校准节点：

```
1. $ rosrun vel_calib calibrate_angular.py
```

打开动态参数调节工具：

```
1. $ rosrun rqt_reconfigure rqt_reconfigure
```

任务分组

学生任务分配表

<table>
<tr><td>班级</td><td colspan="2"></td><td>组号</td><td></td><td>指导老师</td><td></td></tr>
<tr><td>组长</td><td colspan="2"></td><td>学号</td><td colspan="3"></td></tr>
<tr><td rowspan="4">组员</td><td>姓名：________</td><td>学号：________</td><td colspan="2">姓名：________</td><td colspan="2">学号：________</td></tr>
<tr><td>姓名：________</td><td>学号：________</td><td colspan="2">姓名：________</td><td colspan="2">学号：________</td></tr>
<tr><td>姓名：________</td><td>学号：________</td><td colspan="2">姓名：________</td><td colspan="2">学号：________</td></tr>
<tr><td>姓名：________</td><td>学号：________</td><td colspan="2">姓名：________</td><td colspan="2">学号：________</td></tr>
<tr><td colspan="7">任务分工</td></tr>
<tr><td colspan="7"></td></tr>
</table>

工作计划

扫描二维码观看线控底盘线速度和角速度校准操作视频，结合前面所了解的知识内容和小组内部讨论的结果，制定工作方案，落实各项工作负责人，如任务实施前的准备工作、实施中主要操作及协助支持工作、实施过程中相关要点及数据的记录工作等。

线控底盘线速度校准

线控底盘角速度校准

工作计划表

步骤	作业内容	负责人
1		
2		
3		
4		
5		
6		
7		
8		

进行决策

1. 各组派代表阐述资料查询结果。
2. 各组就各自的查询结果进行交流，并分享技巧。
3. 教师结合各组完成的情况进行点评，选出最佳方案。

任务实施

校准线控底盘行驶速度	
步骤	过程记录
1	1）智慧猫端的命令行窗口，输入指令________________，进入 inwinic_ws 目录内 2）然后输入指令________________，完成智慧猫端环境的初始化设置
2	1）同样，桌面计算机端的命令行窗口，输入指令________________，进入 inwinic_ws 目录内 2）然后输入指令________________，完成智慧猫端环境的初始化设置
3	1）在线控底盘线速度校准时，需要将智慧猫摆放到平整地面，并在地面________，以便清晰观察移动距离 2）桌面电脑端的命令行窗口中，输入指令________，实现远程登录连接到智慧猫
4	1）输入指令________，可以使用 gedit 打开参数配置文件 my_arduino_params.yaml 2）线速度校准前，先将“linear_scale_correction”的数修改为________
5	输入指令________________，启动线控底盘节点
6	新打开一个命令行窗口，并输入指令________________，启动线控底盘线速度校准节点
7	1）再次新打开一个命令行窗口，并输入指令________，可以打开动态参数调节工具 2）单击________后面的方框，线控底盘便会开始运动 3）线控底盘将会向前行驶一段距离后停止，请在下表中记录每次向前行驶的距离

（续）

<table>
<tr><th>步骤</th><th>过程记录</th></tr>
<tr><td>7</td><td>
<table>
<tr><th>次数</th><th>第 1 次</th><th>第 2 次</th><th>第 3 次</th><th>第 4 次</th><th>第 5 次</th></tr>
<tr><td>实际移动距离</td><td></td><td></td><td></td><td></td><td></td></tr>
<tr><td>线速度系数</td><td></td><td></td><td></td><td></td><td></td></tr>
</table>
4）计算得到的线速度系数平均值为______________</td></tr>
<tr><td>8</td><td>1）在线控底盘角速度校准时，可以在智慧猫上方放置一台已打开______________APP 的手机，或一张打印好的 360° 刻度的罗盘
2）使用指令____________________________可以远程连接智慧猫</td></tr>
<tr><td>9</td><td>跟前面同样指令可以打开配置文件 my_arduino_params.yaml，然后找到角速度__________________________，并将其系数设置为 1</td></tr>
<tr><td>10</td><td>同样先启动线控底盘节点，然后输入指令____________________________，可以启动智慧猫的角速度校准节点</td></tr>
<tr><td>11</td><td>1）再次新打开一个命令行窗口，并输入指令____________________________，可以打开动态参数调节工具
2）单击______________后面的方框，线控底盘便会开始运动
3）线控底盘将会转动行驶一个角度后停止，请在下表中记录每次向前行驶的距离
<table>
<tr><th>次数</th><th>第 1 次</th><th>第 2 次</th><th>第 3 次</th><th>第 4 次</th><th>第 5 次</th></tr>
<tr><td>实际转动角度</td><td></td><td></td><td></td><td></td><td></td></tr>
<tr><td>角速度系数</td><td></td><td></td><td></td><td></td><td></td></tr>
</table>
4）计算得到的角速度系数平均值为______________</td></tr>
</table>

6S 现场管理			
序号	操作步骤	完成情况	备注
1	建立安全操作环境	已完成□　未完成□	
2	清理及整理工具量具	已完成□　未完成□	
3	清理及复原设备正常状况	已完成□　未完成□	
4	清理场地	已完成□　未完成□	
5	物品回收和环保	已完成□　未完成□	
6	完善和检查工单	已完成□　未完成□	

评价反馈

1. 各组代表展示汇报 PPT，介绍任务的完成过程。

2. 以小组为单位，请对各组的操作过程与操作结果进行自评和互评，并将结果填入综合评价表中的小组评价部分。

3. 教师对学生工作过程与工作结果进行评价，并将评价结果填入综合评价表中的教师评价部分。

综合评价表

<table>
<tr><td>姓名</td><td></td><td>学号</td><td></td><td>班级</td><td></td><td>组别</td><td></td></tr>
<tr><td colspan="2">实训任务</td><td colspan="6"></td></tr>
<tr><td colspan="2">评价项目</td><td colspan="4">评价标准</td><td>分值</td><td>得分</td></tr>
<tr><td rowspan="9">小组评价</td><td>计划决策</td><td colspan="4">制定工作方案的合理可行，小组成员分工明确</td><td>10</td><td></td></tr>
<tr><td rowspan="2">任务实施</td><td colspan="4">成功实现线控底盘线速度校准</td><td>25</td><td></td></tr>
<tr><td colspan="4">成功实现线控底盘角速度校准</td><td>25</td><td></td></tr>
<tr><td>任务达成</td><td colspan="4">能按照工作方案操作，按计划完成工作任务</td><td>10</td><td></td></tr>
<tr><td>工作态度</td><td colspan="4">认真严谨、积极主动、安全生产、文明施工</td><td>10</td><td></td></tr>
<tr><td>团队合作</td><td colspan="4">与小组成员、同学之间能合作交流、协调工作</td><td>10</td><td></td></tr>
<tr><td>6S 管理</td><td colspan="4">完成竣工检验、现场恢复</td><td>10</td><td></td></tr>
<tr><td colspan="5">小计</td><td>100</td><td></td></tr>
<tr><td rowspan="7">教师评价</td><td>实训纪律</td><td colspan="4">不出现无故迟到、早退、旷课现象，不违反课堂纪律</td><td>10</td><td></td></tr>
<tr><td>方案实施</td><td colspan="4">严格按照工作方案完成任务实施</td><td>20</td><td></td></tr>
<tr><td>团队协作</td><td colspan="4">任务实施过程互相配合，协作度高</td><td>20</td><td></td></tr>
<tr><td>工作质量</td><td colspan="4">能按照工作方案操作，按计划完成工作任务</td><td>20</td><td></td></tr>
<tr><td>工作规范</td><td colspan="4">操作规范，三不落地，无意外事故发生</td><td>10</td><td></td></tr>
<tr><td>汇报展示</td><td colspan="4">能准确表达、总结到位、改进措施可行</td><td>20</td><td></td></tr>
<tr><td colspan="5">小计</td><td>100</td><td></td></tr>
<tr><td>综合评分</td><td colspan="6">小组评分 ×50%+ 教师评分 ×50%</td><td></td></tr>
<tr><td colspan="8">总结与反思</td></tr>
</table>

（如：学习过程中遇到什么问题→如何解决的 / 解决不了的原因→心得体会）

任务四　实现线控底盘运动远程控制

学习目标

- 了解利用键盘节点控制线控底盘运动的方法。
- 了解利用手柄节点控制线控底盘运动的方法。
- 能够使用键盘控制线控底盘运动。
- 能够使用手柄控制线控底盘运动。
- 获得多途径检索知识、分析解决问题以及多元化思考解决问题的方法，形成创新意识。
- 具有良好的团队协作精神和较强的组织沟通能力。
- 具备良好的职业道德，尊重他人劳动，不窃取他人成果。

知识索引

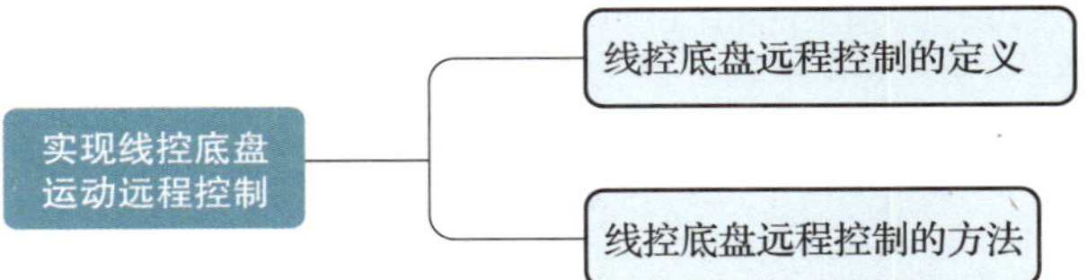

情境导入

在智能小车完成线控底盘的通信连接与底盘校准之后，就可以进入到正式的控制底盘运动环节。作为一名智能小车线控底盘调试员，你需要通过远程控制小车完成运动操作，观察底盘的行进情况。本任务以行云桥智慧猫小车为例，通过使用键盘或手柄发送消息的方式来帮助你实现控制线控底盘运动，从而验证线控底盘是否能够正确执行上位机发送的相关指令，掌握控制底盘运动相关技能。

获取信息

引导问题 1

查阅相关资料，请简述远程控制线控底盘的目的是什么。

____

____

____

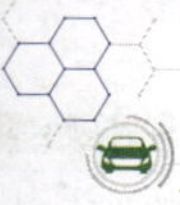

线控底盘远程控制的定义

线控底盘远程控制是指从局域网的另一台设备（可以是桌面计算机）的终端，以SSH服务远程登录到线控底盘端，并在远程终端输入指令访问线控底盘控制智慧猫小车，完成直线行走、制动及转弯等常规运动。

安全外壳协议（Secure Shell，SSH）是由IETF的网络小组（Network Working Group）制定的，是一个建立在应用层基础上，专为远程登录会话和其他网络服务提供可靠安全性服务的协议。目前SSH适用的操作系统有Unix、Linux和Windows等，应用范围非常广泛，能够有效防止远程管理过程中的信息泄露问题。

相较传统的网络服务程序，SSH可以将所有传输的数据进行加密，通过密钥或者口令的形式进行安全验证，能够有效防止DNS和IP欺骗，提高数据传输的安全性。SSH进行安全验证的具体过程如图4-4-1所示。

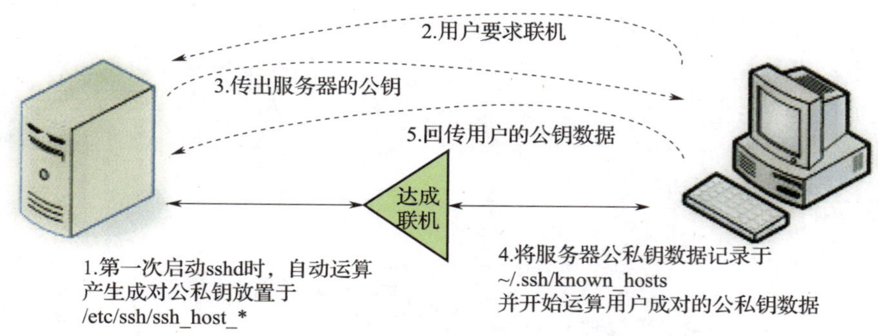

图 4-4-1　SSH 进行安全验证的具体过程

通过密钥进行安全传输之后，能够顺利完成远程登录的操作。远程登录成功后，即可通过不同的功能节点来实现远程控制线控底盘，能够更加灵活地控制智能小车的运动。接下来我们将从键盘节点和手柄节点两个方面来讲解如何实现远程控制。

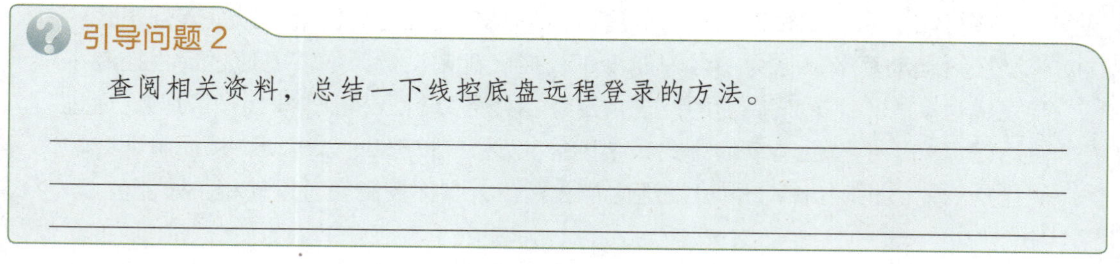

引导问题 2

查阅相关资料，总结一下线控底盘远程登录的方法。

____

____

____

线控底盘远程控制的方法

常见的远程控制线控底盘运动控制方法有键盘节点控制和手柄节点控制。

一、键盘节点控制

键盘控制是指在远程端登录线控底盘时，安装键盘控制节点，进而通过键盘的方向键控制线控底盘的运动。键盘的上下左右按键对应加速、制动 / 后退、左转、右转的控制，除此之外，还有其他按键控制小车底盘的运动方向和运动速度。

键盘按键与运动方向的对应关系见表 4-4-1。

表 4-4-1 键盘按键与运动方向对应关系

按键	运动方向	按键	运动方向
U	左前	L	右转
I	前进	M	左后
O	右前	,	后退
J	左转	.	右后

键盘按键与速度调整的对应关系见表 4-4-2。

表 4-4-2 键盘按键与速度调整的对应关系

按键	速度调整功能	按键	速度调整功能
Q	增加（线速度和角速度）	X	减小线速度
Z	减小（线速度和角速度）	E	增大角速度
W	增大线速度	C	减小角速度

二、手柄节点控制

在智慧猫的底盘控制实现方式中，除了基础的键盘控制外，还可以使用配套的遥控手柄来完成小车运动控制。实现手柄节点控制的具体步骤如下：

1）安装手柄驱动包。

2）创建手柄控制功能包。

3）创建手柄控制节点的配置文件。

4）创建手柄控制节点的 launch 文件。

5）编译手柄控制功能包。

在配置文件的创建过程中，需要核对手柄每个按钮对应的数字，完成测试工作。其中对应的数字显示有 0~5 共 5 个轴（Axes），有 0~11 共 12 个按钮（Buttons）。轴与数字的对应关系和按钮与数字的对应关系见表 4-4-3 和表 4-4-4。

表 4-4-3 手柄上的方向轴与测试窗口中 Axes 的对应关系

Axes	方向轴	Axes	方向轴
0	左摇杆的左或右	3	右摇杆的前或后
1	左摇杆的前或后	4	十字方向盘的左或右
2	右摇杆的左或右	5	十字方向盘的前或后

表 4-4-4 手柄上的按键与测试窗口中 Buttons 的对应关系

Buttons	按钮	Buttons	按钮
0	Y	3	X
1	B	4	LB
2	A	5	RB

（续）

Buttons	按钮	Buttons	按钮
LT	LT	BACK	BACK
RT	RT	START	START

键盘节点和手柄节点控制线控底盘运动的意义，在于验证了 ros_arduino_bridge 节点从其他功能节点订阅的信息，并发布到线控底盘上（图 4-4-2），打通了数据传输使用全流程，后续可以使用 ROS 中的其他功能节点代替键盘或遥控节点，发布或订阅控制线控底盘运动的信息。

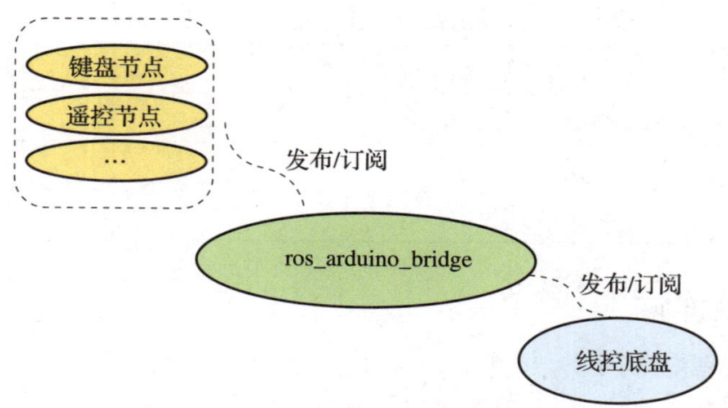

图 4-4-2　ros_arduino_bridge 消息发布与订阅

拓展阅读

汽车迈向智能化时代，线控底盘技术不可或缺。得益于汽车电子电控技术的发展，具备机电一体化、控制集成化特点的线控底盘应运而生。线控底盘技术（X-by-wire）利用传感器获取驾驶员意图及外部环境信息，以电信号传输信息、并控制执行机构工作，实现汽车的转向、制动、驱动等功能。与传统机械式底盘相比，线控系统取消了机械连接，具有响应时间短、控制精度高、人机解耦等优势，顺应了汽车智能化升级的趋势。

从产品生命周期角度来看，线控底盘五大细分模块中，线控驱动和换档基本进入成熟期，线控制动和悬架正处于成长期，线控转向迈进导入期。根据测算，2020—2025 年间，线控底盘市场空间有望从 143 亿元增长至 603 亿元。线控底盘市场扩容原因在于：①造车新势力以智能化标签塑造品牌力，推动智能底盘渗透率提升；②自主供应商国产替代降本，推动线控配置的车型价格带下沉，市场空间打开。

国产替代进程加速，主机厂下沉成为集成供应商，推动供应链体系趋于扁平化，自主供应商直接配套车企加快国产替代进程。底盘智能化趋势下，车企强化对线控底盘的开发投入，原先由传统国际汽车电子提供打包解决方案的格局逐步弱化，车企更倾向于分散化采购+OEM集成的模式，由此带来自主供应商国产替代机会。

汽车底盘由传动系、行驶系、转向系及制动系组成。汽车底盘是汽车结构的重要组成部分，底盘通过接受驾驶员操作指令，使汽车按驾驶员意图实现行驶、转向和制动等功能。从四大细分功能来说：①传动系将动力装置输出的动力传递至驱动轮；②行驶系将汽车车轮、悬架、车身等部件连成一体，实现汽车正常行驶；③转向系用于改变汽车行驶方向，保证汽车能按驾驶员指令完成转向；④制动系则使行驶中汽车减速、停车，以及使已停驶的汽车保持驻车状态。

在车辆行驶过程中，四大系统各司其职，保障驾驶安全。如今，机电一体化、控制集成化、智能电动化成为汽车底盘发展的新趋势。传统汽车底盘多以机械连接实现转向、制动等功能，而线控底盘逐步取消机械传动装置，以电子化控制带来更舒适、安全的底盘驾驶体验。线控底盘的特点如下。

1）机电一体化：随着汽车电子技术、车内网络通信技术的广泛应用，传统的机械/液压系统逐步被精确度更高的电子传感器和执行元件替代。近年来，车辆底盘各类电控系统逐步普及，提升了车辆安全性和操控性。业界预计，未来随着高级别自动驾驶技术的落地，线控底盘等机电高度一体化技术将成为底盘发展重要趋势。

2）控制集成化：汽车底盘各控制系统间的相互联系、依赖、影响逐渐加深。为优化控制效果、节约资源、提高可靠性，以特斯拉为代表的车企，开始用高速局域网络将多个控制系统结合起来，实现“底盘域”集中或“中央”集中的控制模式。

3）智能电动化：汽车电动化不仅将动力源由发动机改变为电机，也带来底盘传动和制动系统的变化。一方面，传动系取消了离合器、变速器等机械传动件，直接由电驱动+减速器系统实现车辆传动，另一方面，传统制动系由发动机实现真空制动功能，电动化后制动系将机械真空泵替换成电子真空泵，或直接应用电子液压制动技术。另外，电动车还需在底盘新增动力电池组等部件，底盘结构发生变化，车企开始探索CTC底盘结构。而汽车智能化则充分发挥机电一体化和控制集成化优势，持续助推底盘的线控改造，打造更精准的智能驾驶执行系统。

汽车迈向智能化时代，线控底盘技术不可或缺。线控底盘技术利用传感器获取驾驶员意图及外部环境信息，通过电信号传输信息、控制执行机构工作，实现汽车转向、制动、驱动等功能。与传统机械式底盘相比，线控系统取消了机械连接，具有响应时间短、控制精度高、人机解耦等优势。

高级别自动驾驶依赖于感知层、决策层和执行层的高效配合，高精度、快响应、安全稳定的执行系统是实现高级别智能驾驶的必要条件，传统机械、液压控制技术难以满足需求。业界普遍认为，线控底盘是量产自动驾驶的核心革命技术之一，在提升 L2、L3 智能驾驶车性能的同时，为 L4 以上自动驾驶做准备。

任务分组

学生任务分配表

班级		组号		指导老师	
组长		学号			
组员	姓名：____ 学号：____ 姓名：____ 学号：____ 姓名：____ 学号：____ 姓名：____ 学号：____		姓名：____ 学号：____ 姓名：____ 学号：____ 姓名：____ 学号：____ 姓名：____ 学号：____		
任务分工					

工作计划

扫描二维码观看手柄调控实现远程控制线控底盘运动的操作视频，结合前面所了解的知识内容和小组内部讨论的结果，制定工作方案，落实各项工作负责人，如任务实施前的准备工作、实施中主要操作及协助支持工作、实施过程中相关要点及数据的记录工作等。

线控底盘手柄控制调试

工作计划表

步骤	作业内容	负责人
1		
2		
3		
4		
5		
6		
7		
8		

进行决策

1. 各组派代表阐述资料查询结果。
2. 各组就各自的查询结果进行交流，并分享技巧。
3. 教师结合各组完成的情况进行点评，选出最佳方案。

任务实施

<table>
<tr><th colspan="2">远程控制线控底盘运动</th></tr>
<tr><th>步骤</th><th>过程记录</th></tr>
<tr><td>1</td><td>1）完成远程登录到智慧猫后，可以输入指令________________，启动底盘通信节点
2）然后新打开一个命令行窗口，并输入指令________________，启动键盘控制节点</td></tr>
<tr><td>2</td><td>请填写下表，厘清键盘按键与运动方向的对应关系
<table>
<tr><th>按键</th><th>运动方向</th><th>按键</th><th>运动方向</th></tr>
<tr><td>U</td><td></td><td>L</td><td></td></tr>
<tr><td>I</td><td></td><td>M</td><td></td></tr>
<tr><td>O</td><td></td><td>,</td><td></td></tr>
<tr><td>J</td><td></td><td>.</td><td></td></tr>
</table></td></tr>
<tr><td>3</td><td>请填写下表，厘清按键与速度调整的对应关系
<table>
<tr><th>按键</th><th>速度调整关系</th><th>按键</th><th>速度调整关系</th></tr>
<tr><td>Q</td><td></td><td>X</td><td></td></tr>
<tr><td>Z</td><td></td><td>E</td><td></td></tr>
<tr><td>W</td><td></td><td>C</td><td></td></tr>
</table></td></tr>
<tr><td>4</td><td>在台式计算机的命令行终端中输入如下指令：________________与________________可以完成手柄驱动包的安装</td></tr>
<tr><td>5</td><td>远程登录到线控底盘的指令终端中，并进入到工作空间的 src 目录下，然后输入指令________________可以完成创建功能包 joy_control，且功能包的依赖项为 roscpp，rospy，std_msgs</td></tr>
<tr><td>6</td><td>输入如下指令________________，可以在终端上查看是否识别到手柄</td></tr>
<tr><td>7</td><td>请按照任务实施中的方法确认你的手柄上方向轴与 Axes 的对应关系，并填写下表
<table>
<tr><th>Axes</th><th>方向轴</th><th>Axes</th><th>方向轴</th></tr>
<tr><td>0</td><td></td><td>3</td><td></td></tr>
<tr><td>1</td><td></td><td>4</td><td></td></tr>
<tr><td>2</td><td></td><td>5</td><td></td></tr>
</table></td></tr>
</table>

（续）

<table>
<tr><th>步骤</th><th colspan="4">过程记录</th></tr>
<tr><td rowspan="7">8</td><td colspan="4">请按照任务实施中的方法确认你的手柄上的按键与测试窗口中 Buttons 的对应关系，并填写下表</td></tr>
<tr><td>Buttons</td><td>按钮</td><td>Buttons</td><td>按钮</td></tr>
<tr><td>0</td><td></td><td>5</td><td></td></tr>
<tr><td>1</td><td></td><td>LT</td><td></td></tr>
<tr><td>2</td><td></td><td>RT</td><td></td></tr>
<tr><td>3</td><td></td><td>BACK</td><td></td></tr>
<tr><td>4</td><td></td><td>START</td><td></td></tr>
</table>

<table>
<tr><th colspan="4">6S 现场管理</th></tr>
<tr><th>序号</th><th>操作步骤</th><th>完成情况</th><th>备注</th></tr>
<tr><td>1</td><td>建立安全操作环境</td><td>已完成□ 未完成□</td><td></td></tr>
<tr><td>2</td><td>清理及整理工具量具</td><td>已完成□ 未完成□</td><td></td></tr>
<tr><td>3</td><td>清理及复原设备正常状况</td><td>已完成□ 未完成□</td><td></td></tr>
<tr><td>4</td><td>清理场地</td><td>已完成□ 未完成□</td><td></td></tr>
<tr><td>5</td><td>物品回收和环保</td><td>已完成□ 未完成□</td><td></td></tr>
<tr><td>6</td><td>完善和检查工单</td><td>已完成□ 未完成□</td><td></td></tr>
</table>

评价反馈

1. 各组代表展示汇报 PPT，介绍任务的完成过程。

2. 以小组为单位，请对各组的操作过程与操作结果进行自评和互评，并将结果填入综合评价表中的小组评价部分。

3. 教师对学生工作过程与工作结果进行评价，并将评价结果填入综合评价表中的教师评价部分。

综合评价表

<table>
<tr><td>姓名</td><td></td><td>学号</td><td>班级</td><td></td><td>组别</td><td></td></tr>
<tr><td colspan="2">实训任务</td><td colspan="5"></td></tr>
<tr><td colspan="2">评价项目</td><td colspan="3">评价标准</td><td>分值</td><td>得分</td></tr>
<tr><td rowspan="6">小组评价</td><td>计划决策</td><td colspan="3">制定工作方案的合理可行，小组成员分工明确</td><td>10</td><td></td></tr>
<tr><td rowspan="2">任务实施</td><td colspan="3">能够成功实现键盘控制线控底盘</td><td>25</td><td></td></tr>
<tr><td colspan="3">能够成功实现手柄控制线控底盘</td><td>25</td><td></td></tr>
<tr><td>任务达成</td><td colspan="3">能按照工作方案操作，按计划完成工作任务</td><td>10</td><td></td></tr>
<tr><td>工作态度</td><td colspan="3">认真严谨、积极主动、安全生产、文明施工</td><td>10</td><td></td></tr>
<tr><td>团队合作</td><td colspan="3">与小组成员、同学之间能合作交流、协调工作</td><td>10</td><td></td></tr>
</table>

（续）

评价项目		评价标准	分值	得分
小组评价	6S 管理	完成竣工检验、现场恢复	10	
	小计		100	
教师评价	实训纪律	不出现无故迟到、早退、旷课现象，不违反课堂纪律	10	
	方案实施	严格按照工作方案完成任务实施	20	
	团队协作	任务实施过程互相配合，协作度高	20	
	工作质量	能按照工作方案操作，按计划完成工作任务	20	
	工作规范	操作规范，三不落地，无意外事故发生	10	
	汇报展示	能准确表达、总结到位、改进措施可行	20	
	小计		100	
综合评分	小组评分 ×50%+ 教师评分 ×50%			

总结与反思
（如：学习过程中遇到什么问题→如何解决的 / 解决不了的原因→心得体会）

能力模块五 掌握激光雷达地图构建与导航的方法

任务一　认知激光雷达

学习目标

- 了解激光雷达的作用与分类。
- 了解常见激光雷达的使用方法。
- 能够在 Windows 系统中正确使用激光雷达，并显示雷达数据。
- 能够在 ROS 中正确使用激光雷达，并显示雷达数据。
- 获得多途径检索知识、分析解决问题以及多元化思考解决问题的方法，形成创新意识。
- 具有良好的团队协作精神和较强的组织沟通能力。
- 具备良好的职业道德，尊重他人劳动，不窃取他人成果。

知识索引

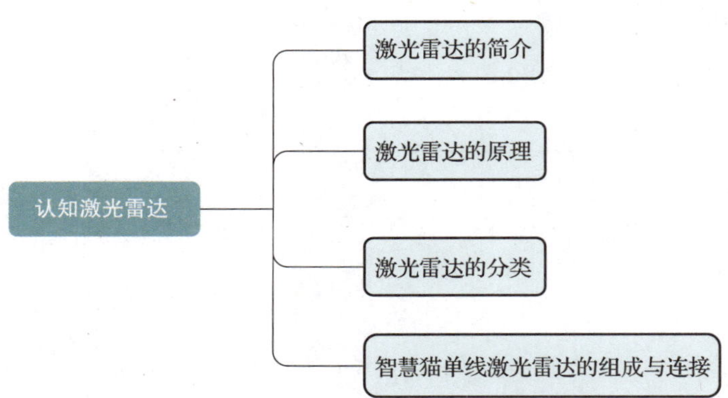

情境导入

在自动驾驶中，能实现环境感知的传感层被比作汽车的“眼睛”，其中的激光雷达相较于其他传感器，探测距离更远，精度更高，且产生的三维地图信息更容易被计算机解析。因此，激光雷达技术也是诸多车企迈向更高级别自动驾驶行列（L3 以上）的关键技术。在 2022 年的 CES 上，英伟达发布了自家的 Hyperion 8 计算平台，其搭载了两颗 Orin X 芯片，每颗算力 254TOPS，支持 12 颗摄像头、9 个毫米波雷达、12 个超声波传感器和 1 颗激光雷达。比亚迪在 2023 款车型上要搭载的正是这套系统，激光雷达和大算力自动驾驶芯片的加入使得自动驾驶方案有了更大的突破。作为自动驾驶领域从业人员，学习掌握激光雷达原理以及应用是了解前沿技术必不可少的。

获取信息

引导问题 1

查阅相关资料，请分别简述激光雷达的几大特点。

____

____

____

激光雷达的简介

激光雷达 (LightLaser Detection and Ranging，LiDAR)，是激光探测及测距系统的简称。用激光器作为发射光源，然后将目标发射回来的信号（目标回波）与发射信号进行比较，进行适当处理后，便可获取目标的相关信息，包括目标距离、方位、高度、速度、姿态，甚至形状等参数，从而对目标进行探测、跟踪和识别。激光雷达是激光与雷达技术相结合的产物。

由于激光光束可以准确测量视场中物体轮廓边沿与设备间的相对距离，这些轮廓信息组成所谓的点云，进而绘制出 3D 环境地图，精度可达到厘米级别，从而实现高精度的环境感知效果，因此在自动驾驶领域被广泛采用。激光雷达的特点包括如下几点。

1. 具有极高的分辨率

激光雷达工作于红外波段，频率比微波高 2~3 个数量级以上，因此，与微波雷达相比，激光雷达具有极高的距离分辨率、角分辨率和速度分辨率。

2. 抗干扰能力强

激光波长短，可发射发散角非常小（μrad 量级）的激光束，多路径效应小（不会形成定向发射，厘米波和毫米波肯定会产生多路径效应），可探测低空 / 超低空目标。

3. 获取的信息量丰富

可直接获取目标的距离、角度、反射强度、速度等信息，生成目标多维度图像。

4. 可全天时工作

激光主动探测，不依赖于外界光照条件或目标本身的辐射特性。它只需发射自己的激光束，通过探测发射激光束的回波信号来获取目标信息。

激光雷达最大的缺点——容易受到大气条件以及工作环境中烟尘的影响，要实现全天候的工作是非常困难的事情。

引导问题 2

查阅相关资料，简单说明在环境感知过程中，激光雷达的工作原理。

____

____

____

激光雷达的原理

一、激光雷达技术原理

激光雷达通过测量激光信号的时间差和相位差来确定距离，其最大优势在于能利用多普勒成像技术，创建出清晰的 3D 目标图像。激光雷达通过发射和接收激光束，分析激光遇到目标对象后的折返时间，计算出到目标对象的相对距离，并利用此过程中收集到的目标对象表面大量密集的点的三维坐标、反射率和纹理等信息，快速得到出被测目标的三维模型以及线、面、体等各种相关数据，建立三维点云图，绘制出环境地图，以达到环境感知的目的。由于光速非常快，测量光的飞行时间非常短，因此要求测量设备具备非常高的精度。从效果上来讲，激光雷达维度（线束）越多，测量精度越高，安全性就越高。

相较于可见光、红外线等传统被动成像技术，激光雷达技术可采集目标表面深度信息，得到目标相对完整的空间信息，经数据处理重构目标三维表面，获得能够反映目标几何外形的三维图形，同时还能获取目标表面反射特性、运动速度等丰富的特征信息，为目标探测、识别、跟踪等数据处理提供充分的信息支持，降低算法难度。

二、激光雷达系统构成

大多数的激光雷达系统主要包括四部分：激光发射系统、激光接收系统、信息处理系统、光学扫描系统。图 5-1-1 所示为激光雷达系统的具体组成。

1）激光发射系统：激励源周期性地驱动激光器，发射激光脉冲，激光调制器通过光束控制器控制发射激光的方向和线数，最后通过发射光学系统，将激光发射至目标物体。

2）激光接收系统：经接收光学系统，光电探测器接受目标物体反射回来的激光，产生接收信号。

3）信息处理系统：接收信号经过放大处理和数模转换，经由信息处理模块计算，获取目标表面形态、物理属性等特性，最终建立物体模型。

4）光学扫描系统：以稳定的转速旋转起来，实现对所在平面的扫描，并产生实时的平面图信息。

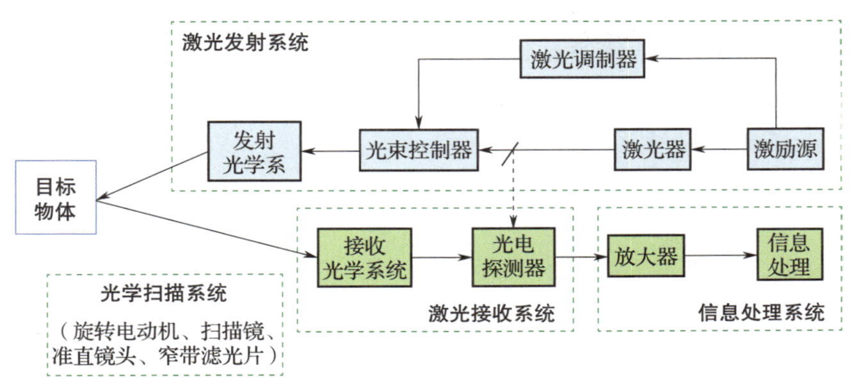

图 5-1-1 激光雷达系统的具体组成

三、激光雷达测距原理

目前，市场上机械式激光雷达使用了不同的测距原理，主要可分为 ToF 测距法和三角测距法两类。

1. ToF（Time of Flight）测距法

ToF 测距法又称飞行时间测距法，测距过程大致分为以下三个步骤：

1）开始测距时，脉冲驱动电路驱动激光器发射一个持续时间极短但瞬时功率非常高的光脉冲，同时计时单元启动计时。

2）光脉冲经发射光路出射后，到达被测物体的表面并向各方向散射。测距模块的接收光路收到部分散射光能量，通过光电器件转化为光电流，输送给回波信号处理电路。

3）回波信号处理电路将光电流转化为电压信号，经过一级或数级放大并调理后，得到一个回波信号对应的电脉冲，用于触发计时单元停止计时。

此时，计时单元记录的时间间隔就代表了激光脉冲从发射到返回的全程所用的时间，使用这个时间值乘以光速并除以 2，即可得到测距单元与被测目标之间的距离值。具体测距过程如图 5-1-2 所示。

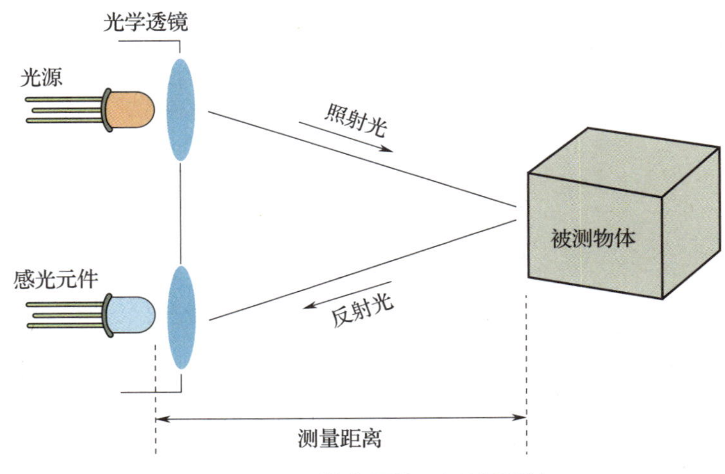

图 5-1-2 激光雷达 ToF 测距法

2. 三角测距法

三角测距法指发射一束激光以一定的入射角度照射被测目标物体，激光在目标物体表面发生反射和散射，在另一角度利用透镜对反射激光汇聚成像，光斑成像在感光耦合组件（Charge-coupled Device，CCD）位置传感器上。当被测物体沿激光方向发生位置变化时，位置传感器上的光斑将产生移动，如图 5-1-3 所示。由图中的几何关系可知，位于不同距离的物体，出射激光形成的光斑在线阵上成像的位置亦不相同；另一方面，测距模块的内部结构固定不变，接收透镜的焦距 f，以及发射光路光轴与接收透镜主光轴之间的偏移(即基线距离)L 这两项参数都是已知的。根据三角形的相似关系，即可计算出物体的距离 D 如下：

$$D=f(L+d)/d$$

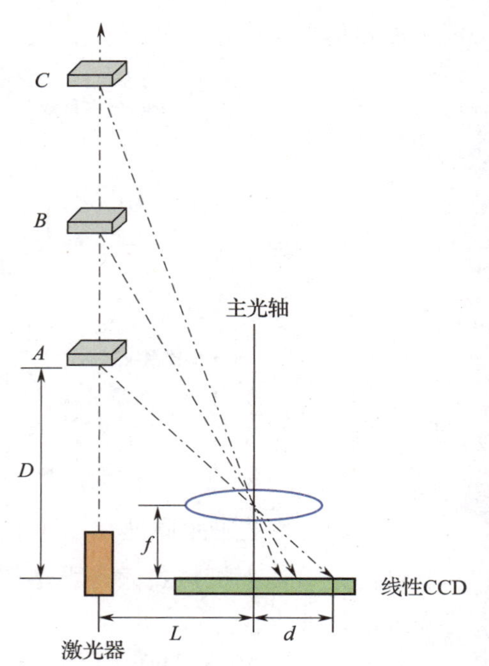

图 5-1-3 激光雷达三角测距法

由于入射光和反射光构成一个三角形，对光斑位移的计算运用了几何三角定理，故该测量法被称为激光三角测距法。

引导问题 3

查阅相关资料，请简述按照扫描方式和线束数量两种方式，激光雷达可以划分成哪些类型。

____

____

____

激光雷达的分类

激光雷达作为自动驾驶车辆常见的传感器，根据不同的划分方式，其分类如图 5-1-4 所示。

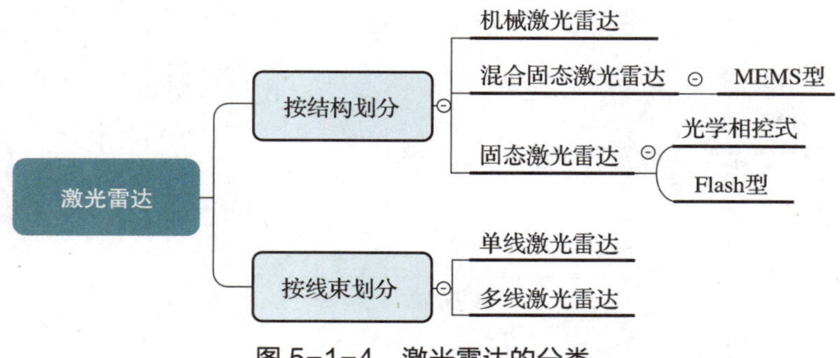

图 5-1-4 激光雷达的分类

一、按结构划分

激光雷达按有无机械旋转部件分类，包括机械激光雷达和固态激光雷达。机械激光雷达带有控制激光发射角度的旋转部件，而固态激光雷达则依靠固态电子部件来控制激光发射角度，无需机械旋转部件。

1. 机械激光雷达

机械激光雷达通过不断旋转发射器，将激光点变成线，并在竖直方向上排布多束激光发射器形成面，实现 3D 扫描的功能。其内部结构相对复杂，正常使用寿命为 2 万 ~3 万小时。

2. MEMS 激光雷达（混合固态）

MEMS（Micro-Electro-Mechanical System）激光雷达相较于机械激光雷达而言，将机械结构微型化，采用 MEMS 微振镜扫描，在微观上实现激光雷达发射端的光束操纵。MEMS 微振镜的使用使得雷达尺寸更小，安装更加便捷，不过与此同时也限制了扫描范围和视场角，使得稳定性降低。MEMS 激光雷达并没有完全消除机械结构，而是将机械结构微型化了，扫描单元变成了 MEMS 微镜，因此，只能算为混合固态激光雷达。

3. Flash 激光雷达（固态）

Flash 型激光雷达是目前较为主流的全固态激光雷达，它可以在短时间内直接发出一大片覆盖探测区域的激光，以高灵敏度的接收器来完成周围环境的绘制，从而快速记录整个场景，避免了扫描过程中雷达或目标的移动带来的影响。但是由于每次发射的光线会散布在整个视场内，这意味着只有小部分激光会投射到某些特定点，很难进行远距离探测。

4. 光学相控式激光雷达（固态）

光学相控式激光雷达采用多个光源组成阵列，通过控制各光源发光时间差（相对相位），合成具有特定方向的主光束，加以控制便可实现不同方向的扫描，但其加工难度较大。

由于内部结构有所差别，各类激光雷达的体积大小有优缺点都各有不同，具体区别见表 5-1-1。

表 5-1-1　基于结构的激光雷达分类及具体区别

序列	种类	技术方案	优点	缺点
1	机械	机械激光雷达	1. 现有技术相对成熟 2. 360° 全范围覆盖	1. 体积大，重量高 2. 寿命较短，成本高
2	混合固态	MEMS 型	1. 体积最小，最便捷 2. 一致性更好	1. 对 MEMS 微振镜要求高 2. 市场成熟方案较少
3	固态	Flash 型	1. 寿命、可靠性高 2. 体积较小	1. 对功率效率要求高 2. 突破瓶颈大，量产方案较少
4	固态	光学相控式	1. 寿命、可靠性高 2. 体积较小	1. 检测精度较低 2. 阵列之间容易相互干扰

二、按线束数量划分

按照线束数量进行分类，激光雷达可分为单线激光雷达和多线激光雷达两大类。

1. 单线激光雷达

单线激光雷达常见外观如图 5-1-5 所示，该雷达只产生一条扫描线，并在其所在平面内绕某个圆心旋转 360°，它所获得的点云数据都在同一个平面内，属于 2D 数据。单线束激光雷达具有测量速度快、数据处理量少、分辨率高等特点，多被应用于对高度信息要求不高，需要避障的室内场景。

图 5-1-5 常见单线激光雷达

2. 多线激光雷达

多线激光雷达如图 5-1-6 所示，扫描一次可产生多条扫描线，目前市场上多线产品包括 4 线束、8 线束、16 线束、32 线束、64 线束、128 线束等，可细分为 2.5D 激光雷达及 3D 激光雷达。2.5D 激光雷达与 3D 激光雷达最大的区别在于激光雷达垂直视野的范围，前者垂直视野范围一般不超过 10°，而后者可达到 30° 甚至 40° 以上，分别适用于不用的应用场景。多线激光雷达多被用于室外场景。

图 5-1-6 常见多线激光雷达

除了上面提到的单线激光雷达和多线激光雷达，目前还有一种单点激光雷达，如图 5-1-7 所示。单点激光雷达属于单线激光雷达的一种，只是单点激光雷达的激光线束固定不动，并不会在平面内绕圈旋转。单点激光雷达目前在自动驾驶领域一般只用于在短距离范围内避免碰撞的场景。此外，单点激光雷达也可用于测距、障碍物检测的场景，比如可以在停车场用于检测是否有车辆通过闸机。

图 5-1-7 单点激光雷达

引导问题 4

查阅相关资料，简述在智慧猫采用的激光雷达使用过程中，修改激光雷达扫描频率的方法。

____

____

____

智慧猫单线激光雷达的组成与连接

智慧猫所采用的单线激光雷达如图 5-1-8 所示。该激光雷达可以实现 25m 范围内 360° 二维平面扫描，产生空间的平面点云地图信息用于地图测绘、机器人自主定位导航、智能设备避障等应用。该款激光雷达采样率和扫描频率可调整。默认每秒采样 14400 点、扫描频率 10Hz，角度分辨率为 0.25°。LS01B 采用激光三角测距系统，在各类室内环境以及 25.000lx 光照以下的室外环境下表现良好。

图 5-1-8　智慧猫采用的单线激光雷达

该款激光雷达主要由高频测距核心、无线传输系统、旋转子系统构成。旋转子系统由无刷步进电动机中轴驱动，在系统内部旋转。用户可以通过调节子系统的旋转参数从而达到修改扫描频率的目的。标准配置采用 3.3V 电平的 UART 串口作为通信接口，它的信号线可以直接与 FPGA/DSP/ARM/ 单片机的 UART 口对接，无需 RS232、422 等芯片转换。系统正确上电后，用户可以通过通信接口（RS232/USB 等）获取激光雷达的扫描测距数据，具体连接示意图如图 5-1-9 所示。

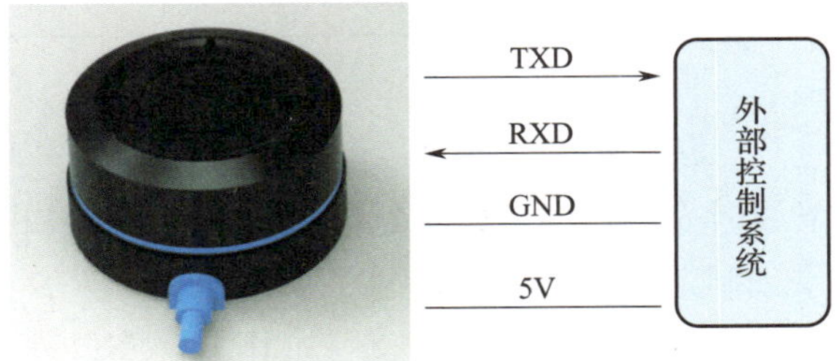

图 5-1-9　激光雷达连接示意图

该激光雷达自带转速检测功能，用户可以通过指令实时获取转速信息，用户通过指令可控制转速；系统内置电机转速稳定算法，对外界环境变化引起的转速变化有较强的矫正能力。

竞赛指南

在 2019 年中国技能大赛的知识理论竞赛中考察了汽车智能化模块，其中包括了对环境感知技术的考察，具体有车载先进传感器的识别、雷达探测技术、机器视觉技术、车辆姿态感知技术、传感器数据对比、信息融合技术（感知融合策略）、目标检测与分类技术、道路识别技术、车辆识别技术、行人识别技术、交通信号识别技术。车载先进传感器的选型、安装、调参、标定和维护维修技术。

任务分组

学生任务分配表

<table>
<tr><td>班级</td><td colspan="2"></td><td>组号</td><td></td><td>指导老师</td><td></td></tr>
<tr><td>组长</td><td colspan="2"></td><td>学号</td><td colspan="3"></td></tr>
<tr><td rowspan="4">组员</td><td>姓名：________</td><td>学号：________</td><td colspan="2">姓名：________</td><td colspan="2">学号：________</td></tr>
<tr><td>姓名：________</td><td>学号：________</td><td colspan="2">姓名：________</td><td colspan="2">学号：________</td></tr>
<tr><td>姓名：________</td><td>学号：________</td><td colspan="2">姓名：________</td><td colspan="2">学号：________</td></tr>
<tr><td>姓名：________</td><td>学号：________</td><td colspan="2">姓名：________</td><td colspan="2">学号：________</td></tr>
<tr><td colspan="7">任务分工</td></tr>
<tr><td colspan="7"></td></tr>
</table>

工作计划

扫描二维码了解单线激光雷达的标定，结合前面所了解的知识内容和小组内部讨论的结果，制定工作方案，落实各项工作负责人，如任务实施前的准备工作、实施中主要操作及协助支持工作、实施过程中相关要点及数据的记录工作等。

单线激光雷达标定

工作计划表

步骤	作业内容	负责人
1		
2		
3		
4		

（续）

步骤	作业内容	负责人
5		
6		
7		
8		

进行决策

1. 各组派代表阐述资料查询结果。
2. 各组就各自的查询结果进行交流，并分享技巧。
3. 教师结合各组完成的情况进行点评，选出最佳方案。

任务实施

<table>
<tr><th colspan="2">认识激光雷达</th></tr>
<tr><th>步骤</th><th>过程记录</th></tr>
<tr><td>1</td><td>请根据 TFmini Plus 与 TTL 转 USB 转换头连接情况对应关系填写下表
<table>
<tr><th>TFmini Plus
引脚编号</th><th>TFmini Plus
引脚功能</th><th>TFmini Plus
线缆颜色</th><th>TTL 转 USB
引脚</th></tr>
<tr><td>1</td><td>GND</td><td></td><td></td></tr>
<tr><td>2</td><td>VCC</td><td></td><td></td></tr>
<tr><td>3</td><td>RXD</td><td></td><td></td></tr>
<tr><td>4</td><td>TXD</td><td></td><td></td></tr>
</table></td></tr>
<tr><td>2</td><td>在 Windows 系统中打开设备配套的上位机软件，选择产品型号为________________；连接端口号为________________；数据帧率为________________</td></tr>
<tr><td>3</td><td>1）将本书配套提供 TFmini Plus 的雷达功能包 tfmini_ros 拷贝到已创建的工作空间 inwinic_ws/src 目录下后，需要输入指令________________和________________进行编译
2）启动 TFmini Plus 前需要输入指令________________查看连接端口及其权限；如果端口权限不够，需要输入指令________________添加端口权限</td></tr>
<tr><td>4</td><td>1）输入指令________________，可以启动 TFmini Plus
2）输入指令________________，可以查看 TFmini Plus 的实时数据</td></tr>
<tr><td>5</td><td>1）本教材使用的单线激光雷达功能包可以使用什么指令下载到 ROS 中
____
____
2）使用指令________________，可以完成功能包的编译
3）使用指令________________，可以添加雷达端口权限</td></tr>
<tr><td>6</td><td>使用指令________________，可以启动单线激光雷达</td></tr>
</table>

（续）

步骤	过程记录
7	在 Windows 系统中使用 Robosense 多线（16 线）激光雷达时，需要配置桌面电脑的静态 IP 地址为________________，子网掩码________________
8	1）在 ROS 中使用 Robosense 多线（16 线）激光雷达时，需将功能包拷贝到工作空间 inwinic_ws/src 目录下，然后使用指令________________安装功能包依赖 2）在 Ubuntu 系统中配置静态 IP 地址为______________，子网掩码________________ 3）使用指令________________可以查看主机终端与激光雷达是否正常连接

6S 现场管理			
序号	操作步骤	完成情况	备注
1	建立安全操作环境	已完成□　未完成□	
2	清理及整理工具量具	已完成□　未完成□	
3	清理及复原设备正常状况	已完成□　未完成□	
4	清理场地	已完成□　未完成□	
5	物品回收和环保	已完成□　未完成□	
6	完善和检查工单	已完成□　未完成□	

评价反馈

1. 各组代表展示汇报 PPT，介绍任务的完成过程。

2. 以小组为单位，请对各组的操作过程与操作结果进行自评和互评，并将结果填入综合评价表中的小组评价部分。

3. 教师对学生工作过程与工作结果进行评价，并将评价结果填入综合评价表中的教师评价部分。

综合评价表

姓名		学号		班级		组别	
实训任务							
评价项目		评价标准				分值	得分
小组评价	计划决策	制定工作方案的合理可行，小组成员分工明确				10	
	任务实施	能够正确启动单点激光雷达，查看数据				10	
		能够完成单线激光雷达功能包编译				10	
		能够启动单线激光雷达				20	
		能够正确连接 Robosense 多线（16 线）激光雷达				10	
	任务达成	能按照工作方案操作，按计划完成工作任务				10	
	工作态度	认真严谨、积极主动、安全生产、文明施工				10	
	团队合作	与小组成员、同学之间能合作交流、协调工作				10	
	6S 管理	完成竣工检验、现场恢复				10	
	小计					100	

（续）

评价项目		评价标准	分值	得分
教师评价	实训纪律	不出现无故迟到、早退、旷课现象，不违反课堂纪律	10	
	方案实施	严格按照工作方案完成任务实施	20	
	团队协作	任务实施过程互相配合，协作度高	20	
	工作质量	能按照工作方案操作，按计划完成工作任务	20	
	工作规范	操作规范，三不落地，无意外事故发生	10	
	汇报展示	能准确表达、总结到位、改进措施可行	20	
	小计		100	
综合评分	小组评分 ×50%+ 教师评分 ×50%			
总结与反思				

（如：学习过程中遇到什么问题→如何解决的 / 解决不了的原因→心得体会）

任务二　构建激光雷达地图

学习目标

- 了解激光雷达建图的常用功能包。
- 了解激光雷达建图功能包的使用方法。
- 掌握激光雷达建图功能包的使用方法。
- 能够正常安装激光雷达建图功能包。
- 能够使用激光雷达建图功能包完成地图构建。
- 获得多途径检索知识、分析解决问题以及多元化思考解决问题的方法，形成创新意识。
- 具有良好的团队协作精神和较强的组织沟通能力。
- 具备良好的职业道德，尊重他人劳动，不窃取他人成果。

知识索引

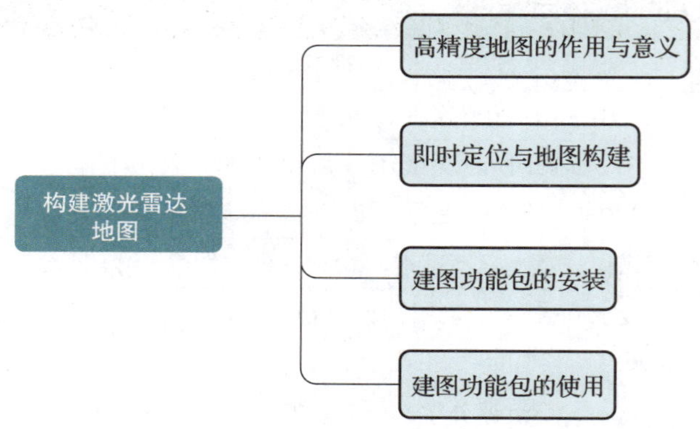

情境导入

如果去一个陌生的地方，我们通常会通过导航软件中的地图来进行导航。对于无人驾驶小车来说，它同样需要通过地图来了解需要到达的目的地的具体位置和小车自身在地图中的位置信息，进而控制小车自主导航到目的地。因此，构建完善的地图在无人驾驶的过程中扮演着非常重要的角色。作为智能网联汽车领域从业人员，你需要掌握完成地图构建的方法，从而完成无人驾驶小车环境感知和自动驾驶中的前期准备。

获取信息

引导问题 1

查阅相关资料，请简述为了提高存储效率和机器的可读性，在高精度地图中采取的方法是什么。

____

____

____

高精度地图的作用与意义

在传统的导航系统中，数字地图根据起始位置、目标位置为使用者规划行驶路径，辅助驾驶员驾驶。仅需描述一些典型的道路交通特征（限速、测速、交通信号灯等）、路口指引（左右转、直行等）等道路级的导航信息，利用 GPS 等卫星定位系统可提供 10m 级的定位精度。

对于自动驾驶系统，导航系统需要提供更高精度的行驶路径以及尽可能丰富环境的信息给自动驾驶系统。作为存储静态、准静态交通信息的数据库，为了满足自动驾驶系统的导航、路径规划要求，高精度地图需要提供更丰富、精确的交通信息。在自动驾驶中，高精度地图不仅可以用于导航、路径规划，还可以为环境感知和理解提供先验知识，辅助车载传感器实现高精度定位。高精度地图被普遍认为是L3及以上自动驾驶不可缺少的关键技术。与传统地图相比，高精度地图信息的丰富性和准确性都有显著的提升。

在高精度地图中，为了提高存储效率和机器的可读性，地图在存储时分为矢量层和对象层。在高精度地图产生过程中，通过提取车辆上传感器采集的原始数据，获取高精度地图特征值，构成特征地图；在此基础上，进一步提取、处理和标注矢量图形，包括道路网络信息、道路属性信息、道路几何信息和道路上主要标志的抽象信息。

本任务中提到的，使用激光雷达构建的地图就属于高精度地图中的一种。

查阅相关资料，简单阐述SLAM系统框架主要包括哪几个模块。

____

____

____

即时定位与地图构建

一、SLAM的作用

同步定位与地图构建（Simultaneous Localization And Mapping，SLAM）最早由Hugh Durrant-Whyte和John J Leonard提出，它主要用于解决移动机器人在未知环境中运行时定位导航与地图构建的问题。

二、SLAM系统框架的组成与作用

SLAM系统框架一般分为五个模块，包括传感器数据、视觉里程计、后端、建图及回环检测，每个模块的主要作用见表5-2-1。

表5-2-1 SLAM系统框架每个模块的主要作用

序号	模块名称	主要作用
1	传感器数据	该模块主要用于采集实际环境中的各类型原始数据，包括激光扫描数据、视频图像数据、点云数据等
2	视觉里程计	该模块主要用于不同时刻间移动目标相对位置的估算，包括特征匹配、直接配准等算法的应用
3	后端	该模块主要用于优化视觉里程计带来的累计误差，包括滤波器、图优化等算法应用
4	建图	该模块主要用于三维地图构建
5	回环检测	该模块主要用于空间累积误差消除

三、SLAM 系统框架的工作流程

SLAM 工作流程大致为传感器读取数据后，视觉里程计估计两个时刻的相对运动（Ego-motion），后端处理视觉里程计估计结果的累积误差，建图则根据前端与后端得到的运动轨迹来建立地图，回环检测考虑了同一场景不同时刻的图像，提供了空间上的约束来消除累积误差。

根据 SLAM 所使用的传感器类别，可将 SLAM 分为基于激光雷达的激光 SLAM（Lidar SLAM）和基于视觉的 VSLAM（Visual SLAM）。

1. 激光 SLAM

激光 SLAM 采用单线或多线激光雷达，单线激光雷达通常用于室内机器人，如图 5-2-1a 所示的服务机器人、图 5-2-1b 所示的扫地机器人等。多线激光雷达通常应用中户外场景，如图 5-2-1c 所示的物流机器人、图 5-2-1d 所示的无人植保机器人等。

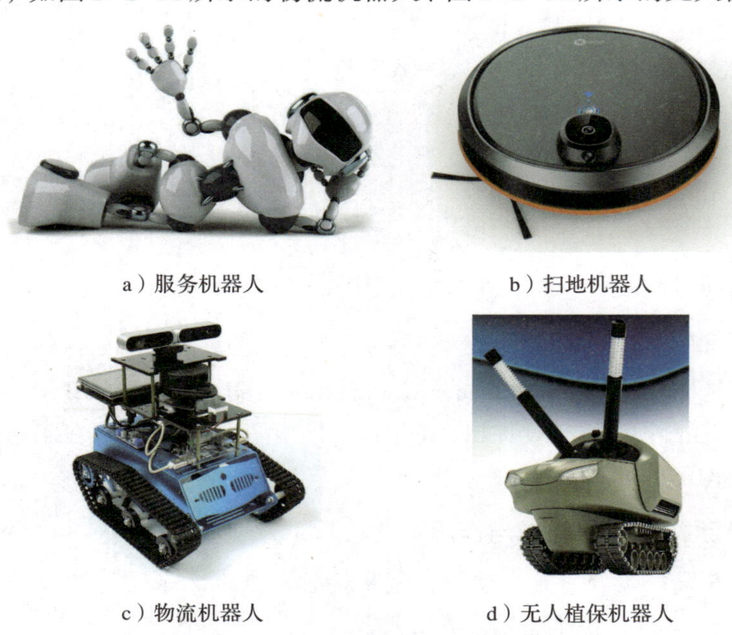

a）服务机器人　b）扫地机器人

c）物流机器人　d）无人植保机器人

图 5-2-1　激光 SLAM 机器人

激光雷达采集到的物体信息，呈现出一系列分散的、具有准确角度和距离信息的点的集合，被称为点云。激光 SLAM 系统通过对不同时刻两片点云的匹配与比对，计算激光雷达相对运动的距离和姿态的改变，也就完成了对机器人自身的定位。

激光雷达测距比较准确，误差模型简单，除强光直射外，在各种环境下运行都很稳定，点云的处理也比较容易。同时，点云信息本身包含直接的几何关系，使得机器人的路径规划和导航变得直观。激光 SLAM 理论研究也相对成熟，落地产品更丰富。

2. 基于视觉的 SLAM

视觉 SLAM 通过单目摄像头或深度摄像头，从环境中获取海量的、富于冗余的纹理信息，拥有超强的场景辨识能力。早期的视觉 SLAM 基于滤波理论，其非线性的误差模型和巨大的计算量成为它落地的障碍。近年来，随着具有稀疏性的非线性优化理论（Bundle Adjustment）以及相机技术、计算性能的进步，实时运行的视觉 SLAM 已经不再是梦想。

视觉 SLAM 的优点是它采集并利用了丰富纹理信息。例如两块尺寸相同内容却不同的广告牌，基于点云的激光 SLAM 算法无法区别他们，而视觉则可以轻易分辨。这带来了重定位、场景分类上无可比拟的巨大优势。同时，视觉信息可以较为容易地被用来跟踪和预测场景中的动态目标，如行人、车辆等，对于在复杂动态场景中的应用这是至关重要的。

3. 激光 SLAM 与基于视觉的 SLAM 的区别

通过对比可发现，激光 SLAM 和视觉 SLAM 各有擅长，单独使用都有其局限性，而将两者融合使用则可能取长补短，具有巨大的潜力。例如，视觉可以在纹理丰富的动态环境中稳定工作，并能为激光 SLAM 提供非常准确的点云匹配，而激光雷达可以提供精确方向和距离信息，在正确匹配的点云上能发挥更大的威力。而在光照严重不足或纹理缺失的环境中，激光 SLAM 的定位工作使得视觉可以借助不多的信息进行场景记录。近年来，SLAM 导航技术已取得了很大的发展，它将赋予机器人和其他智能体前所未有的行动能力，而激光 SLAM 与视觉 SLAM 必将在相互竞争和融合中发展。

引导问题 3

查阅相关资料，请简述 Gmapping 算法不适合应用于 SLAM 的环境有哪些。

____

____

____

建图功能包的安装

用激光雷达来实现地图构建的 SLAM 算法有多种，下面仅以 Gmapping 方法为例，来讲解如何利用激光雷达来实现 SLAM。

Gmapping 是最常用和成熟的 SLAM 导航算法之一，Gmapping 功能包集成了 Rao-Blackwellized 粒子滤波算法，为开发者隐去了复杂的内部实现。Gmapping 建图，是指 Gmapping 获取扫描的激光雷达信息以及里程计数据可动态生成的 2D 栅格地图，把环境划分成一系列栅格，其中每一栅格给定一个可能值，表示该栅格被占据的概率。导航包则利用这个栅格地图、里程计数据和激光雷达数据做出适合的路径规划和定位，最后转换为机器人的速度指令。Gmapping 具体框架如图 5-2-2 所示，其中方框里的内容为传感器获取的数据或者生产的数据，椭圆里的内容表示 ROS 节点。

Gmapping 依靠粒子的多样性，在回环时仍能消除累计误差。但需要注意的是，要尽量走小回环，回环越大，粒子耗尽的可能性就越高，越难在回环时修正回来。所以规划建图路径时，应先走一个小回环，当回环成功后，可以再多走几圈，消除粒子在这个回环的多样性。接下来走下一个回环，直到把整个地图连通成一个大的回环。

Gmapping 算法的优点是可以实时构建室内环境地图，在小场景中计算量少，且地图精度较高，对激光雷达扫描频率要求较低。它的缺点是随着环境的增大，构建地图

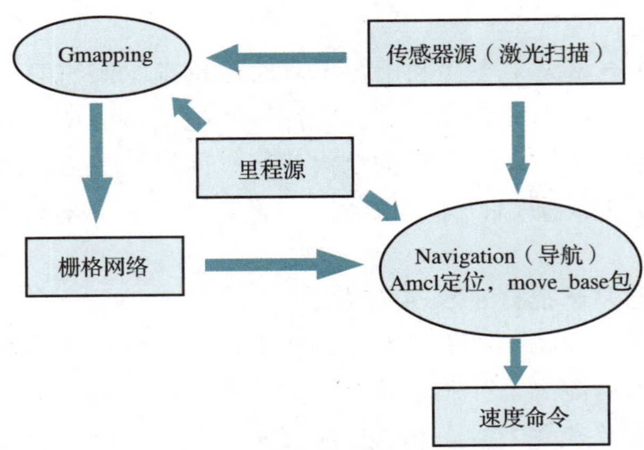

图 5-2-2　Gmapping 具体框架

所需的内存和计算量就会变得巨大，所以 Gmapping 不适合大场景构图。

从 Gmapping 算法的角度来看如下几种环境不适合应用 SLAM。

1）没有任何障碍物的方形环境。

2）由两个长长而平行的墙壁形成的走廊。

3）无法反射激光或红外线的玻璃窗。

4）散射镜。

5）由于传感器的特性，无法获取障碍物信息的环境，如湖泊或海边等。

ROS 中已经集成了 Gmapping 功能包的二进制安装文件，安装命令如下：

```
1. inwinic@inwinic-desktop:~$ sudo apt-get install ros-melodic-
   gmapping
```

引导问题 4

查阅相关资料，请简述如何利用 Gmapping 功能包来实现地图构建的方法。

____

____

____

建图功能包的使用

安装好 Gmapping 功能包后，我们将利用 Gmapping 功能包来实现地图构建。

一、直接调用 Gmapping 功能包来实现地图构建

1）启动主节点：

```
1. inwinic@inwinic-desktop:~$ roscore
```

2）在新窗口中启动 Gmapping 节点：

```
1. inwinic@inwinic-desktop:~$ rosrun gmapping slam_gmapping
```

对于激光雷达发布的话题名不是“scan”的，需要将上面的命令按如下格式修改：

$ rosrun gmapping slam_gmapping scan:=[激光雷达发布的话题名]

3）启动 rviz 查看构建的地图：

```
1. inwinic@inwinic-desktop:~$ rosrun rviz rviz
```

在弹出的 rviz 窗口中，单击左下角的“Add”，然后会弹出一个创建可视化的窗口，如图 5-2-3 所示，在图中选择“Map”，并单击“OK”。

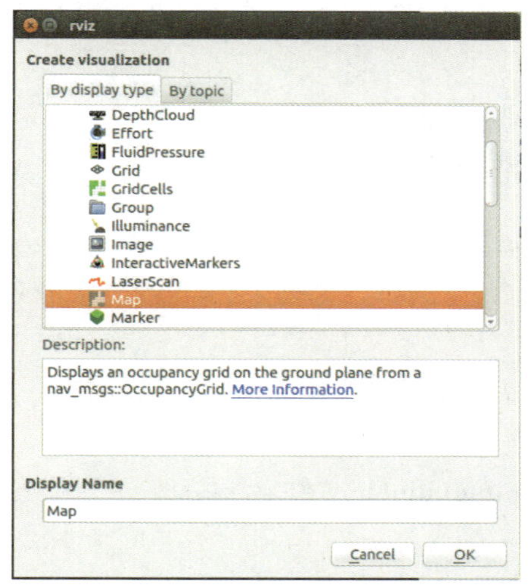

图 5-2-3　rviz 可视化选项添加菜单

4）启动手柄节点，控制智慧猫自转一圈后，就能看到如图 5-2-4 所示的地图。接着控制智慧猫在待建图区域进行运动，完成整个地图构建：

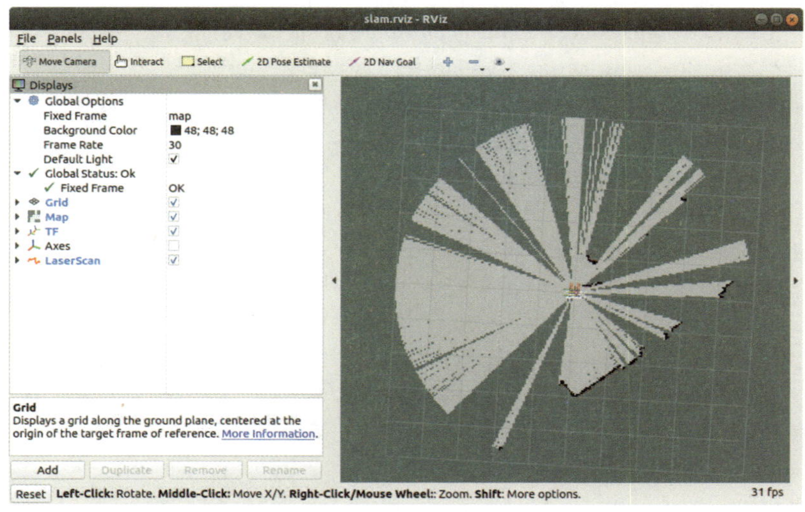

图 5-2-4　激光雷达地图

```
inwinic@inwinic-desktop:~$ roslaunch joy joy_car.launch
```

5）启动地图保存节点，完成地图保存：

```
inwinic@inwinic-desktop:~$ roslaunch lidar_slam save_map.launch
```

二、新创建一个功能包调用 Gmapping 节点来实现地图构建

1）创建功能包 gmapping_demo：

```
inwinic@inwinic-desktop:~$ cd ~/inwinic_ws/src
inwinic@inwinic-desktop:~$ catkin_creat_pkg gmapping_demo rospy roscppstd_msgs
```

2）在功能包中创建节点启动文件

①创建启动 gmapping 节点的 launch 文件：

```
inwinic@inwinic-desktop:~$ roscd gmapping_demo
inwinic@inwinic-desktop:~/inwinic_ws/gmapping_demo$ mkdir launch
inwinic@inwinic-desktop:~/inwinic_ws/gmapping_demo$ cd launch
inwinic@inwinic-desktop:~/inwinic_ws/gmapping_demo/launch$ gedit gmapping.launch
```

添加如下内容到 gmapping.launch 文件：

```
<launch>
 <arg name="scan_topic" default="scan"/>
 <node pkg="gmapping" type="slam_gmapping" name="slam_gmapping" output="screen" clear_params="true">
  <param name="odom_frame" value="odom"/>
  <param name="map_update_interval" value="30.0"/>
  <!-- Set maxUrange < actual maximum range of the Laser -->
  <param name="maxRange" value="5.0"/>
  <param name="maxUrange" value="4.5"/>
  <param name="sigma" value="0.05"/>
  <param name="kernelSize" value="1"/>
  <param name="lstep" value="0.05"/>
  <param name="astep" value="0.05"/>
  <param name="iterations" value="5"/>
  <param name="lsigma" value="0.075"/>
  <param name="ogain" value="3.0"/>
  <param name="lskip" value="0"/>
  <param name="srr" value="0.01"/>
  <param name="srt" value="0.02"/>
  <param name="str" value="0.01"/>
```

```
    <param name="stt" value="0.02"/>
    <param name="linearUpdate" value="0.5"/>
    <param name="angularUpdate" value="0.436"/>
    <param name="temporalUpdate" value="-1.0"/>
    <param name="resampleThreshold" value="0.5"/>
    <param name="particles" value="80"/>
    <param name="xmin" value="-1.0"/>
    <param name="ymin" value="-1.0"/>
    <param name="xmax" value="1.0"/>
    <param name="ymax" value="1.0"/>
    <param name="delta" value="0.05"/>
    <param name="llsamplerange" value="0.01"/>
    <param name="llsamplestep" value="0.01"/>
    <param name="lasamplerange" value="0.005"/>
    <param name="lasamplestep" value="0.005"/>
    <remap from="scan" to="$(arg scan_topic)"/>
  </node>
</launch>
```

Gmapping 中常见参数含义见表 5-2-2。

表 5-2-2　Gmapping 中常见参数含义

参数名	参数的含义
odom_frame	里程计坐标系，默认值为“base_link”
map_update_interval	地图更新频率，默认值为“5.0”。更新频率与计算量成反比
maxRange	传感器可探测的最大范围，如果在该范围内没有障碍物，则在地图上显示为自由空间
maxUrange	激光可探测的最大范围，默认值为“80.0”
sigma	扫描匹配中的偏差，默认值为“0.05”
kernelSize	查找对应所用内核的大小，默认值为“1”
lstep	平移中的优化步长，默认值为“0.05”
astep	旋转中的优化步长，默认值为“0.05”
iterations	扫描匹配的迭代步数，默认值为“5”
lsigma	扫描匹配中只考虑激光的标准偏差，默认值为“0.075”
ogain	估计似然值时用于平滑重采样数据，默认值为“3.0”
lskip	在每次扫描中跳过的扫描数据，默认值为“0”
srr	平移时的平移里程误差函数（rho/rho），默认值为“0.1”
srt	平移时的旋转里程误差函数（rho/theta），默认值为“0.2”
str	旋转时的平移误差函数（theta/rho），默认值为“0.1”
stt	旋转时的里程误差函数（theta/theta），默认值为“0.2”

（续）

参数名	参数的含义
linearUpdate	智慧猫每平移该距离后处理一次激光扫描数据，默认值为“1.0”
angularUpdate	智慧猫每旋转该弧度后处理一次激光扫描数据，默认值为“0.5”
temporalUpdate	如果最新扫描速度比更新慢时，处理一次扫描数据。值为负时，将关闭基于时间的更新。默认值为“-1.0”
resampleThreshold	基于 Neff 的重采样阈值，默认值为“0.5”
particles	滤波中的粒子数，默认值为“30”
xmin	初始地图 x 向最小尺寸，默认值为“-100”
ymin	初始地图 y 向最小尺寸，默认值为“-100”
xmax	初始地图 x 向最大尺寸，默认值为“100”
ymax	初始地图 y 向最大尺寸，默认值为“100”
delta	地图分辨率参数，默认值为“0.05”
llsamplerange	用于似然计算的平移采样距离，默认值为“0.01”
llsamplestep	用于似然计算的平移采样步长，默认值为“0.01”
lasamplerange	用于似然计算的角度采样距离，默认值为“0.005”
lasamplestep	用于似然计算的角度采样步长，默认值为“0.005”

Gmapping 中还有一些其他参数可以配置，这些参数的配置需要熟悉 SLAM 算法。对算法不熟悉的，可以参考默认值或参考相同样式智慧猫的参数进行配置，然后根据 SLAM 的结果进行优化。

如果选用默认参数值，有两个地方需要根据实际情况进行核对：

odom_frame 参数需要与智慧猫本身的里程计坐标系一致。

Gmapping 默认订阅激光扫描数据的主题是 /scan，如果采用的激光雷达默认发布的主题不是 /scan，则需要将 <arg name="scan_topic"default="scan"/> 中“default”的值修改为当前采用的激光雷达发布的主题。

②创建启动 gmapping 节点和 rviz 工具的文件 gmapping_demo.launch：

```
<launch>
  <!-- 启动 gmapping 节点 -->
  <include file="$(find gmapping_demo)/launch/gmapping.launch">
    <arg name="scan_topic" value="base_scan" />
  </include>
  <param name="use_sim_time" value="true" />
  <!-- 启动 rviz -->
  <node pkg="rviz" type="rviz" name="rviz" args="-d $(find gmapping_slam)/rviz/gmapping.rviz" />
</launch>
```

⚠注意：gmapping.rviz 是在 rviz 工具中显示激光雷达数据的配置文件。将本书配套的 gmapping_demo 功能包里的 rviz 文件夹直接拷贝到自行创建的功能包中即可。

③编译并运行功能包并刷新当前环境：

```
inwinic@inwinic-desktop:~$ cd ~/inwinic_ws
inwinic@inwinic-desktop:~/inwinic_ws$ catkin_make
inwinic@inwinic-desktop:~/inwinic_ws$ source~/.bashrc
```

④启动 gmapping 节点：

```
inwinic@inwinic-desktop:~$ roslaunch gmapping_demo gmapping.
launch
```

启动后就会自动启动 rviz 可视化窗口，可显示如图 5-22 所示的当前环境初始地图。

⑤启动手柄节点，控制智慧猫在待建图区域进行运动，完成地图构建：

```
inwinic@inwinic-desktop:~$ roslaunch joy joy_car.launch
```

⑥启动地图保存节点，完成地图保存：

```
inwinic@inwinic-desktop:~$ roslaunch lidar_slam save_map.launch
```

职业认证

智能汽车大数据管理与应用职业技能等级证书（初级）中的高精度地图数据采集就要求能完成数据采集车辆的传感器安装和线束连接，能借助检测工具对数据采集车辆进行初步检测和故障识别。通过智能汽车大数据管理与应用职业技能等级证书（初级）考核可获得教育部 1+X 证书中的《新智能汽车大数据管理与应用职业技能等级证书（初级）》。

任务分组

学生任务分配表

班级		组号		指导老师	
组长		学号			
组员	姓名：______ 学号：______		姓名：______ 学号：______		
	姓名：______ 学号：______		姓名：______ 学号：______		
	姓名：______ 学号：______		姓名：______ 学号：______		
	姓名：______ 学号：______		姓名：______ 学号：______		

（续）

任务分工

工作计划

扫描二维码观看单线激光雷达构建地图的操作视频，结合前面所了解的知识内容和小组内部讨论的结果，制定工作方案，落实各项工作负责人，如任务实施前的准备工作、实施中主要操作及协助支持工作、实施过程中相关要点及数据的记录工作等。

智慧猫智能车单线激光雷达建图

工作计划表

步骤	作业内容	负责人
1		
2		
3		
4		
5		
6		
7		
8		

进行决策

1. 各组派代表阐述资料查询结果。
2. 各组就各自的查询结果进行交流，并分享技巧。
3. 教师结合各组完成的情况进行点评，选出最佳方案。

任务实施

构建激光雷达地图	
步骤	过程记录
1	1）打开一个新的命令行窗口，并使用指令______________，远程登录到智慧猫决策单元 2）使用指令______________，打开线控底盘通信节点
2	1）打开一个新的命令行窗口，并使用指令______________，远程登录到智慧猫决策单元 2）使用指令______________，启动激光雷达 SLAM 节点 3）执行 lidar_slam_remote.launch 文件将会启动底盘移动节点______________和建图节点______________
3	再次打开一个命令行窗口，并输入指令______________将启动 rviz 可视化窗口
4	1）打开一个新的命令行窗口，并使用指令__________，远程登录到智慧猫决策单元 2）输入指令______________启动键盘节点
5	1）当利用键盘或手柄控制智慧猫运动，并完成地图构建后，需要保存地图。保存地图前还是需要打开一个新的命令行窗口，并使用指令______________，远程登录到智慧猫决策单元 2）使用指令______________，进入地图保存目录 3）使用指令："______________"，将地图文件保存为"inwinic" 4）为了后续使用，需要给刚保存的地图文件添加权限，添加文件权限的指令为： ______________________________ 5）地图保存操作完成后，将会在其所在目录创建______________和______________两个文件

6S 现场管理			
序号	操作步骤	完成情况	备注
1	建立安全操作环境	已完成□　未完成□	
2	清理及整理工具量具	已完成□　未完成□	
3	清理及复原设备正常状况	已完成□　未完成□	
4	清理场地	已完成□　未完成□	
5	物品回收和环保	已完成□　未完成□	
6	完善和检查工单	已完成□　未完成□	

评价反馈

1. 各组代表展示汇报 PPT，介绍任务的完成过程。

2. 以小组为单位，请对各组的操作过程与操作结果进行自评和互评，并将结果填入综合评价表中的小组评价部分。

3. 教师对学生工作过程与工作结果进行评价，并将评价结果填入综合评价表中的教师评价部分。

综合评价表

<table>
<tr><th>姓名</th><th></th><th>学号</th><th></th><th>班级</th><th></th><th>组别</th><th></th></tr>
<tr><td colspan="2">实训任务</td><td colspan="6"></td></tr>
<tr><td colspan="2">评价项目</td><td colspan="4">评价标准</td><td>分值</td><td>得分</td></tr>
<tr><td rowspan="10">小组评价</td><td>计划决策</td><td colspan="4">制定工作方案的合理可行，小组成员分工明确</td><td>10</td><td></td></tr>
<tr><td rowspan="4">任务实施</td><td colspan="4">启动底盘通信节点和 SLAM 节点</td><td>10</td><td></td></tr>
<tr><td colspan="4">本地启动建图可视化节点</td><td>10</td><td></td></tr>
<tr><td colspan="4">控制智慧猫运动，完成地图构建</td><td>20</td><td></td></tr>
<tr><td colspan="4">保存地图文件</td><td>10</td><td></td></tr>
<tr><td>任务达成</td><td colspan="4">能按照工作方案操作，按计划完成工作任务</td><td>10</td><td></td></tr>
<tr><td>工作态度</td><td colspan="4">认真严谨、积极主动、安全生产、文明施工</td><td>10</td><td></td></tr>
<tr><td>团队合作</td><td colspan="4">与小组成员、同学之间能合作交流、协调工作</td><td>10</td><td></td></tr>
<tr><td>6S 管理</td><td colspan="4">完成竣工检验、现场恢复</td><td>10</td><td></td></tr>
<tr><td colspan="5">小计</td><td>100</td><td></td></tr>
<tr><td rowspan="7">教师评价</td><td>实训纪律</td><td colspan="4">不出现无故迟到、早退、旷课现象，不违反课堂纪律</td><td>10</td><td></td></tr>
<tr><td>方案实施</td><td colspan="4">严格按照工作方案完成任务实施</td><td>20</td><td></td></tr>
<tr><td>团队协作</td><td colspan="4">任务实施过程互相配合，协作度高</td><td>20</td><td></td></tr>
<tr><td>工作质量</td><td colspan="4">能按照工作方案操作，按计划完成工作任务</td><td>20</td><td></td></tr>
<tr><td>工作规范</td><td colspan="4">操作规范，三不落地，无意外事故发生</td><td>10</td><td></td></tr>
<tr><td>汇报展示</td><td colspan="4">能准确表达、总结到位、改进措施可行</td><td>20</td><td></td></tr>
<tr><td colspan="5">小计</td><td>100</td><td></td></tr>
<tr><td>综合评分</td><td colspan="6">小组评分 ×50%+ 教师评分 ×50%</td><td></td></tr>
<tr><td colspan="8">总结与反思</td></tr>
</table>

（如：学习过程中遇到什么问题→如何解决的 / 解决不了的原因→心得体会）

任务三　实现激光雷达自主导航

学习目标

- 了解实现智慧猫导航的方法。
- 了解智慧猫导航的相关参数。
- 能够正确修改智慧猫导航的相关参数。
- 能够正确调用智慧猫导航功能包实现智慧猫导航。
- 获得多途径检索知识、分析解决问题以及多元化思考解决问题的方法，形成创新意识。
- 具有良好的团队协作精神和较强的组织沟通能力。
- 具备良好的职业道德，尊重他人劳动，不窃取他人成果。

知识索引

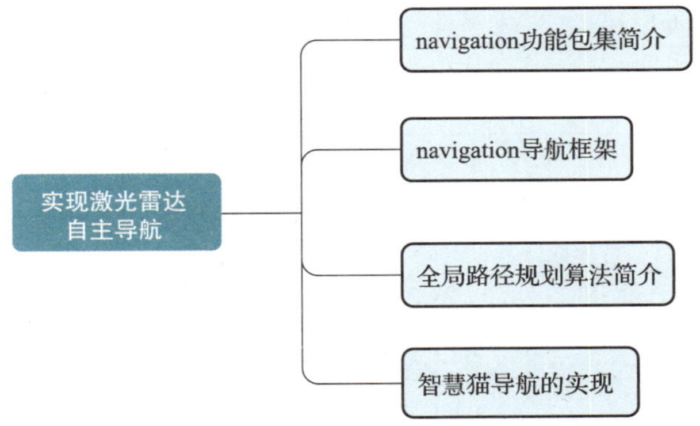

情境导入

我们已经了解到构建环境地图是小车实现自主导航技术里面的关键部分，并已经通过智慧猫小车来完成了环境地图的构建。接下来我们要利用构建的地图来实现智慧猫的自主导航效果，在此次任务中，我们将了解导航的工作框架，以及导航功能包相关参数的配置。

获取信息

引导问题 1

查阅相关资料，请简述 navigation 功能包集里面 navfn 功能包的作用。

____

____

____

navigation 功能包集简介

自主导航是使用不借助人工设置的目标和信息源的导航仪器来引导机器人行动的导航方法。ROS 中的 navigation 功能包集中为自动驾驶导航相关包的集合，功能包里的主要子功能包及其功能见表 5-3-1。

表 5-3-1 navigation 功能包集中的主要子功能包及其功能

序号	功能包	功能
1	move_base	navigation 中的核心，实现了整个导航的流程
2	nav_core	为移动机器人提供 BaseGlobalPlanner、BaseLocalPlanner 和 Recovery Behavior 通用接口
3	base_local_planner	局部路径规划器
4	dwa_local_planner	使用 DWA（Dynamic Window Approach，动态窗口方法）算法实现局部路径规划
5	global_planner	全局路径规划
6	navfn	全局路径规划，navfn 规划器会在起点到终点之间寻找代价最小的规划。它的导航功能支持了 Dijkstra 和 A* 算法
7	carrot_planner	一个简单的全局路径规划器，不适用于复杂场景
8	costmap_2d	可以生成二维代价地图
9	acml	amcl 是一种二维移动机器人的概率定位系统。它采用了自适应蒙特卡罗定位方法
10	fake_localization	一般用于仿真中的机器人定位
11	map_server	地图服务器，主要功能是保存地图和导入地图
12	clear_costmap_recovery	清除代价地图的恢复行为
13	rotate_recovery	当移动机器人认为自己被卡住时，指导机器人进行一系列的恢复行为。如果本地障碍物允许，它会尝试通过将机器人旋转 360° 来清除导航代价地图中的空间
14	move_slow_and_clear	一种简单的恢复行为，它清除成本图中的信息，然后限制机器人的速度
15	voxel_grid	三维代价地图
16	robot_pose_ekf	融合不同传感器信息实现位姿估计

引导问题 2

查阅相关资料，请简述在 navigation 导航框架中，实现路径规划的关键三个部分是什么。

____

____

____

navigation 导航框架

navigation 导航框架如图 5-3-1 所示，其主要完成了全局路径规划、局部路径规划、全局代价地图、局部代价地图和恢复规划器（recovery_behaviors）的实现。为实现自主导航功能，还需要地图服务、传感器、自主定位、运动控制这四个模块。

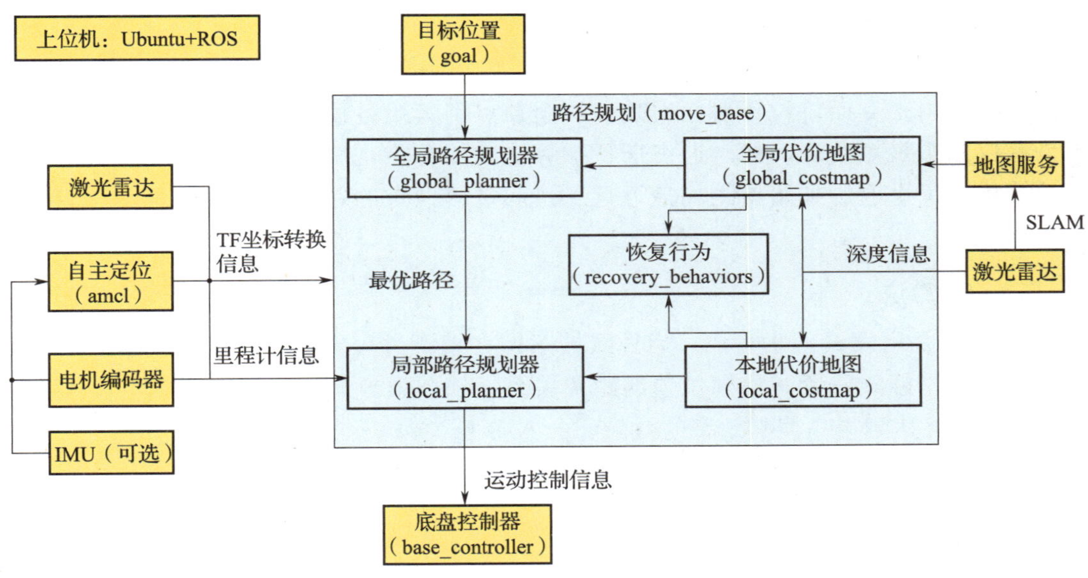

图 5-3-1 navigation 导航框架

在图中我们可以看到，整个导航框架的功能包集合以 move_base（路径规划）为核心，将里程计信息、传感器信息、定位信息、地图以及目标点输入给 move_base，move_base 经过规划后会输出速度指令。move_base 包括三个关键部分：global_planner（全局规划器）、local_planner（局部规划器）和 recovery_behaviors（恢复行为）。这三个部分都是以插件的形式实现的，通过插件机制可以方便地切换不同算法实现的规划器。恢复行为会在小车移动过程中出现异常状态时被触发，目的是帮助小车摆脱异常状态。另外，move_base 还包括了 global_costmap（全局代价地图）和 local_costmap（局部代价地图），规划器需要在代价地图上进行导航规划。

引导问题 3

查阅相关资料，请简述在全局路径规划算法中，常见的传统算法有哪几类。

____

____

____

全局路径规划算法简介

在全局路径规划算法中，大致可分为三类：传统算法（Dijkstra 算法、A* 算法等）、智能算法（PSO 算法、遗传算法、强化学习等），以及传统与智能相结合的算法。智能算法种类繁多，但传统算法更为基础，下面主要对常见的传统算法 Dijkstra 和 A* 算法进行介绍。

一、Dijkstra 算法

迪杰斯特拉（Dijkstra）算法是由荷兰计算机科学家狄克斯特拉于 1959 年提出的，因此又叫狄克斯特拉算法。它是从一个顶点到其余各顶点的最短路径算法，解决的是有权图中最短路径问题。迪杰斯特拉算法主要特点是从起始点开始，采用贪心算法的策略，每次遍历到始点距离最近且未访问过的顶点的邻接节点，直到扩展到终点为止。

二、A* 算法

A* 算法是启发式搜索算法，启发式搜索即在搜索过程中建立启发式搜索规则，以此来衡量实时搜索位置和目标位置的距离关系，使搜索方向优先朝向目标点所处位置的方向，最终达到提高搜索效率的效果。

A* 算法的基本思想如下：引入当前节点 x 的估计函数 $f(x)$，当前节点 x 的估计函数定义为

$$f(x)=g(x)+h(x)$$

式中，$g(x)$ 是从起点到当前节点 x 的实际距离量度（代码中可以用两点之间的距离代替）；$h(x)$ 是从节点 x 到终点的最小距离估计，$h(x)$ 的形式可以从欧几里得距离或者曼哈顿距离中选取。

算法基本实现过程为：从起始点开始计算其每一个子节点的 f 值，从中选择 f 值最小的子节点作为搜索的下一点，往复迭代，直到下一子节点为目标点。

引导问题 4

查阅相关资料，请简述如何实现智慧猫导航。

____

____

____

智慧猫导航的实现

首先，智慧猫利用线控底盘中的电机编码器信息来计算小车底盘的里程计信息，利用激光雷达来获取周围环境的深度信息，利用 IMU 来获取当前智慧猫的姿态信息（方向、速度等）。然后，通过数据融合功能包对获取到的这些信息进行融合，生成一个更为精准的里程计信息提供给智慧猫的导航框架。同时，智慧猫还将使用到的外围传感器与线控底盘相互之间的坐标转换关系发送给导航框架。这里提到的坐标转换包括了位置和姿态两个方面，ROS 中的坐标转换（TransForm, TF）是一个可以让用户随时记录多个坐标系的软件包。TF 保持缓存的树形结构中坐标系之间的关系，并且允许用户在任何期望的时间点在任何两个坐标系之间转换点、矢量等坐标。

通过获取到里程计信息和 TF 转换关系，我们只用设定好智慧猫在已构建地图中的初始位置，就能够利用自主定位功能包 amcl 来实现智慧猫在运动过程中的实时定位。当我们需要实现智慧猫的自主导航时，给定智慧猫一个坐标，导航路径规划功能包 move_base 会结合智慧猫的当前位姿实现全局路径规划协助智慧猫到达目的地，在智慧猫到达目的地之前，如果全局规划路径中出现了新的障碍物，而这个障碍物信息在已构建的地图中并不存在，那么智慧猫会基于激光雷达的传感器信息来进行局部路径规划实现动态避障，并最终到达目的地。

拓展阅读

机械式雷达存在两个问题，第一个是目前的硬件成本比较高，第二个是量产性受到限制，不容易达到车规标准。所以大家都很急迫地往固态的方向发展，固态有基于 MEMS 的方案（MEMS 当中还有微机械的部分），还有全固态的相控阵和 Flash LiDAR。在固态雷达的研发过程中厂商选择了不同的方向，有些在做 MEMS，有些在做相控阵，有些在做 Flash。目前来看，各种激光雷达分别有各自的优缺点。

现在开始讲激光雷达在自动驾驶中的第一个应用——地图创建。无人驾驶车辆需要利用携带的激光雷达、视觉系统等传感器来感知环境，并且构建环境的模型，进而利用该模型来确定车辆所在的位置。这同时考量了无人驾驶车辆在地图创建和自身定位的技术，Smith 和 Cheeseman 在 20 世纪 90 年代首次提出了同时定位和制图的思想，也就是 SLAM。

SLAM 的基本思想就是利用已经创建的地图修正基于运动模型的机器人的位置姿态误差，同时根据可靠的位置姿态创建出一个更高精度的地图，SLAM 自提出以来，一直受到国内外研究人员的关注，逐渐变成一个关键技术。SLAM 其实采用了类似蛋生鸡、鸡生蛋的思想，精确的定位能够获取精确的地图信息，而精确的地图又能够协助令定位信息更加精确，它们相辅相成。根据传感器的不同可以分为基于视觉的 SLAM，即 VSLAM，和基于激光雷达的 SLAM。

基于视觉的SLAM的优点是获取数据的成本比较低，摄像头的价格比较低，数据信息比较丰富，对于周围环境的描述也比较充分，但最大的缺点是环境光照对它的影响比较大。

国内外专注于无人机激光雷达领域的公司主要有Trimble、Innoviz、Riegl、leica、速腾聚创、北醒光子、镭神智能、北科天绘等。在这些企业中，生产规模最大且研发能力最强的是Riegl公司，它向许多厂家提供了一系列无人机专用激光雷达，有着四十多年的激光产品研发制造经验，是一家成熟、专业的三维激光产品企业，强大的技术实力使得Riegl激光测量产品在世界各地各行各业都有着广泛的应用，为用户提供了众多专业的解决方案。

任务分组

学生任务分配表

班级		组号		指导老师	
组长		学号			
组员	姓名：____ 学号：____ 姓名：____ 学号：____ 姓名：____ 学号：____ 姓名：____ 学号：____		姓名：____ 学号：____ 姓名：____ 学号：____ 姓名：____ 学号：____ 姓名：____ 学号：____		
任务分工					

工作计划

扫描二维码观看单线激光雷达实现自主导航的操作视频，结合前面所了解的知识内容和小组内部讨论的结果，制定工作方案，落实各项工作负责人，如任务实施前的准备工作、实施中主要操作及协助支持工作、实施过程中相关要点及数据的记录工作等。

智慧猫智能车单线激光雷达自主导航

工作计划表

步骤	作业内容	负责人
1		
2		
3		
4		
5		
6		
7		
8		

进行决策

1. 各组派代表阐述资料查询结果。
2. 各组就各自的查询结果进行交流，并分享技巧。
3. 教师结合各组完成的情况进行点评，选出最佳方案。

任务实施

使用激光雷达实现自主导航功能	
步骤	过程记录
1	1）打开一个新的命令行窗口，并使用指令________________，远程登录到智慧猫决策单元 2）使用指令________________，启动导航节点
2	打开一个新的命令行窗口，并使用指令________________，启动导航可视化节点
3	在智慧猫进行地图中初始位置的标定时，智慧猫的位置并调整箭头方向，观察________________是否与________________重合或近似重合
4	在 rviz 界面中，单击选中工具栏________________，接着用鼠标在地图中选中一个目标位置并单击按住左键，挪动鼠标________________后放开鼠标左键
5	观察智慧猫实际行驶路径与 rviz 中显示的规划路径是否一致 □一致　　□基本一致　　□不一致

6S 现场管理			
序号	操作步骤	完成情况	备注
1	建立安全操作环境	已完成□　未完成□	
2	清理及整理工具量具	已完成□　未完成□	
3	清理及复原设备正常状况	已完成□　未完成□	
4	清理场地	已完成□　未完成□	
5	物品回收和环保	已完成□　未完成□	
6	完善和检查工单	已完成□　未完成□	

评价反馈

1. 各组代表展示汇报 PPT，介绍任务的完成过程。

2. 以小组为单位，请对各组的操作过程与操作结果进行自评和互评，并将结果填入综合评价表中的小组评价部分。

3. 教师对学生工作过程与工作结果进行评价，并将评价结果填入综合评价表中的教师评价部分。

综合评价表

姓名		学号	班级		组别	
实训任务						
评价项目		评价标准			分值	得分
小组评价	计划决策	制定工作方案的合理可行，小组成员分工明确			10	
	任务实施	实现智慧猫远程登录			10	
		正确实现导航可视化			10	
		进行地图初始位置标定，确认目标点			20	
		实现自动路径规划与前进运动			10	
	任务达成	能按照工作方案操作，按计划完成工作任务			10	
	工作态度	认真严谨、积极主动、安全生产、文明施工			10	
	团队合作	与小组成员、同学之间能合作交流、协调工作			10	
	6S 管理	完成竣工检验、现场恢复			10	
	小计				100	
教师评价	实训纪律	不出现无故迟到、早退、旷课现象，不违反课堂纪律			10	
	方案实施	严格按照工作方案完成任务实施			20	
	团队协作	任务实施过程互相配合，协作度高			20	
	工作质量	能按照工作方案操作，按计划完成工作任务			20	
	工作规范	操作规范，三不落地，无意外事故发生			10	
	汇报展示	能准确表达、总结到位、改进措施可行			20	
	小计				100	
综合评分	小组评分 ×50%+ 教师评分 ×50%					
总结与反思						

（如：学习过程中遇到什么问题→如何解决的 / 解决不了的原因→心得体会）

能力模块六 掌握视觉传感器的应用方法

任务一 认知视觉传感器

学习目标

- 了解常见的视觉传感器类型。
- 了解常见的视觉传感器的使用方法。
- 能够区分不同类型的视觉传感器。
- 能够正确地使用视觉传感器。
- 获得多途径检索知识、分析解决问题以及多元化思考解决问题的方法，形成创新意识。
- 具有良好的团队协作精神和较强的组织沟通能力。
- 具备良好的职业道德，尊重他人劳动，不窃取他人成果。

知识索引

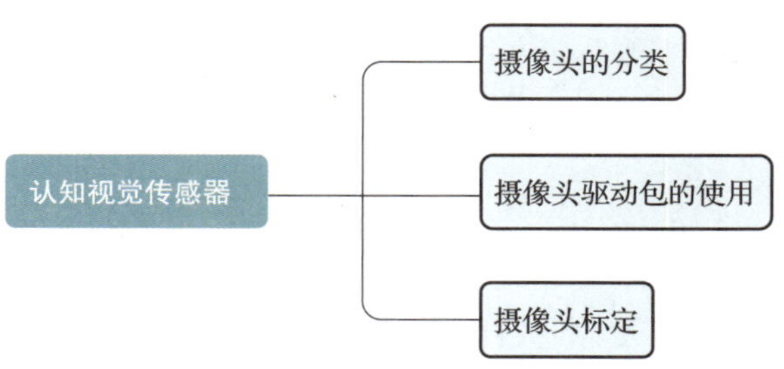

情境导入

对于自动驾驶的感知系统，视觉传感器是不可或缺的重要组成部分，它相当于驾驶员的眼睛，是未来自动驾驶技术的发展重点。通过视觉传感器感知环境，并结合其他传感器（激光雷达、毫米波雷达、定位设备、超声波传感器等）的感知信息，完成车辆对所处环境的识别。你作为汽车感知系统的测试工程师，需要排查或测试各类视觉传感器的使用情况。

获取信息

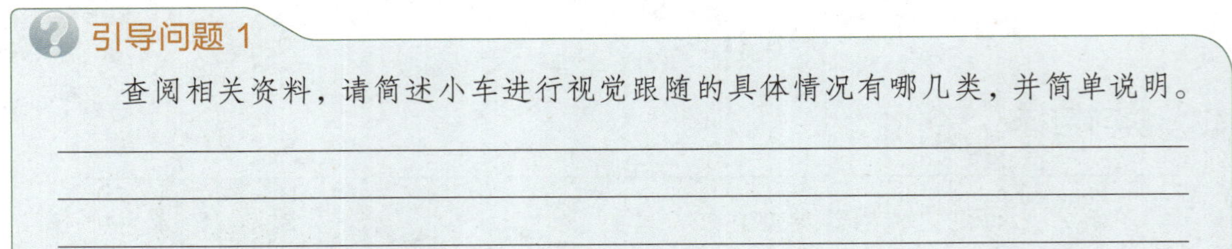

引导问题 1

查阅相关资料，请简述小车进行视觉跟随的具体情况有哪几类，并简单说明。

摄像头的分类

视觉根据摄像头的类型来划分，常见的主要有以下几种，如图 6-1-1 所示。

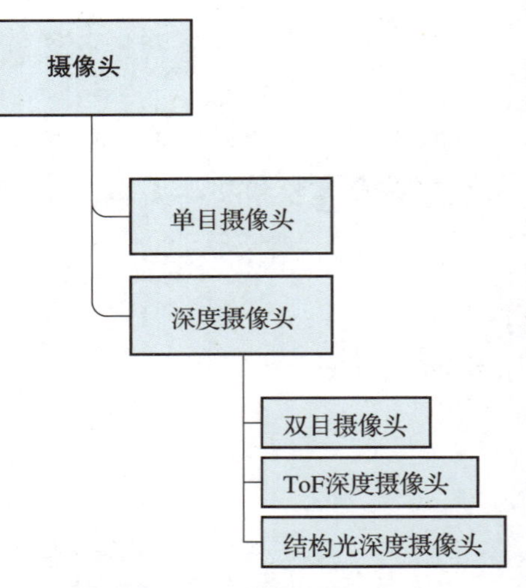

图 6-1-1　视觉传感器类型

一、单目摄像头

单目摄像头的工作原理是先对物体和本车距离进行测量，首先通过图像匹配对图像进行识别，然后根据图像的大小和高度进一步估计障碍物距离和车辆移动时间。在算法设计过程中，需要将标记有待识别目标的图片建立成为样本数据库，并由算法去学习这些图片的特征，在实际应用时，就可以根据已经学习到的特征，识别出待识别目标。要识别各种车型，需要建立车型数据库；要识别动物就需要建立动物数据库；要识别人类或者自行车等交通参与者，也需要建立相应的模型数据库。样本数据库容量越大，通过学习得到的计算机视觉算法的准确度越高，能有效避免误识别。

目前应用于辅助驾驶领域的单目摄像头可识别 40~120m 范围内的目标，未来能够达到 200m 或者更远。单目摄像头的视角越宽，可以实现的精确监测距离越短；视角越窄，可以检测的精确距离越长。

单目摄像头是自动驾驶汽车系统中最重要的传感器之一，通过车道检测和车辆检测，可以实现车道保持和自适应巡航功能，单目摄像头的优势在于成本较低，可以用作目标识别等功能的传感器。在 Windows 系统下结合相应的软件即可实现即插即用。单目摄像头的外观如图 6-1-2 所示。

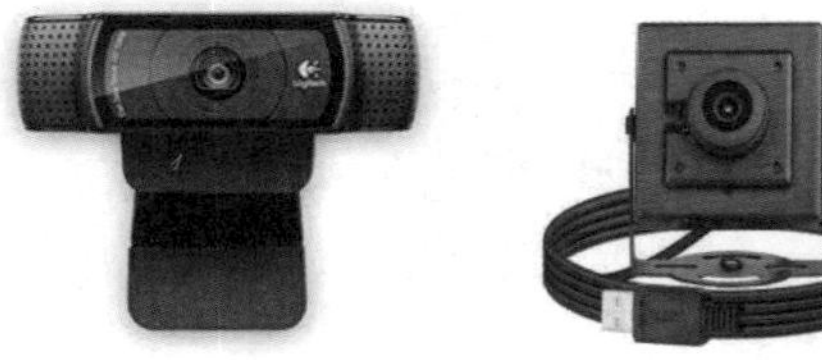

图 6-1-2　单目摄像头

二、深度摄像头

目前深度摄像头按照获取深度图像的方法来分，主要包含双目摄像头，ToF（激光雷达测距）深度摄像头和结构光深度摄像头。

1. 双目摄像头

双目摄像头通过获取同一场景不同视角的多张图像，利用图像的匹配和一定的三维重建算法来计算场景对象的深度信息。双目摄像头的外观如图 6-1-3 所示。

图 6-1-3　双目摄像头

双目摄像头方案的优势在于不容易受到环境光线的干扰，适合室外环境，满足 7×24 小时的长时间工作要求，不易损坏。而且由于不涉及光学系统，因此双目摄像头的成本是三种深度感知方案中最低的。

不足的是，这种技术需要庞大的程序计算量，对硬件设备性能有一定配置要求，同时受外界环境影响大，比如在环境光线昏暗、背景杂乱、有遮挡物等情况下均不适用。

2. ToF（激光雷达测距）深度摄像头

ToF 深度摄像头采用 ToF 技术（Time of Flight，飞行时间），它通过记录光源投射到每个像素点的光线发射与反射间的相位变化来计算光线飞行时间，进而计算光源到每个像素点的距离，例如 Azure、Kinect 2 代等。ToF 摄像头的外观如图 6-1-4 所示。

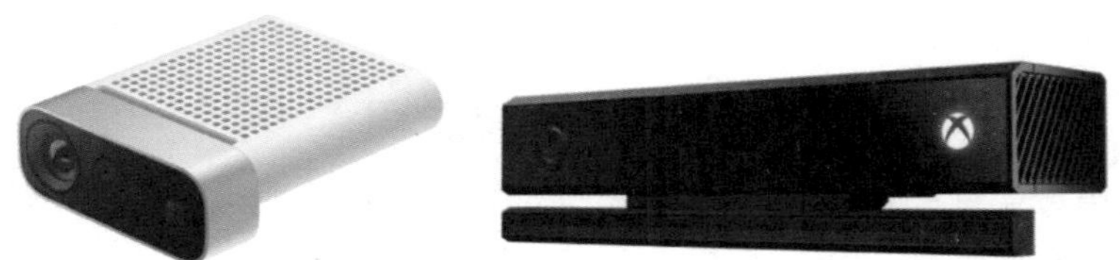

图 6-1-4　ToF 摄像头

ToF 相对结构光和双目视觉来说是受环境影响最小的技术，其优势在于响应速度快、深度信息精度高。

但由于传感器芯片并不成熟，成本很高，所以 ToF 实现量产很困难。另一方面，ToF 摄像头的分辨率不高，因此不适合精度要求高的场景。

3. 结构光深度摄像头

结构光深度摄像头通过结构光投射器向对象物体表面投射可控制的光点、光线或者光面，将返回的光斑与参考光斑进行对比，利用三角测量原理计算物体的三维空间信息。与其他深度获取技术相比，结构光技术具有计算简单、体积小、经济性好、大量程且便于安装维护的优点，因此在实际深度三维信息获取中被广泛使用。结构光深度摄像头目前是业界比较成熟的深度检测方案，很多的激光雷达和 3D 扫描技术都采用结构光方案，例如 Xtion、Kinect v1、Astra（本次任务实施部分将采用 Astra 摄像头）。结构光深度摄像头的外观如图 6-1-5 所示。

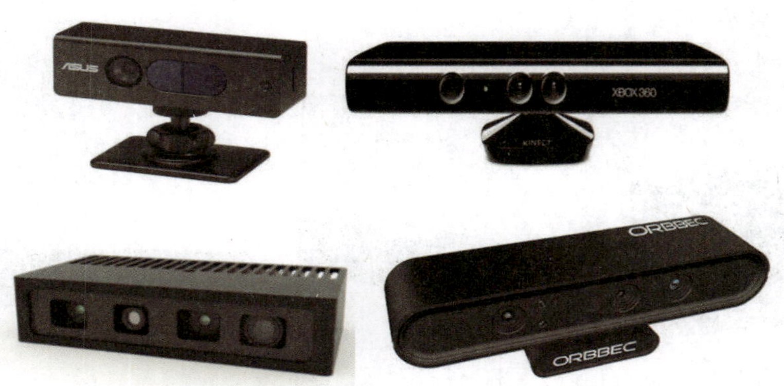

图 6-1-5 结构光深度摄像头

结构光方案的优势在于技术成熟、识别距离远，深度图像分辨率可以做得比较高。

由于以折射光的落点位移来计算位置，这种技术不能计算出精确的深度信息，对识别的距离也有严格的要求。而且容易受到环境光线的干扰，在强光下不适合。

引导问题 2

查阅相关资料，总结一下通过 usb_cam 驱动包启动单目摄像头的步骤。

摄像头驱动包的使用

正式使用摄像头前，需要在系统上安装对应的摄像头驱动包。在 ROS 中常用的单目摄像头驱动包有两种：usb_cam 和 uvc_camera。

一、usb_cam 驱动包

驱动包 launch 文件内容如下：

```
<launch>
  <node name="usb_cam" pkg="usb_cam" type="usb_cam_node" output=
"screen" >
```

```
    <param name="video_device" value="/dev/video0" />
    <param name="image_width" value="640" />
    <param name="image_height" value="480" />
    <param name="pixel_format" value="mjpeg" />
    <param name="camera_frame_id" value="usb_cam" />
    <param name="io_method" value="mmap" />
</node>
  <node name="image_view" pkg="image_view" type="image_view"
respawn="false" output="screen">
    <remap from="image" to="/usb_cam/image_raw"/>
    <param name="autosize" value="true" />
  </node>
</launch>
```

该 launch 文件中启动了 usb_cam 和 image_view 两个节点，usb_cam 节点主要用于驱动摄像头显示，image_view 节点主要用于接收 usb_cam 节点发出的摄像头图像的话题，并将该图像在 image_view 工具中显示出来。

usb_cam 节点中涉及的主要参数及其含义见表 6-1-1。

表 6-1-1 usb_cam 节点中涉及的主要参数及其含义

参数名	参数的含义
video_device	摄像头连接的端口名，默认为“/dev/video0”
image_width	图像的宽度，默认值为“640”
image_height	图像的高度，默认值为“480”
pixel_format	图像的像素格式，默认值为“mjpeg”，还可以根据实际情况选择“yuyv、uyvy”
camera_frame_id	摄像头坐标系 id，默认值为“usb_cam”，该参数值会影响该节点发布话题的名字
framerate	帧速率，默认值为“30”，该参数设置值的大小会影响显示图像的流畅度
camera_name	摄像头名称，默认值为“head_camera”，这个名称必须与摄像头标定文件中的名称匹配，否则标定后参数无法调用

调用外部 USB 摄像头需要通过源代码的形式完成 usb_cam 驱动包的安装。

1）安装 usb_cam 驱动包：

```
$ cd catkin_ws/src
$ git clone https://github.com/bosch-ros-pkg/usb_cam.git
$ cd ..
$ catkin_make
```

2）调整摄像头端口（自带摄像头一般为 video0，外接为 video1）

```
1. $ ls /dev/video* // 查看摄像头
2. $ vi ~/inwinic_ws/src/usb_cam/launch/usb_cam-test.launch // 打开
   launch 文件
```

将参数文件中的“/dev/video0”修改为当前查询到的摄像头端口号，如果端口为video0 则不需要修改。

3）开启摄像头：

```
1. $ roslaunch usb_cam usb_cam-test.launch
```

最终成功开启画面如图 6-1-6 所示。

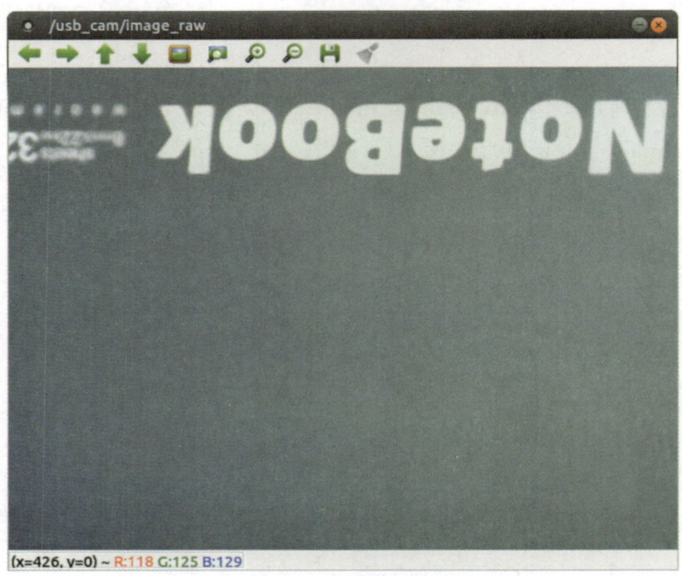

图 6-1-6　开启画面

二、uvc_camera 驱动包

uvc_camera 驱动包是基于 UVC（USB Video Class）视频类协议传输方法的视频采集功能包，能够实现图像采集与视频监控的功能。其中功能包的主要内容如下：

1）src 文件夹存放源程序，包括视频采集程序 uvc_cam.cpp、视频采集节点实现程序 uvc_cam_node.cpp、头文件 uvc_cam.h。

2）CMakeList.txt 文件包含了用于安装动态链接库和生成可执行文件的语句。

3）manifest.xml 提供关于 uvc_cam 功能包的元数据，包括它的许可信息以及与其他功能包之间的依赖关系。

uvc_camera 驱动包的 Launch 文件内容如下：

```
1. <launch>
2.    <node ns="stereo" pkg="uvc_camera" type="uvc_camera_node"
   name="uvc_camera" output="screen">
```

```
<param name="width" type="int" value="320" />
<param name="height" type="int" value="240" />
<param name="fps" type="int" value="30" />
<param name="video_mode" value="mjpg"/> <!-- or yuyv/nv12/jpeg -->
<param name="frame" type="string" value="wide_stereo" />
<param name="auto_focus" type="bool" value="False" />
<param name="focus_absolute" type="int" value="0" />
 <!-- other supported params: auto_exposure, exposure_absolute, brightness, power_line_frequency -->
 <param name="device" type="string" value="/dev/video0" />
 <param name="camera_info_url" type="string" value="file://$(find uvc_camera)/config/calibration-left.yaml" />
</node>
</launch>
```

该 launch 文件中启动了 uvc_camera 节点，没有启动 image_view 节点用于图像的显示。uvc_camera 节点中涉及的常见参数见表 6-1-2。

表 6-1-2　uvc_camera 节点中涉及的常见参数

参数名	参数的含义
width	图像的宽度，默认值为“320”
height	图像的高度，默认值为“240”
fps	帧速率，默认值为“30”，该参数设置值的大小会影响显示图像的流畅度
video_mode	图像的像素格式，默认值为“rgb”，还可以根据实际情况选择“yuyv、uyvy、jpeg”
frame	摄像头坐标系 id，默认值为“camera”，该参数值会影响该节点发布话题的名字
device	摄像头连接的端口名，默认为“/dev/video0”
camera_info_url	摄像头的参数文件，默认值为 uvc_camera 功能包中 config 文件夹下的“calibration-left.yaml”文件，这个名称必须与摄像头标定文件的名称匹配，否则标定后参数无法调用

与 usb_cam 驱动包一样，uvc_camera 驱动包的正确使用同样需要经过驱动包安装、编译、修改摄像头端口、开启驱动启动摄像头的过程。

1）安装 uvc_cam 驱动包：

```
$ cd catkin_ws/src
$ git clone https://github.com/gallingern/uvc_camera.git
$ cd ..
$ catkin_make
```

2）调整摄像头端口（自带摄像头一般为 video0，外接为 video1）

```
1. $ ls /dev/video* // 查看摄像头
2. $ vi ~/inwinic_ws/src/uvc_cam/launch/usb_cam-node.launch // 打开
   launch 文件
```

将参数文件中的“/dev/video0”修改为当前查询到的摄像头端口号，如果端口为 video0 则不需要修改。

3）开启摄像头：

```
1. $ roslaunch uvc_camera camera_node.launch // 开启摄像头
2. $ rqt_image_view // 可视化
```

在工具左上角的下拉选框里选择“/image_raw”，即可看到摄像头当前视角的图像。如图 6-1-7 所示。

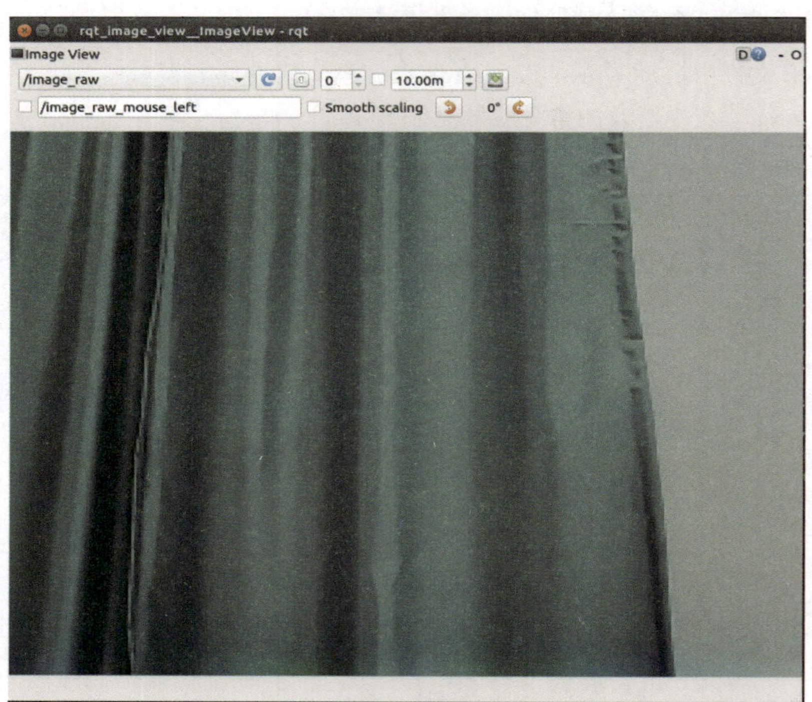

图 6-1-7　rqt_image_view 图像

三、深度摄像头驱动包

与前两个单目摄像头的驱动包类似，深度摄像头的使用也是通过相关的驱动包来启动，从而完成 ROS 的深度图像信息显示。

启动深度摄像头命令：

```
1. $ roslaunch depth_camera depth_camera.launch
```

查阅相关资料，简单描述一下摄像头标定的原理。

____

____

____

摄像头标定

在摄像头获取图形信息时，光线进入摄像头透镜时，通常会产生一些畸变，如径向畸变与切向畸变。因此，在正式使用摄像头之前都需要对摄像头进行标定，从而了解摄像头的内参数和畸变稀疏，以达到校正图形的目的。通过摄像头标定，可以掌握并调整摄像头的相关参数或系数（图 6-1-8），进而可以确定现实世界中的三维点与摄像头捕获图像的二维投影（像素）之间的精确关系。

```
cameraParams =

 cameraParameters (具有属性):

  Camera Intrinsics 摄像头内参
                    IntrinsicMatrix: [3x3 double] 内参矩阵
                        FocalLength: [6.7831e+03 6.7899e+03] 焦距
                     PrincipalPoint: [800.5859 859.4862]
                               Skew: 0

  Lens Distortion 镜头畸变
                   RadialDistortion: [1.0269 -63.0788] 径向畸变
               TangentialDistortion: [0 0] 切向畸变

  Camera Extrinsics 摄像头外参
                   RotationMatrices: [3x3x20 double] 旋转矩阵
```

图 6-1-8 摄像头标定参数

一、摄像头成像原理

在摄像头获取图像成像的过程中，涉及 4 个比较重要的坐标系：世界坐标系、摄像头坐标系、图像坐标系以及像素坐标系。

世界坐标系（world coordinate），也称为测量坐标系，是一个三维直角坐标系，以其为基准可以描述摄像头和待测物体的空间位置。世界坐标系的位置可以根据实际情况自由确定。

摄像头坐标系（camera coordinate），也是一个三维直角坐标系，原点位于镜头光心处，x、y 轴分别与相面的两边平行，z 轴为镜头光轴，与像平面垂直。

图像坐标系（image coordinate），是一个二维直角坐标系，原点是摄像头光轴与相面的交点，即图像成像的中心点，只有 x 与 y 两个垂直的方向。

像素坐标系（pixel coordinate），也是一个二维直角坐标系，从小孔向投影面方向看，投影面上的左上角为原点，u、v 轴与投影面两边重合，单位为 pixel。

如图 6-1-9 所示，黄色的点 P 指的是世界坐标系中一个点，即生活中真实的一点；红色的点 O 为光心，作为摄像头坐标系的原点；绿色的 o–x–y 为图像坐标系，原点为成像平面中点。黑色的 uv 为像素坐标系，原点在左上角，每一像素坐标（u, v）分别是该像素在数组中的列数和行数。

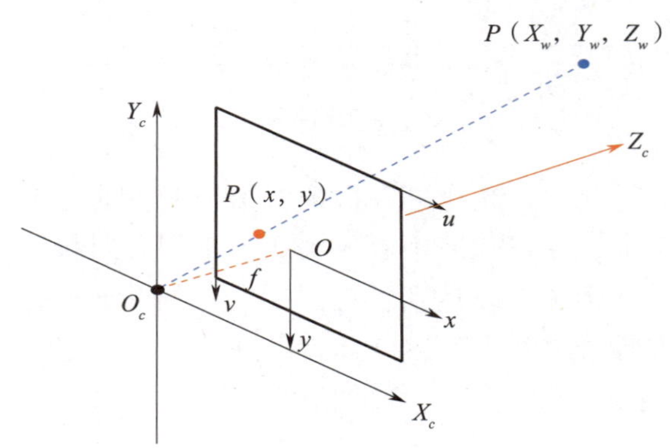

图 6-1-9　摄像头成像坐标系

摄像机标定过程，是指通过标定板，得到 n 个的世界坐标三维点 Xi 和对应的图像像素坐标二维点 xi，利用摄像头内参、摄像头外参，以及畸变参数的不断调整，经过一系列的矩阵变换，得到三维点到二维点的转换。具体的转换矩阵如图 6-1-10 所示。

$$z_c \begin{pmatrix} u \\ v \\ 1 \end{pmatrix} = K \cdot \begin{pmatrix} R & T \\ 0 & 1 \end{pmatrix} \begin{pmatrix} x_w \\ y_w \\ z_w \\ 1 \end{pmatrix}$$

$$Zc \begin{pmatrix} u \\ v \\ 1 \end{pmatrix} = \begin{pmatrix} \frac{1}{\mathrm{d}x} & \gamma & u0 \\ 0 & \frac{1}{\mathrm{d}y} & v0 \\ 0 & 0 & 1 \end{pmatrix} \times \begin{pmatrix} f & 0 & 0 \\ 0 & f & 0 \\ 0 & 0 & 1 \end{pmatrix} \times (R|T) \times \begin{pmatrix} X_w \\ Y_w \\ Z_w \\ 1 \end{pmatrix}$$

世界坐标系转换到摄像头坐标系

摄像头坐标系转换到图像物理坐标系

图像物理坐标系转换到图像像素坐标系

图 6-1-10　世界坐标到像素坐标的坐标转换矩阵

二、棋盘格标定法

当对摄像头进行标定时，需要获取世界坐标系中足够多的三维空间点坐标，找到这些空间点在图像中投影点的二维图像坐标，并建立对应关系。在图像检测过程中，我们通常采用棋盘格标定法（图 6-1-11）作为摄像头的标定方法。当静态拍摄棋盘格图案时，棋盘格上的正方形梯度比较尖锐且拐角清晰，更加容易被检测出来，因此棋盘格成为定位的首选图案。

图 6-1-11　棋盘格标定法

三、camera_calibration 功能包

ROS 官方提供了用于双目和单目摄像头标定的功能包——camera_calibration，可以方便快捷地完成摄像头标定。使用过程步骤见表 6-1-3。

表 6-1-3　摄像头标定驱动包使用过程

步骤	内容
1	下载棋盘标定板
2	安装 camera_calibration 驱动包
3	启动摄像头驱动（分为单目或者深度摄像头驱动）
4	运行标定节点，加载 image topic
5	移动标定板，获取不同角度数据
6	完成标定，保持标定文件

步骤中主要代码如下：

1）安装 camera_calibration 驱动包并编译：

```
1. rosdep install camera_calibration
2. rosmake camera_calibration
3. cd catkin_ws
4. catkin_make
```

如果采用源代码包方式，则通过下载 github:camera_calibration 包（https://github.com/ros-perception/image_pipeline/tree/noetic/camera_calibration），放到 catkin_ws/src 下并编译。

2）RGB 摄像头标定节点获取：

```
1. ros run camera_calibration cameracalibrator.py image:=/camera/rgb/
   image_raw camera:=/camera/rgb --size 8x6 --square 0.024
```

3）IR 摄像头标定节点获取：

```
1. rosrun camera_calibration cameracalibrator.py image:=/camera/ir/
   image camera:=/camera/ir --size 8x6 --square 0.024
```

通过运行标定节点的 python 脚本，来加载需要标定的摄像头的 image topic，其中：

① --size 8x6 为当前标定板的大小。

② --square 0.108 为每个棋盘格的边长，单位为 m。

③ image:=/rgb/image_raw 标定当前订阅图像来源自名为 /rgb/image_raw 的 topic。

④ camera:=/rgb 为摄像头名。

竞赛指南

在 2019 年中国技能大赛——机动车检测工（新能源汽车智能化技术）赛项中，有一道题目就是实现智能网联汽车智能化装备装调，要求参赛者利用大赛全国组委会提供的智能化装备、智能网联车辆平台、工量具和仪器仪表等，根据场景和要求完成对智能化装备的选型、线束连接故障检修、参数设置与标定、参数设置故障排除等，具体包括激光雷达、毫米波雷达、摄像头、组合导航、线控系统等参数设置和标定，并且完成《智能网联汽车智能化装备装调工单》填写。主要考核选手规范使用常用工量具、仪器仪表的能力，以及对智能化装备的选型、安装、参数设置和标定、调试、故障排除等能力。

具体的命题规则如下：①竞赛现场，激光雷达、组合导航安装在车上，但位置不准确，需现场调整；其他传感器和接线未装车，均摆放在物料台上。分别按各传感器安装说明和任务功能要求安装到车上正确方位。②竞赛现场配备摄像头、毫米波雷达各 2 台，其中，分别 1 台可能有故障，安装前进行检测排除。③各传感器和线控系统接线随机设置故障点，通过安装检测进行排除。④按使用说明和任务功能要求，对各智能化装备进行参数设置和标定。

任务分组

学生任务分配表

班级		组号		指导老师	
组长		学号			
组员	姓名：______ 学号：______ 姓名：______ 学号：______ 姓名：______ 学号：______ 姓名：______ 学号：______		姓名：______ 学号：______ 姓名：______ 学号：______ 姓名：______ 学号：______ 姓名：______ 学号：______		

（续）

任务分工

工作计划

扫描二维码了解单目摄像头与深度摄像头的标定过程，结合前面所了解的知识内容和小组内部讨论的结果，制定工作方案，落实各项工作负责人，如任务实施前的准备工作、实施中主要操作及协助支持工作、实施过程中相关要点及数据的记录工作等。

单目摄像头标定

深度摄像头标定

工作计划表

步骤	作业内容	负责人
1		
2		
3		
4		
5		
6		

进行决策

1. 各组派代表阐述资料查询结果。
2. 各组就各自的查询结果进行交流，并分享技巧。
3. 教师结合各组完成的情况进行点评，选出最佳方案。

任务实施

认知视觉传感器	
步骤	过程记录
1	常用的视觉传感器的类别有________________
2	1）使用指令________________，可以启动单目摄像头 2）使用指令________________，可以启动深度摄像头
3	1）使用指令________________标定 RGB 摄像头 2）使用指令________________标定红外深度摄像头

6S 现场管理			
序号	操作步骤	完成情况	备注
1	建立安全操作环境	已完成□　未完成□	
2	清理及整理工具量具	已完成□　未完成□	
3	清理及复原设备正常状况	已完成□　未完成□	
4	清理场地	已完成□　未完成□	
5	物品回收和环保	已完成□　未完成□	
6	完善和检查工单	已完成□　未完成□	

评价反馈

1. 各组代表展示汇报 PPT，介绍任务的完成过程。

2. 以小组为单位，请对各组的操作过程与操作结果进行自评和互评，并将结果填入综合评价表中的小组评价部分。

3. 教师对学生工作过程与工作结果进行评价，并将评价结果填入综合评价表中的教师评价部分。

综合评价表

姓名		学号		班级		组别	
实训任务							
评价项目		评价标准				分值	得分
小组评价	计划决策	制定工作方案的合理可行，小组成员分工明确				10	
	任务实施	能够正确驱动单目摄像头				10	
		能够完成摄像头的标定				10	
		能够正确驱动深度摄像头				20	
		能够完成深度摄像头的标定				10	
	任务达成	能按照工作方案操作，按计划完成工作任务				10	
	工作态度	认真严谨、积极主动、安全生产、文明施工				10	
	团队合作	与小组成员、同学之间能合作交流、协调工作				10	
	6S 管理	完成竣工检验、现场恢复				10	
	小计					100	

（续）

评价项目		评价标准	分值	得分
教师评价	实训纪律	不出现无故迟到、早退、旷课现象，不违反课堂纪律	10	
	方案实施	严格按照工作方案完成任务实施	20	
	团队协作	任务实施过程互相配合，协作度高	20	
	工作质量	能按照工作方案操作，按计划完成工作任务	20	
	工作规范	操作规范，三不落地，无意外事故发生	10	
	汇报展示	能准确表达、总结到位、改进措施可行	20	
	小计		100	
综合评分	小组评分 ×50%+ 教师评分 ×50%			
总结与反思				

（如：学习过程中遇到什么问题→如何解决的 / 解决不了的原因→心得体会）

任务二　实现深度视觉跟随功能

学习目标

- 了解如何安装深度视觉跟随功能包。
- 了解如何配置深度视觉跟随功能包。
- 能够正常安装深度视觉跟随功能包。
- 能够配置深度视觉跟随功能包，完成视觉跟随任务。
- 获得多途径检索知识、分析解决问题以及多元化思考解决问题的方法，形成创新意识。
- 具有良好的团队协作精神和较强的组织沟通能力。
- 具备良好的职业道德，尊重他人劳动，不窃取他人成果。

知识索引

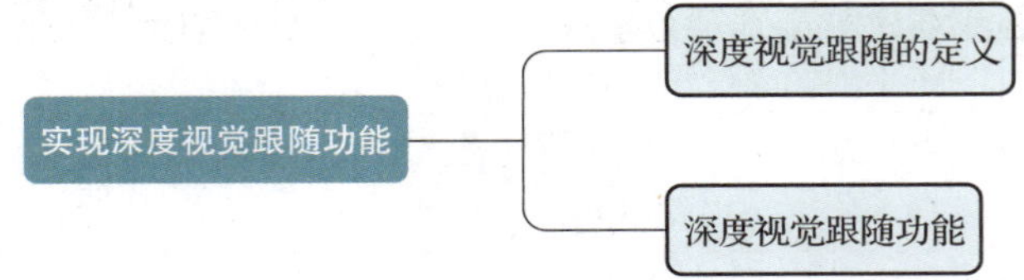

情境导入

你已经了解如何驱动深度摄像头，作为汽车感知系统视觉模块的相关测试人员，你需要了解深度摄像头的具体应用，利用深度摄像头来跟随行进的人，检验在跟随功能下汽车感知系统是否正常。

获取信息

引导问题 1

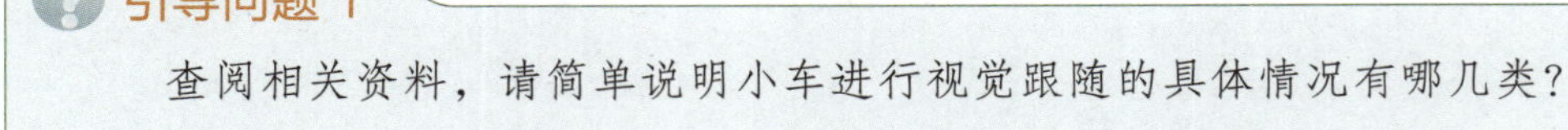
查阅相关资料，请简单说明小车进行视觉跟随的具体情况有哪几类？

____

____

____

深度视觉跟随的定义

深度视觉跟随（图 6-2-1）是指当人靠近深度摄像头，距离保持不大于 0.7m 时，这时深度摄像头就能够识别到当前的障碍物，然后开始跟随的功能。具体的跟随情况分析见表 6-2-1。

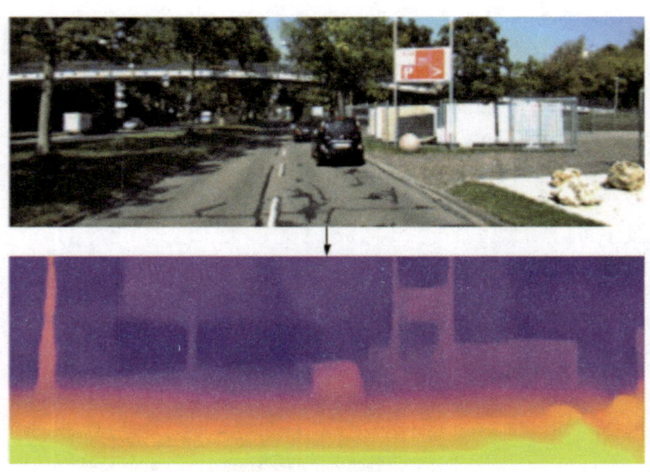

图 6-2-1　深度视觉跟随

表 6-2-1　深度视觉跟随情况分析

序号	人相对车运动情景	小车运动效果
1	人相对车往前运动	小车倒退
2	人相对车往后运动	小车前进
3	人相对车往左运动	小车向右运动
4	人相对车往右运动	小车向左运动
5	人背对着车正面站立	小车运动方向与人的运动方向一致

引导问题 2

查阅相关资料，请总结实现深度视觉跟随功能的步骤。

____

____

____

深度视觉跟随功能

一、深度视觉跟随功能实现流程

深度视觉跟随功能主要是利用深度摄像头来实现的，调用流程如下：

1）调用了 astrapro_follower.launch 文件，该 launch 文件启动了跟随节点 cam_follower。

2）通过调用 arduino.launch 和 astra.launch 分别启动了底盘通信节点和深度摄像头节点。

3）cam_follower 功能包将获得的深度摄像头数据进行算法处理后，发出线速度和角速度指令，并通过底盘通信节点驱动线控底盘行驶，进而实现线控底盘深度视觉跟随的功能。

其中，astrapro_follower.launch 文件的主要内容如下：

```
<launch>
 <include file="$(find ros_arduino_python)/launch/arduino.launch"/>
 <include file="$(find astra_launch)/launch/astra.launch"/>
 <node pkg="nodelet" type="nodelet" name="cam_follower" args= "load cam_follower/CamFollower camera/camera_nodelet_manager">
  <param name="enabled" value="true" />
  <param name="x_scale" value="2.5" />
  <param name="z_scale" value="2.0" />
  <param name="min_x" value="-0.35" />
  <param name="max_x" value="0.35" />
   <param name="min_y" value="0.1" />
```

```
    <param name="max_y" value="0.5" />
    <param name="max_z" value="1.3" />
    <param name="goal_z" value="0.7" />
  </node>
</launch>
```

调用这个 astrapro_follower.launch 文件时，需要注意其中一些参数的设置情况，见表 6-2-2。

表 6-2-2 cam_follower 中常见参数详解

参数名	参数的含义
enabled	用于设定是否允许跟随，“true”表示允许，“false”表示不允许
x_scale	用于调整跟随角速度的系数
z_scale	用于调整跟随线速度的系数
min_x	扫描框在水平方向的最小尺寸
max_x	扫描框在水平方向的最大尺寸
min_y	扫描框在垂直方向的最小尺寸
max_y	扫描框在垂直方向的最大尺寸
max_z	扫描框沿摄像头水平深度扫描方向的最大尺寸
goal_z	保持目标质心与摄像头的距离

如果想要调整跟随时智慧猫与人或移动障碍物保持的距离，调整“goal_z”即可。

职业认证

车辆自动驾驶系统应用职业技能等级证书（初级）中的要求考生能够使用手册对视觉传感器识别度进行维护与故障报修。通过车辆自动驾驶系统应用职业技能等级证书（初级）考核可获得教育部 1+X 证书中的《车辆自动驾驶系统应用职业技能等级证书（初级）》。

任务分组

学生任务分配表

班级		组号		指导老师	
组长		学号			
组员	姓名：________ 学号：________ 姓名：________ 学号：________ 姓名：________ 学号：________ 姓名：________ 学号：________		姓名：________ 学号：________ 姓名：________ 学号：________ 姓名：________ 学号：________ 姓名：________ 学号：________		

（续）

任务分工

工作计划

目标跟随功能与 ROS 平台互联使用

扫描二维码观看深度摄像头实现目标跟随功能的操作视频，结合前面所了解的知识内容和小组内部讨论的结果，制定工作方案，落实各项工作负责人，如任务实施前的准备工作、实施中主要操作及协助支持工作、实施过程中相关要点及数据的记录工作等。

工作计划表

步骤	作业内容	负责人
1		
2		
3		
4		
5		
6		
7		
8		

进行决策

1. 各组派代表阐述资料查询结果。
2. 各组就各自的查询结果进行交流，并分享技巧。
3. 教师结合各组完成的情况进行点评，选出最佳方案。

任务实施

实现深度视觉跟随功能	
步骤	过程记录
1	使用指令______________________，可以启动视觉跟随功能包
2	在视觉跟随功能包中，______________________参数可以用来调整智慧猫和跟随物体之间的间距
3	1）在 ROS 中使用深度视觉跟随功能时，需将功能包拷贝到工作空间 inwinic_ws/src 目录下，然后使用指令______________________安装功能包 2）使用指令______________________可以查看深度视觉跟随节点是否正常启动

6S 现场管理			
序号	操作步骤	完成情况	备注
1	建立安全操作环境	已完成□　未完成□	
2	清理及整理工具量具	已完成□　未完成□	
3	清理及复原设备正常状况	已完成□　未完成□	
4	清理场地	已完成□　未完成□	
5	物品回收和环保	已完成□　未完成□	
6	完善和检查工单	已完成□　未完成□	

评价反馈

1. 各组代表展示汇报 PPT，介绍任务的完成过程。

2. 以小组为单位，请对各组的操作过程与操作结果进行自评和互评，并将结果填入综合评价表中的小组评价部分。

3. 教师对学生工作过程与工作结果进行评价，并将评价结果填入综合评价表中的教师评价部分。

综合评价表

姓名		学号	班级		组别	
实训任务						
评价项目		评价标准			分值	得分
小组评价	计划决策	制定工作方案的合理可行，小组成员分工明确			10	
	任务实施	能够正确使用指令启动视觉跟随功能包			10	
		能够掌握视觉跟随功能包内 goal_z 参数的使用			10	
		能够正确分析视觉跟随实际效果情况			20	
		能够完成深度摄像头正确运行视觉功能包，实现视觉跟随的效果			10	
	任务达成	能按照工作方案操作，按计划完成工作任务			10	
	工作态度	认真严谨、积极主动、安全生产、文明施工			10	
	团队合作	与小组成员、同学之间能合作交流、协调工作			10	

（续）

评价项目		评价标准	分值	得分
小组评价	6S 管理	完成竣工检验、现场恢复	10	
	小计		100	
教师评价	实训纪律	不出现无故迟到、早退、旷课现象，不违反课堂纪律	10	
	方案实施	严格按照工作方案完成任务实施	20	
	团队协作	任务实施过程互相配合，协作度高	20	
	工作质量	能按照工作方案操作，按计划完成工作任务	20	
	工作规范	操作规范，三不落地，无意外事故发生	10	
	汇报展示	能准确表达、总结到位、改进措施可行	20	
	小计		100	
综合评分	小组评分 ×50%+ 教师评分 ×50%			
总结与反思				

（如：学习过程中遇到什么问题→如何解决的 / 解决不了的原因→心得体会）

任务三　实现车道线识别与巡线功能

学习目标

- 了解如何安装车道线识别功能包。
- 了解如何配置车道线识别功能包。
- 能够正确安装车道线识别功能包，实现车道线识别功能。
- 获得多途径检索知识、分析解决问题以及多元化思考解决问题的方法，形成创新意识。
- 具有良好的团队协作精神和较强的组织沟通能力。
- 具备良好的职业道德，尊重他人劳动，不窃取他人成果。

知识索引

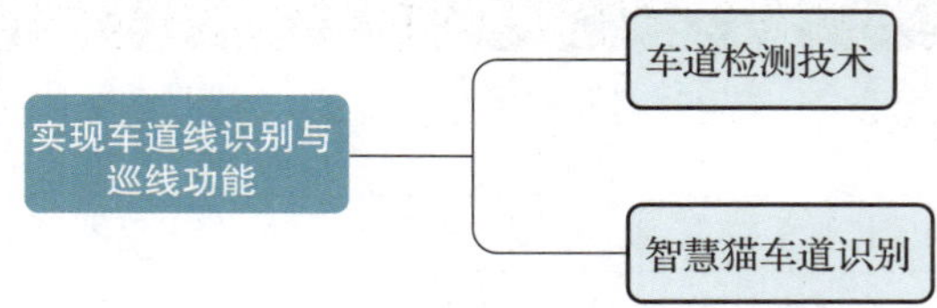

情境导入

在智能网联汽车研发生产过程中，车道线的识别为汽车自动驾驶提供了关键的辅助功能。你作为一位自动驾驶的调试人员，需要完成车道检测功能的实现。在本次任务中，通过智慧猫的车道线识别功能，即可实现在固定场景下，令智慧猫沿着预设的车道线行驶，实现桌面级小车在简单场景下的自动驾驶。

获取信息

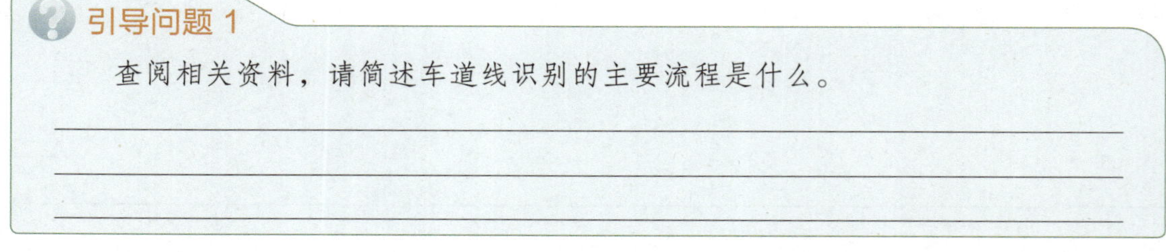

引导问题 1

查阅相关资料，请简述车道线识别的主要流程是什么。

____

____

____

车道检测技术

在自动驾驶的环境感知中，汽车需要感知不同颜色、不同光线下的车道线，通过车道检测技术指导汽车在正确的区域内行驶（图 6-3-1）。车道检测技术为自动驾驶汽车实现自动巡航、自动保持车速与车道位置等行为提供了参考依据，同时也能在汽车即将偏离车道时为驾驶员提供预警，提升汽车安全性。

图 6-3-1　真实环境下车道识别效果

车道检测的目标主要是检测车道线的形状和颜色，车道线由实线、虚线、网格线等组成，颜色包括黄色和白色，车道的形状包括宽度和曲率等几何参数。在现代道路设计中，道路设计模式相对固定。因此，对于公路等道路类型，车道的几何模型可以用固定的形式表示。车道由圆弧、直线、与曲线构成，缓和曲线有不同曲率（例如螺旋曲线）的圆弧连接过渡段或直线连接过渡段，车道与路面车辆的几何模型元素包括车道曲率、弧长等。

在正式的车道检测之前，需要完成摄像头校准，用于消除镜头畸变带来的影响，该步骤通过任务二的摄像头标定操作即可实现。利用摄像头进行车道识别的算法步骤主要包括图像预处理、车道线检测、计算车道中线完成车辆定位，实现效果过程如图 6-3-2 所示。

在机器视觉领域中，图像预处理是在进行内容识别前的关键一步，其目的是在图像中排除一下干扰因素，提取被检测对象的关键信息，其主要是通过颜色变化和梯度来生成一个具有过滤阈值的二值化图像，让检测目标更加突出，提高检测的精准度，如图 6-3-2b 呈现出来的灰度变换和图 6-3-2c 的高斯平滑。车道线检测是通过边缘检测和边缘滤波，获取信息完成车道识别，如图 6-3-2d~f 所示。最后的车辆定位是利用两个检测到的车道线的位置，计算出汽车相对于车道线的位置。

在智慧猫小车上，车道线识别的主要流程如下。

1）通过调用 OpenCV 库中的函数 capture.open() 来打开摄像头，并获取车道线的图像。

2）通过函数 capture.set() 来设定获取图像窗口的大小、图像的帧率、图像的格式。

3）对获取的图像灰度处理和二值化处理，找出图像中最左侧的车道线和最右侧的车道线，并计算出车道线的中线。

4）根据车道线中线数据，计算出前方车道线中线的斜率，进而判断智能小车应该往哪个方向行走。

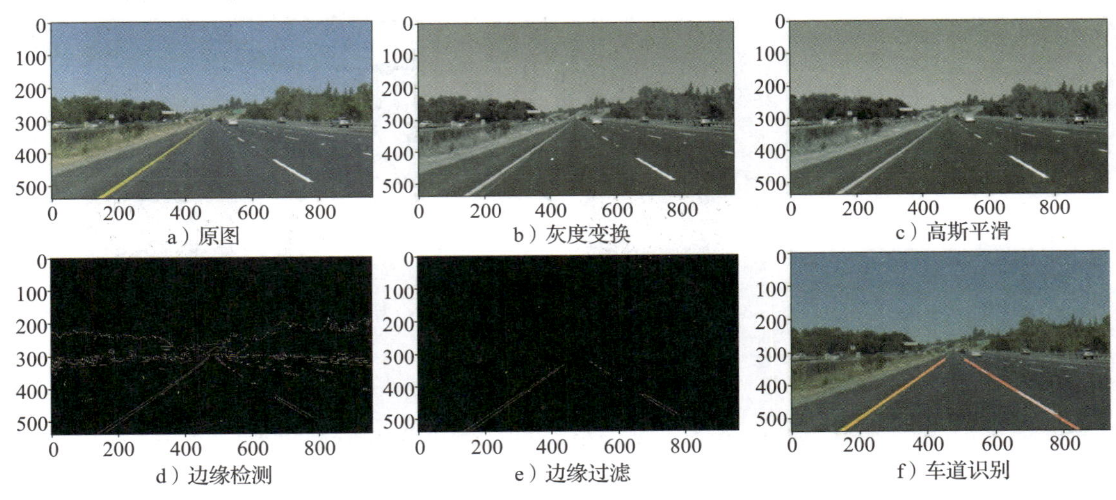

图 6-3-2　车道检测算法过程

引导问题 2

查阅相关资料，简单阐述在车道识别过程中对图像进行二值化处理的原因。

____

____

____

智慧猫车道识别

在智慧猫中启动车道线识别的功能，主要是利用 track_detection.launch 文件调用相关节点来实现。track_detection.launch 文件的控制过程是通过调用 arduino.launch 启动了底盘通信节点，同时启动车道线检测节点 Track_Detection_node。直接调用车道线检测节点 Track_Detection_node 时将摄像头拍摄图像中的道路转化成一条线引导小车前行。

车道线经过二值化处理，与周边路面的颜色对比鲜明（确保摄像头捕获的图像中没有与车道线相同的颜色，否则容易对车道线的识别产生干扰）。正常情况下，识别的车道线为黑色，地面为白色，处理后的图像会在车道线的中间显示一条中线（图 6-3-3）。

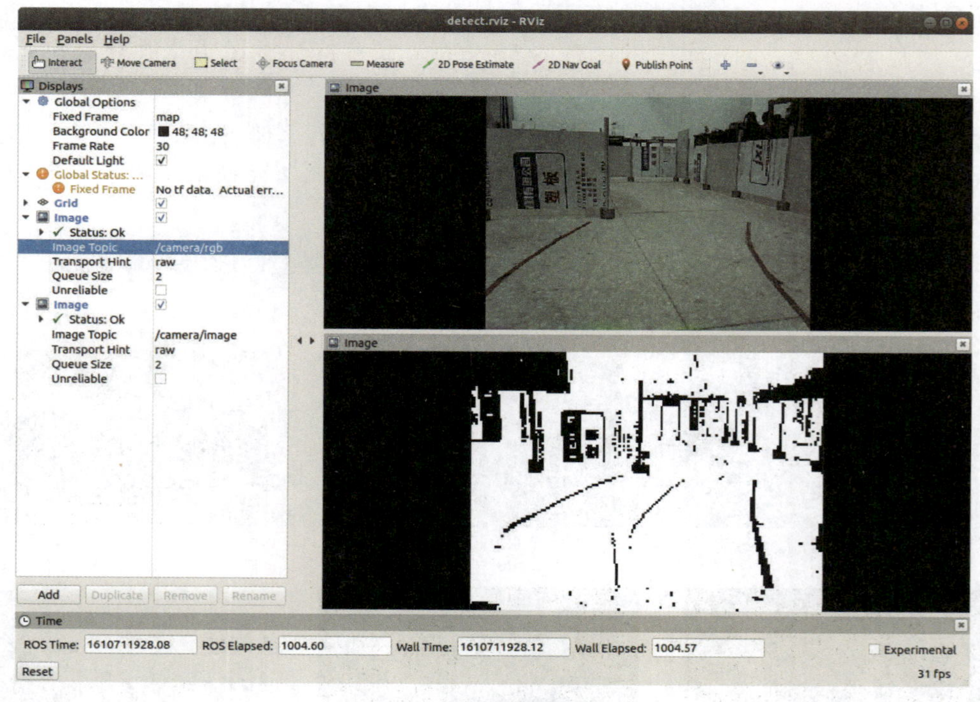

图 6-3-3 车道线检测视图

转弯的时候，按照设置的 PID 参数限制速度，尽量铺设的车道线在转弯处为直角。下面将介绍如何利用该功能包来实现车道识别及车道保持的功能。

深度摄像头跟随主要使用的是 track_detection.launch 文件，该文件的主要内容如下：

```
<launch>
 <include file="$(find ros_arduino_python)/launch/arduino.launch"/>
 <node pkg="track_detection" type="Track_Detection_node" name="Track_Detection_node" output="screen">
  <param name="StartMove"  type="bool"  value="false"/>
  <param name="MixKP"  type="double"  value="0.016"/>
  <param name="MaxKP"  type="double"  value="0.019"/>
  <param name="HiBotSpeed"  type="double"  value="0.2"/>
  </node>
</launch>
```

该节点的常见参数见表 6-3-1。

表 6-3-1　Track_Detection_node 节点中常见参数

参数名	参数的含义
StartMove	用于控制小车底盘是否开始运动，当参数为 true 时，机器人开始沿车道运动
MixKP	小车转弯时，通过小弯的 PID 参数值
MaxKP	小车转弯时，通过大弯的 PID 参数值
HiBotSpeed	小车沿车道线方向运动的线速度，单位为 m/s

拓展阅读

视觉传感器主要由捕捉检查对象物体（拍摄）用的摄像头，以及处理图像的控制器组成。通过摄像头捕捉图像信息，检测拍摄对象的数量、位置关系、形状等特点，用于判断产品是否合格或将检验数据传送给机器人等其他生产设备。在检查电视或手机用微小电子零部件的电极污迹方面，视觉传感器每分钟可检测数以千计的零部件。它还可用于检测手机操作部分的伤痕、污迹以及印刷效果等。

2006 年 1 月欧姆龙独立开发的视觉传感器 FZ3，凝聚了“逼真色彩合成技术”，是世界首台可实现 1 677 万色的彩色图像处理产品。与过去采用单色处理方式的图像处理相比，识别能力提高了约 65 000 倍。它可识别单色方式无法辨别的微妙色彩差异，从而能更高精度地检测缺陷及对象。同时，应用“高动态范围图像处理技术”，首次实现了检测装置商品化。即使对于汽车发动机的结构件或者锂电池的外观等视觉传感器最棘手的光泽金属表面的零部件，它也能以鲜明的画面进行精确检测并判断优劣。

拥有“逼真色彩合成技术”及“高动态范围图像处理技术”的欧姆龙视觉传感器 FZ3 进一步扩大了检测范围，从而为提高产品质量及自动化生产做出更大的贡献。

生产现场视觉传感器的检测目标，是通过画面来检测零部件的外观尺寸及其质量，与使用普通数码摄像头相比，要求更精确、更高速的图像处理。为此，在生产现场较为普遍的是采用信息量较少的单色方式处理图像。即使是在彩色摄像头得到普及之后，仍然将捕捉到的彩色画面通过控制器转换成单色信号，再进行图像处理。但这种方式只能用单色的256级灰度层次体现对象物体。例如，在蓝色的检查对象物体上粘有深蓝色的污迹或伤痕时，虽然人眼能够分辨优劣，但由于单色图像处理的深浅度(对比度)等级层次少，导致无法区分产品的优劣。领悟到这种单色图像处理局限及问题的欧姆龙，全新开发了能实现彩色图像处理的运算法则，这就是逼真色彩合成技术。它能够将彩色图像分解为红、绿、蓝各256级层次，总共为1677万种色彩成分，并根据各种颜色的层次差对不同的颜色进行定义，从而创造出可根据定义检测图像结构类似点以及图像变化点的运算法则。通过这种方式，它能够以单色图像处理方式相同的速度，高精度地检测原来无法辨别的微妙色差。

任务分组

学生任务分配表

班级		组号		指导老师	
组长		学号			
组员	姓名：________ 学号：________ 姓名：________ 学号：________ 姓名：________ 学号：________ 姓名：________ 学号：________		姓名：________ 学号：________ 姓名：________ 学号：________ 姓名：________ 学号：________ 姓名：________ 学号：________		
任务分工					

工作计划

扫描二维码了解单目摄像头实现车道线识别、单目摄像头与单点激光雷达融合停障的过程，结合前面所了解的知识内容和小组内部讨论的结果，制定工作方案。

智慧猫智能车单目摄像头巡单车道线

智慧猫智能车单目摄像头 & 单点激光雷达融合停障

工作计划表

步骤	作业内容	负责人
1		
2		
3		
4		
5		
6		
7		
8		

进行决策

1. 各组派代表阐述资料查询结果。
2. 各组就各自的查询结果进行交流，并分享技巧。
3. 教师结合各组完成的情况进行点评，选出最佳方案。

任务实施

实现车道线识别与巡线功能	
步骤	过程记录
1	使用指令______________________，可以启动车道线识别节点
2	在 ROS 中使用车道线识别功能包时，需将功能包拷贝到工作空间 inwinic_ws/src 目录下，然后使用指令______________________安装功能包
3	1）使用指令______________________，可以查看车道线识别节点是否正常启动 2）通过参数______________________，可以调整小车转弯时的转弯半径

6S 现场管理			
序号	操作步骤	完成情况	备注
1	建立安全操作环境	已完成□　未完成□	
2	清理及整理工具量具	已完成□　未完成□	
3	清理及复原设备正常状况	已完成□　未完成□	
4	清理场地	已完成□　未完成□	
5	物品回收和环保	已完成□　未完成□	
6	完善和检查工单	已完成□　未完成□	

评价反馈

1. 各组代表展示汇报 PPT，介绍任务的完成过程。

2. 以小组为单位，请对各组的操作过程与操作结果进行自评和互评，并将结果填入综合评价表中的小组评价部分。

3. 教师对学生工作过程与工作结果进行评价，并将评价结果填入综合评价表中的教师评价部分。

综合评价表

姓名		学号		班级		组别	
实训任务							
评价项目		评价标准				分值	得分
小组评价	计划决策	制定工作方案的合理可行，小组成员分工明确				10	
	任务实施	能够正确启动小车跟随节点				10	
		能够正确启动可视化节点查看图像				20	
		能够启动底盘，控制小车行走过弯				20	
	任务达成	能按照工作方案操作，按计划完成工作任务				10	
	工作态度	认真严谨、积极主动、安全生产、文明施工				10	
	团队合作	与小组成员、同学之间能合作交流、协调工作				10	
	6S 管理	完成竣工检验、现场恢复				10	
	小计					100	
教师评价	实训纪律	不出现无故迟到、早退、旷课现象，不违反课堂纪律				10	
	方案实施	严格按照工作方案完成任务实施				20	
	团队协作	任务实施过程互相配合，协作度高				20	
	工作质量	能按照工作方案操作，按计划完成工作任务				20	
	工作规范	操作规范，三不落地，无意外事故发生				10	
	汇报展示	能准确表达、总结到位、改进措施可行				20	
	小计					100	
综合评分	小组评分 ×50%+ 教师评分 ×50%						
总结与反思							

（如：学习过程中遇到什么问题→如何解决的 / 解决不了的原因→心得体会）

参考文献

[1] 胡春旭. ROS机器人开发实践 [M]. 北京：机械工业出版社，2018.

[2] 张立伟，何炳蔚，张建伟. 基于ROS的机器人理论与应用 [M]. 北京：科学出版社，2022.

[3] 隋金雪，张锐，邢建平. 基于ROS的智能汽车设计与实训教程 [M]. 北京：清华大学出版社，2022.

[4] 奎格利，格克. ROS机器人编程实践 [M]. 张天雷，李博，谢远帆，等译. 北京：机械工业出版社，2018.

[5] 约瑟夫，卡卡切. 精通ROS机器人编程 [M]. 张新宇，张志杰，译. 北京：机械工业出版社，2019.

机械工业出版社 CHINA MACHINE PRESS | 汽车分社

读者服务

机械工业出版社立足工程科技主业，坚持传播工业技术、工匠技能和工业文化，是集专业出版、教育出版和大众出版于一体的大型综合性科技出版机构。旗下汽车分社面向汽车全产业链提供知识服务，出版服务覆盖包括工程技术人员、研究人员、管理人员等在内的汽车产业从业者，高等院校、职业院校汽车专业师生和广大汽车爱好者、消费者。

一、意见反馈

感谢您购买机械工业出版社出版的图书。我们一直致力于“以专业铸就品质，让阅读更有价值”，这离不开您的支持！如果您对本书有任何建议或意见，请您反馈给我。我社长期接收汽车技术、交通技术、汽车维修、汽车科普、汽车管理及汽车类、交通类教材方面的稿件，欢迎来电来函咨询。

咨询电话：010-88379353　编辑信箱：cmpzhq@163.com

二、课件下载

选用本书作为教材，免费赠送电子课件等教学资源供授课教师使用，请添加客服人员微信手机号“13683016884”咨询详情；亦可在机械工业出版社教育服务网（www.cmpedu.com）注册后免费下载。

三、教师服务

机工汽车教师群为您提供教学样书申领、最新教材信息、教材特色介绍、专业教材推荐、出版合作咨询等服务，还可免费收看大咖直播课，参加有奖赠书活动，更有机会获得签名版图书、购书优惠券。

加入方式：搜索 QQ 群号码 317137009，加入机工汽车教师群 2 群。请您加入时备注院校 + 专业 + 姓名。

四、购书渠道

机工汽车小编
13683016884

我社出版的图书在京东、当当、淘宝、天猫及全国各大新华书店均有销售。

团购热线：010-88379735

零售热线：010-68326294　88379203